Bernhard Mack
Kontakt, Intuition und Kreativität
Vom Umgang mit wachsender Komplexität
im Management und Alltagsleben
Ein Übungs- und Erfahrungsbuch

Ausführliche Informationen zu einem weiteren Titel von Bernhard Mack sowie
zu jedem unserer lieferbaren und geplanten Bücher
finden Sie im Internet unter **www.junfermann.de** –
mit ausführlichem Infotainment-Angebot
zum JUNFERMANN-Programm.

Bernhard Mack

Kontakt, Intuition und Kreativität

Vom Umgang mit wachsender Komplexität im Management und Alltagsleben

Ein Übungs- und Erfahrungsbuch

Junfermann Verlag Paderborn
1999

© Junfermannsche Verlagsbuchhandlung, Paderborn 1999
Covergestaltung: Petra Friedrich, unter Verwendung eines Bildmotivs von Tamara Wilms-Mancini

Alle Rechte vorbehalten.
Das Werk einschließlich aller seiner Teile ist urheberrechtlich geschützt. Jede Verwendung außerhalb der engen Grenzen des Urheberrechtsgesetzes ist ohne Zustimmung des Verlages unzulässig und strafbar. Dies gilt insbesondere für Vervielfältigung, Übersetzungen, Mikroverfilmungen und die Einspeicherung und Verarbeitung in elektronischen Systemen.

Satz: adrupa Paderborn

Die Deutsche Bibliothek – CIP-Einheitsaufnahme
Mack, Bernhard:
Kontakt, Intuition und Kreativität: Vom Umgang mit wachsender Komplexität im Management und Alltagsleben. Ein Übungs- und Erfahrungsbuch / Bernhard Mack.. – Paderborn: Junfermann, 1999
ISBN 3-87387-405-9

ISBN 3-87387-405-9

Inhalt

Verzeichnis der Übungen. 8
Vorwort. 11
Dank. 15

1. Einleitung 17
1.1 Historischer Überblick über die Entwicklung der Trainingsstile 18
1.2 Bausteine des Komplexitätslernens. 26

2. Der Einstieg in die Spirale 29
2.1 Analyse der Unternehmenssituation. 29
2.2 Grundlagen des Netzbaus 32
2.3 Selbstdarstellung 34
2.4 Runde und Blitzlicht 35
2.5 Überblick über den Gesamtverlauf. 35
2.6 Prozeßbegleitung durch Aktionsforschung. 41
2.7 MindMapping 43

3. Eine Landkarte: Die Transaktionsanalyse 45
3.1 Die Ich-Zustände 45
3.2 Das Egogramm 48
3.3 Die O.K.-Positionen 51
3.4 Das Dramadreieck. 52
3.5 Umgang mit der Skriptbotschaft 54

4. Optimale Prozeßsteuerung 57
4.1 Prozeßsteuerung und -begleitung. 57
4.2 Feedback 59
4.3 Kreative Inszenierungen. 63
4.4 Skulpturen und Pantomimen 65
4.5 Lernprozeßorientiertes Coaching. 70

5. Typgerechtes Führen 79
5.1 Die Welt aus vier Blickrichtungen 80
5.2 Die Welt aus neun Blickrichtungen 82
5.3 Vier Archetypen des Verhaltens 92
5.4 Schritte zur Mehrperspektivität 94

6. Konfliktmanagement 101
6.1 Selbstbild – Fremdbild 101
6.2 Abgrenzung als Grundlage der Konfliktfähigkeit 103
6.3 Vertragsverhandlungen 107

7. Gefühle zeigen die Richtung 109

8. Visionsarbeit 121

9. Verstehensgrundlagen von Komplexität 125
9.1 Was ist Komplexität? 126
9.2 Delphinstrategien 131
9.3 Organismus und Organisation 140
9.4 Detailkomplexität und dynamische Komplexität 145

10. Psyche, Körper und Organisation 149
10.1 Weniger, langsamer, einfacher? 149
10.2 Entwicklung geschieht langsam *und* in Sprüngen 150
10.3 Körperlich und geistig fit 154
10.4 Spannung halten – Richtung geben 157

11. Die Kraft der Intuition 163

12. Mehrdimensionales Denken und Raum-Zeitbewußtsein 181
12.1 Die wesentlichen Raumdimensionen 181
12.2 Orientierung im Raum 188
12.3 Gleichzeitigkeitserfahrung und Beschleunigung 192
12.4 Zeithorizonte und Komplexität 197
12.5 Methodischer Handwerkskasten für Prozeßbegleiter 201

13. Im Auge des Taifuns – die Tiefendimensionen 207
13.1 Wege zu außergewöhnlichen Bewußtseinszuständen 207
13.2 Atemtrance 210
13.3 Intuitionsstorming... 215
13.4 Rhythmische Tranceinduktion 218
13.5 Die Intensivatmung... 220

14. Integrales Denken 223

15. Auswertung der Erfahrungen............................... 229
15.1 Praxisbeispiel eines Cultural Change-Projekts 229
15.2 Berichte von Kunden, Firmen und Personalleitern 236
15.3 Berichte von AusbildungsteilnehmerInnen 238

Literatur 243
Ausbildungsprogramm des CoreDynamik-Instituts 247

Verzeichnis der Übungen

1.	Plakatvostellung	34
2.	Egogramm	49
3.	O.K.-Positionen	52
4.	Auseinandersetzung mit den Skriptbotschaften	55
5.	Feedbackmodell	60
6.	Kreative Inszenierung	63
7.	Skulpturen	65
8.	Körpergesten zum Führungsstil	67
9.	Rollen auf dem Schiff	69
10.	Schritte zur Mehrperspektivität	95
11.	Themenkomplexität	96
12.	Teamthemen	97
13.	Gleichzeitigkeit von Modellen	98
14.	Konfliktmotto	101
15.	Selbstbild – Fremdbild	102
16.	Grenzziehung	104
17.	Bodenkontakt	105
18.	Gehen aus dem Kraftzentrum	105
19.	Stockarbeit	106
20.	Vertragsvereinbarung	107
21.	Energiepumpe	114
22.	Expansionskreis	115
23.	Lebenslinie	115
24.	Autobiographie	116
25.	Hören auf die eigene Stimme	116
26.	Stärken und Schwächen	117
27.	Versäumnisse	117
28.	Geschichte meines Namens	117
29.	Kontaktstrategien	117
30.	Selbstwertschätzung	117

31.	Du hast es	118
32.	Tauziehen	118
33.	Existentielle Themen	118
34.	Hier und Jetzt	118
35.	Wunschbild und Vision	122
36.	Bogenschießen	158
37.	Der unbeugbare Arm	161
38.	Impulsübung	165
39.	Unterscheidung Intuition – Projektion	169
40.	Intuitionsöffner	175
41.	Kreativitätsförderer	178
42.	Richtungsdimensionen	189
43.	Bewegungs-Choreographie	191
44.	Gleichzeitigkeit von Themen	192
45.	Körper- und Hirntraining	194
46.	Zeitempfinden	197
47.	Bewußtseinsstrom	210
48.	Atemtrance	210
49.	Intuitionsstorming	216
50.	Der weiche Blick	220

Ralph Wilms und Tamara Wilms-Mancini,
den Gründern der Care Group
und von Care Invest,
gewidmet.

Vorwort

Wenn wirtschaftlicher Erfolg langfristig gewährleistet sein soll, müssen Unternehmen ihre Mitarbeiter ernst nehmen. Während in der Vergangenheit Geschäftserfolge auf der effizienten Ausnutzung von Maschinen und Finanzmitteln basierten, sind die erfolgreichsten Unternehmen von heute diejenigen, die in der Lage sind, intellektuelle, soziale und innovative Fähigkeiten am besten zu mobilisieren.

Das alte Herrschaftswissen hat ausgedient. Die Topleute der jungen Generation sind weniger verkopft und lassen sich nicht mehr nur von Geld und Status locken. Sie erwarten, daß ihre sozialen, emotionalen und sinnorientierten Bedürfnisse wahrgenommen und respektiert werden. Eine gute Arbeitsatmosphäre, offener Umgang mit den Vorgesetzten und Spaß an der Arbeit sind wichtige Kriterien. Die Mitarbeiter müssen das Gefühl haben, gebraucht zu werden.

Wie man Mitarbeiter zu kreativerem und engagierterem Einsatz motivieren kann, ist den Unternehmen meistens klar: Kommunikation zwischen Management und Mitarbeitern. Häufig ist jedoch das Verhältnis zwischen Team und Chef entweder gestört oder zumindest belastet – und die Leistung eines Teams hängt wesentlich von der Haltung und Unterstützung des Chefs ab.

Vorgesetzte tendieren manchmal dazu, Mitarbeiter in In- und Out-Gruppen einzuteilen. Es fängt damit an, daß ein Mitarbeiter einen geringfügigen Fehler macht. Der Vorgesetzte wird aufmerksam, reagiert mit stärkerer Kontrolle, statt das Thema anzusprechen. Der Mitarbeiter interpretiert das als Vertrauensentzug, ist verunsichert – und macht neue Fehler. Der Chef beurteilt den Mitarbeiter daraufhin als leistungsschwach, und dieser beginnt sich den niedrigeren Erwartungen entsprechend zu verhalten.

Diesen Teufelskreis zu durchbrechen ist in erster Linie Aufgabe des Vorgesetzten, kann aber auch durch den Mitarbeiter initiiert werden. Beide müssen die Situation erkennen, ihr Verhalten hinterfragen, sich in den anderen einfühlen, um den Prozeß zu stoppen. Dies erfordert ein hohes Maß an Reife und Persönlichkeit oder zuerst einmal die Unterstützung durch einen externen Kommunikationsexperten im Rahmen eines Teamtrainings.

Doch viele Führungskräfte und auch Mitarbeiter sind mit dieser Aufgabe überfordert. Es kann fatale Folgen haben, wenn das Arbeitsklima nicht stimmt. Frustration, hoher Krankenstand, starke Fluktuation, gravierende Nachwuchsprobleme und innere Kündigungen können ein Unternehmen in ernsthafte Schwierigkeiten bringen.

Nicht jedem ist sie gegeben, die Kunst der Menschenführung. Viele steigen dank ihres fachlichen Könnens zur Führungskraft auf. Sie kamen zurecht, ohne sich in Mitarbeiter hineinversetzen zu müssen. Doch nun müssen sie Menschen führen. Eigenes Verhalten und zwischenmenschliche Wahrnehmungsfähigkeit bestimmen den Erfolg.

In der heutigen Wirtschaftswelt geht es jedoch nicht mehr nur um Teamfähigkeit, Eigenverantwortung und Sozialkompetenz, die in traditionellen Managementtrainings vermittelt werden. Die zunehmend komplexer werdenden Strukturen wirtschaftlicher und gesellschaftlicher Prozesse müssen beachtet werden. Systemisches Denken in größeren Zusammenhängen wird unabdingbar.

Bernhard Mack beschreibt, auch in der Reflexion der unterschiedlichen Phasen der Trainingsstile seit den 70er Jahren, die von ihm entwickelten Modelle und Methoden eines praktikablen Komplexitätstrainings. Von der Persönlichkeitsentwicklung des Einzelnen über Teamentwicklungsmaßnahmen geht der Lernprozeß zu immer ganzheitlicheren Sichtweisen bis zum wesentlichen Innovationspotential: der Intuition.

Soziale Kompetenz und der Umgang mit wachsender Komplexität in der Zeit zunehmender Globalisierung läßt sich nicht im Crash-Kurs erlernen. Die Mitarbeiter und Vorgesetzten müssen sich mit sich selbst intensiv beschäftigen, ihr Verhalten analysieren und verstehen lernen, ihre Stärken und Schwächen erkennen und neue Verhaltensweisen – zuerst im Seminar, dann im Arbeits-Alltag erproben.

Das vorliegende Buch belegt aufgrund reicher Erfahrung: Sozialkompetenz und Komplexitätsbewältigung ist erlernbar, wenn die gezielt und systematisch aufgebauten Lernschritte dieses Programms unter fachkundiger Anleitung durchlaufen werden. Das Buch beginnt mit einfachen, grundlegenden Modellen und Übungen. Schritt für Schritt werden die Übungen komplexer, tiefgreifender und damit auch realitätsangemessener.

Bernhard Mack gibt in seinem Buch einen komplexen Überblick. Hilfreiche Modelle und Übungen wechseln ab mit erklärenden Beispielen, die den Sinn und Hintergrund von Trainingsmaßnahmen verdeutlichen.

Dieses Buch ist nicht nur für Personalchefs, Manager und Managementtrainer gedacht, sondern für jeden, der in Teams arbeitet oder Teams leitet und weiß, daß Ressourcenbündelung nur in einer offenen Team- und Unternehmenskultur möglich ist. Es kann auch zur Evaluierung von Trainingskonzepten oder einfach als Selbst-Lernbuch dienen, wenn Sie Schritte zu einem angenehmeren und streß-freieren Umgang mit komplexen Aufgaben und einer tieferen Intuition erlernen wollen.

Deike Rickmers
Deike Rickmers & Partner, Hamburg

Dank

Meiner Kollegin Deike Rickmers danke ich besonders. Mit ihr habe ich bisher meine besten und erfolgreichsten Trainings durchgeführt. Ich freue mich auf die weitere Zusammenarbeit.

Ich danke Dr. Helmut Volk-von Bialy, Brigitta Bury, Dr. Elmar Selbach, Maritta Winterling, Elke Sophia Bernhard, Rutger von Bothmer, Astrid Gude, Maria und Hubert Roszkopf, Christian Brocza, Bernhard Knapp, Hansueli Berger, Ingo Peters, Heinz Stark, Herbert Wilhelm, Gisela-Olga Leiter, Franziska Jantzen, Raymond Fismer, Susanne Wedler, Dr. Gertraud Matthies, Deike Rickmers, Doris Müller und Sonja Griefahn, die das Manuskript mehrmals gründlich durchgearbeitet und durch ihre Anregungen zu Verdeutlichungen an vielen Stellen gesorgt haben.

Dank an Ralph und Tamara Wilms. Sie haben mit mir zusammen die Care Group gegründet, eine Aktiengesellschaft, die die Geschäftsführung von Care Invest trägt. Care Invest ist ein schnell wachsender Ethikfond, der Firmen, die nach sozial-ethischen und ökologischen Prinzipien produzieren, durch Investitionskapital fördert.

Ferner danke ich dem ZfU (Zentrum für Unternehmensführung) in Zürich, Thalwil, mit dem ich gerne zusammenarbeite.

Vor allem sind es die Dozenten und Mitarbeiter und Mitarbeiterinnen aus dem CoreDynamik-Institut, die wichtige Erfahrungen ermöglicht haben und mein Arbeitsprinzip der intensiven Betreuung von Seminarteilnehmern durch ihre effektive und engagierte Mitarbeit ermöglichen. Hier sind zu nennen Franziska Jantzen, Hartwig Hinney, Rutger von Bothmer, Antje Breithaupt, Toni Rolfes-Moos, Barbara Moos, Gisela-Olga Leiter und Kora Koltermann.

Wesentliche Impulse für die Arbeit mit Raum und Raumbewußtsein habe ich Prof. Dr. Dr. Hilarion Petzold, Laura Sheleen, Anna Halprin und meinen Aikido-Lehrern Meister Asai, George Leonard, Ingo Beardi und Rüdiger Keller zu verdanken.

Die in meinen beiden Büchern **„Der Liebe einen Sinn geben"** und **„Rituale alltäglichen Glücks"** genannten Lehrer, Wegbegleiter und Kollegen haben auch an der Entwicklung dieses Buches wesentliche Anteile. Nochmals Dank.

Gedankt sei auch den zahlreichen Kunden, die sich auf das Wagnis einer Selbstöffnung eingelassen haben und durch ihre positiven Feedbacks mir den Mut und Anstoß gegeben haben, diese Erfahrungen einer breiteren Öffentlichkeit zur Verfügung zu stellen.

Dr. Winfried Bachmann begleitet meine Arbeit mit wohlwollender Unterstützung, Yvonne Ats und Sabine Soto sorgen für den organisatorischen Ablauf in unserer Verwaltung, Markus Nies-Lamott hat die Graphiken für dieses Buch erstellt, und Tamara Wilms-Mancini hat das Cover-Bild gestaltet. Herzlichen Dank.

Ich danke Volkmar und Karin Dittmer von der Musikgruppe *TranceZenDance*. Sie forschen mit mir über die Wirkung von Klängen auf unser Bewußtsein. Die Ergebnisse sind auf unseren CDs **VISION** und **EMOTION** (siehe Anhang) veröffentlicht.

CoreDynamik-Institut Freiburg, im Januar 1999
Bernhard Mack

1. Einleitung

Als mich der Personalchef eines führenden internationalen Softwarehauses in einem Trainingsvorgespräch fragte, ob ich in meinem Training denn auch die Teilnehmer prügeln und beschimpfen würde, erklärte ich ihm, daß einige von uns Trainern in den frühen siebziger Jahren so gearbeitet hätten und daß inzwischen 25 Jahre ins Land gegangen seien ...

Ich erläuterte ihm die unterschiedlichen Trainingsstile und Epochen, die wir Trainer in diesen zweieinhalb Jahrzehnten durchlaufen haben und welche Management-by-Techniken mit welcher wirtschaftlich-politischen Situation und mit welchen Grundhaltungen der jeweiligen Trainergeneration zusammenhingen.

Ich konnte meinen Gesprächspartner und den Geschäftsführer überzeugen, daß nach unserem Training kein Chaos und keine Angst herrschen, daß wir nicht eine enge Schulmeinung vertreten, sondern den jeweiligen Bedingungen entsprechend die angemessenen Methoden anwenden. Wir bekamen den Auftrag.

In diesem Gespräch entstanden die Idee und der Entschluß für dieses Buch, nämlich, diese Grundkenntnisse den in Führung und Personalarbeit Verantwortlichen sowie in Teams arbeitenden Menschen zur Verfügung zu stellen und die Methodik eines modernen und integrativen Trainingsansatzes, den ich hier als *Komplexitätstraining* bezeichne, zu entwickeln. Dieses Buch kann Managern und Trainern zur Weiterbildung und zur Standortbestimmung sowie potentiellen Teilnehmern und Entscheidungsträgern zur Orientierung und Zielbestimmung dienen.

Das Training, das in diesem Buch beschrieben wird, beginnt mit einfachen Grundlagenübungen zur Kommunikation. Zuerst geht es um den einzelnen, sodann wird die gruppendynamische Energie von Teams genutzt, im nächsten Schritt wirksames Energie- und Konfliktmanagement vermittelt und schließlich werden immer komplexere Betrachtungsweisen eingeführt. Das Trainingskonzept wird im Verlauf vielschichtiger, die Methoden werden wirkungsvoller, bis schließlich die Öffnung der Intuition ermöglicht wird.

Es ist ein Buch für TrainerInnen, PersonalleiterInnen und ManagerInnen sowie für alle, die sich für Teamarbeit und persönliche Weiterentwicklung interessieren.

Der Text verläuft in einem ständigen Wechsel zwischen Prozeßdarstellung, Methoden- und Übungsanleitungen (in Kästen), theoretischen Reflexionen und Kontextüberlegungen. Manche Übungen können TrainerInnen so übernehmen, die differenzierten Experimente ab Kapitel 12 sollten jedoch nur von erfahrenen ProzeßbegleiterInnen durchgeführt werden, die dieses Handwerkszeug in einer speziellen Ausbildung an sich selbst erfahren und gelernt haben.

Nicht jedes Training kommt bei den hochdifferenzierten Techniken der letzten Kapitel an. Nicht alle Unternehmen verfügen über die Offenheit und Innovationsbereitschaft der hier beschriebenen Praxisbeispiele. Der äußere Rahmen bestimmt auch Begrenzungen dieser so wirkungsvollen Arbeit. Die Entwicklung einer Lernenden Organisation bedarf gleichzeitig der Arbeit am Individuum. Komplexe Persönlichkeiten können durch systemisches und integrales Handeln (Kap. 7-14) wesentliche Innovationen ins Leben bringen.

Auch wenn für manche Organisationen der Rahmen begrenzter ist, will ich Ihnen dennoch den gesamten Horizont der Möglichkeiten vorstellen, damit Sie entscheiden können, wie weit Sie zu gehen bereit sind. Die ersten Schritte in diesem Programm sind für sich genommen schon sinnvoll, selbst wenn sie von mittlerer Reichweite sind. Bitte lesen Sie das Buch von vorn nach hinten, damit Sie die aufeinander aufbauenden Übungen und die späteren Kapitel besser verstehen können.

> **Wege entstehen beim Gehen.**
> **Gute Wege führen meist ins Unbegangene.**

1.1 Historischer Überblick über die Entwicklung der Trainingsstile

Mein persönlicher Weg als Trainer, Gruppenleiter, Berater und Coach läßt sich anhand der historischen Entwicklung der Beratungsansätze und der Kultur der Unternehmensberatung nachzeichnen: Meine individuelle Entwicklung und die allgemeine Entwicklung von Trainingsmethoden sind in sehr ähnlicher Weise verlaufen. Wir durchliefen verschiedene Phasen von Trainingsstilen, die zwar in sich noch unvollständig waren, aber durch schrittweises Hinzufügen von neuen wichtigen Aspekten immer komplexer wurden. Die einzelnen Aspekte waren in sich unzureichend, wurden im neuen Kontext jedoch aufgehoben im doppelten Sinne:

Einerseits in ihrer Einseitigkeit relativiert, flossen sie andererseits in die neue Entwicklungsphase ein und wurden damit bewahrt.

Wie viele von uns Trainern begann ich in den frühen siebziger Jahren mit dem klassischen Ansatz der **nicht-direktiven Gesprächsführung**. Das Positive dieses Ansatzes war, daß ein Bewußtsein entstand, daß durch Zuhören, durch Eingehen auf die Gefühle der Mitarbeiter und Kunden und durch einen nicht-direktiven Führungsstil Menschen zu ihren eigenen Gefühlen und Impulsen kommen können und so eine optimale Kommunikationssituation hergestellt werden kann.

In Laborsituationen und Rollenspielen gelang dies, in der alltäglichen Wirklichkeit wurde uns jedoch oft rückgemeldet, daß die Praxis viel komplexer sei, und nur Freundlichkeit viele Probleme nicht zu lösen vermochte.

In der folgenden Phase der **Verhaltenstrainings** gingen wir davon aus, daß der Mensch als ein Reiz-Reaktions-Bündel (Stimulus-Response) angesehen werden kann, bei dem der Trainer durch die Löschung (negativer Reiz) oder Bestärkung (positiver Reiz) von Verhaltensmustern ein erwünschtes Verhaltensspektrum erzielen kann. Wir entwickelten differenzierte Verstärkerprogramme für optimales Verhalten und führten Buch über die erzielten Lernerfolge. Auf einer Mikroebene, zum Beispiel im sogenannten Micro-Leading oder Micro-Teaching, führte dies zu Veränderungs-Effekten, im beruflichen Alltag fehlte dem einfachen Verhaltenstraining praxisnahe Wirksamkeit.

Die Orientierung am manifesten Verhalten und das Training von Verhalten (Skills) habe ich jedoch als sinnvollen Baustein eines integrativen Gesamtkonzepts beibehalten (siehe Kap. 4).

Wir suchten weiter und begannen mit den **gruppendynamischen Laboratorien**, in denen wir die Teilnehmer dadurch frustrierten, daß wir uns als Trainer passiv verhielten, die Teilnehmer „auflaufen ließen" und sie über lange Zeit ihrem Gruppenchaos überließen. Der Gedanke dabei war, daß sie so am ehesten etwas über die Gesetze gruppendynamischer Entwicklung lernen würden.

Die Aufgabe des Trainers bestand darin, durch abwertende Bemerkungen die Teilnehmer an ihre Selbstverantwortung für den Prozeß zu erinnern und sie so mit ihrer Hilflosigkeit zu konfrontieren.

Da diese Methoden heutzutage noch häufig angewandt werden, soll noch ein Wort mehr dazu gesagt werden:

Wenn Trainer Teilnehmer auflaufen lassen, provozieren sie damit Formen pathologischen oder verletzenden Sozialverhaltens. Die totale Verweigerung der Kommunikation z.B. in bestimmten Konzepten der Gruppendynamik, die „die natürliche Erwartung auf Kommunikation radikal durchkreuzt, muß in die Verwirrung führen, eine Hilflosigkeit, die auch bei gesunden Menschen archaische Abwehrmuster aufkommen läßt. Die völlig unstrukturierte Situation einer solchen Gruppe verlangt nach einer Ordnung. Wen nimmt es Wunder, wenn Rangfolgen im Sinne einer Hackordnung entstehen? Der Situationsdruck durch initiales Schweigen verlangt nach einer Lösung. Was also, wenn durch »Spaltung« in kleinere Einheiten die so hilflos gemachten bzw. gewordenen Gruppenmitglieder versuchen, Subgruppen zu schaffen, kleinere Felder, in denen Kommunikation wieder möglich wird?" (Petzold, Frühmann, 1986, 388)

Die Teilnehmer werden gekränkt, das bedroht sie, und so können Aggressionen und Fluchtreaktionen entstehen, auch Niedergeschlagenheit und vor allem Ohnmachts- oder Unfähigkeitsgefühle. Und da die Trainingsziele nicht offengelegt werden, werden Anpassungsleistungen erbracht, die dann wieder abwertend konfrontiert werden können. Diese Interventionen haben scheinbar immer recht, beziehen sie sich doch auf Reaktionen, die der Trainer gerade selbst provoziert hat. Oft ist das so, als ob man jemanden im dunklen Keller herumlaufen läßt, obwohl man selbst am Lichtschalter steht (Watzlawick 1978).

Ich würde diese Phase der Unternehmensberatungs-Konzepte nicht so ausführlich schildern, wenn derartige Seminare nicht noch heute im gesamten deutschsprachigen Raum großen Zulauf hätten. Natürlich haben sie auch gerade deswegen so großen Erfolg, weil diese abwertende Haltung der Trainer sich auf eine Erfahrungsbasis der Teilnehmer als Mitarbeiter (auch in den mittleren bis oberen Managementetagen) beziehen kann, die sie tagtäglich in ihrem Betrieb erleben. Wenn sich dies in Trainings wiederholt, müssen die dahinterstehende Ideologie und Machtstrategie explizit aufgezeigt und kritisiert werden.

Mit Gruppen zu arbeiten bedeutet jedoch, gemeinschaftlich eine methodische Suchbewegung zu vollziehen. Eine tolerante Haltung gegenüber Andersdenkenden und -fühlenden ist dabei unabdingbar. Voraussetzung dafür ist eine wirkliche Wertschätzung von Andersartigkeit, die der Leiter zuerst in sich entwickeln, dann praktizieren und schließlich auch in seiner Haltung und Methodik weitervermitteln sollte.

Ich habe aus dieser Phase den Aspekt „aufgehoben", daß der Trainer, nachdem er brauchbares Handwerkszeug für den Kommunikationsprozeß (siehe Kap. 2-4) vermittelt hat, sich auch einmal für Phasen zurückziehen muß, um der Gruppe Übungen in Sachen Selbststeuerung zu ermöglichen. Dies sollte jedoch nur nach vorheriger Ankündigung geschehen („Ich werde jetzt für eine Stunde die Gruppenleitung an Euch abgeben"), damit keine Verwirrung über die plötzliche Führungslosigkeit entsteht. Dies ist m.E. auch ein gutes Modell für Führung überhaupt, wenn jeweils explizit transparent gemacht wird, ob jemand und wer gerade führt.

In der nächsten Entwicklungsstufe als Organisationsberater wandten ich und viele Kollegen uns dem **Kommunikationstraining** zu. Wir lehrten die vier Wege der Kommunikation und vermittelten, daß jede Kommunikation einen Inhalts- **und** Beziehungsaspekt besitzt. Dies ist wichtiges Basiswissen, das Kommunikation besser verstehen und realisieren läßt. Wir sprachen über die Störungen im Nachrichtenübermittlungs-Prozeß zwischen Sender und Empfänger, übten Zuhören und Feedback geben und trainierten die Teilnehmer in Selbstbild- und Fremdbild-Einschätzungen.

Auch dies sind wesentliche Basis-Erkenntnisse und -Fähigkeiten. Die Erkenntnis, daß Beziehungen und persönliche Einstellungen den Inhalt der Kommunikation wesentlich bestimmen, muß nach wie vor als Handwerkszeug Nr. 1 beschrieben werden.

Viele Konzepte blieben jedoch dabei stehen oder entwickelten aus diesen Kommunikationsregeln (z.B. Gordon: *Die Managerkonferenz*) ein Patentrezept nach dem anderen. Der wesentliche Grund für Patentrezepte war, daß viele Trainer und Trainerinnen nicht den Mut hatten und haben, sich dem Unbekannten und damit ihrer Unsicherheit auszusetzen. Sie leben in der Angst, ihr Auftraggeber könnte merken, daß sie kein Patentrezept haben.

Ein Patentrezept kann jedoch niemals ein wirklich greifendes und wirksames Mittel sein, um die höchst differenzierten und spezifischen Probleme von Einzelpersonen oder Organisationen zu lösen. Mit Rezepten kann man Menschen nicht aus der Lethargie herausführen und Unternehmen nicht zu dynamischen, lernenden Organisationen wandeln.

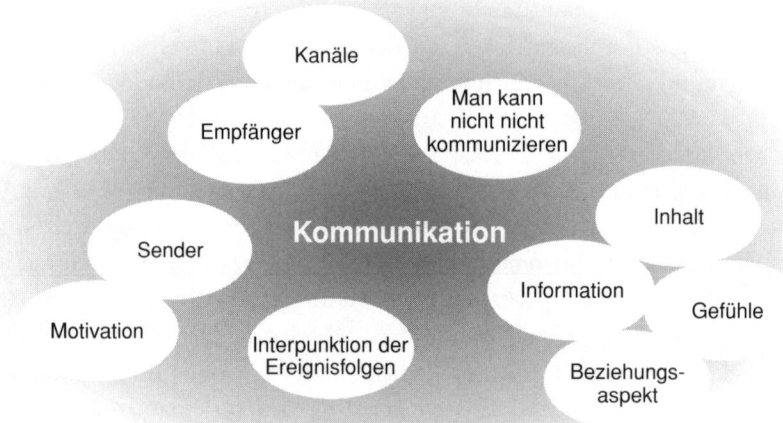

Dann kamen die Methoden des **Aggressions- und Konfrontationstrainings** auf den Markt. Wir forderten die Kunden heraus und provozierten sie zu klaren Stellungnahmen. Das war und ist für viele hilfreich, es fehlten jedoch der Respekt und die Achtung vor dem Gegenüber. Übernommen haben wir aus dieser Zeit kraftvolle Abgrenzungsübungen und differenzierte Landkarten für Konflikttrainings (Kap. 6).

Die Entwicklung ging weiter. Wir kamen in die **tiefenpsychologische Phase**. Wir erklärten die Probleme aus der Vergangenheit und der individuellen Biographie. Es war eine gute Zeit mit viel Nähe und Intensität in den Arbeitsgruppen und Teams. Die Probleme wurden jedoch nicht wirklich gelöst, weil der Focus auf den **Problemen** blieb, die psychologische Dimension im Vordergrund stand und die Einzelperson noch stark als das Opfer der Umstände gesehen wurde.

Es war jedoch eine wichtige Zeit des Experimentierens, die reich an Erfahrungen und auch Erfolgen war, und die ich nicht missen möchte. Wir lernten viel über die Psychodynamik von Konflikten innerhalb von Individuen und in Teams. Gruppenkonfrontationen in den Konflikttrainings waren sehr ergiebig, und wir erhöhten unsere Wahrnehmungsfähigkeit für gruppendynamische Prozesse.

Es fehlte jedoch irgendwie noch ein praktikables Handwerkszeug für den Alltag, und wir mußten offensichtlich noch weiter an der Entwicklung unserer Methodik arbeiten.

Wir befinden uns jetzt in diesem Rückblick ungefähr im Jahre 1986.

Wir nahmen die inzwischen weitverbreiteten Methodiken wie Metaplan, Mind Mapping, Präsentationstechniken und die Sozialtechniken der Gesprächsführung, der Rollenspiele mit Video-Feedback, der Transaktionsanalyse und des NLP hinzu. Wir konnten feststellen, daß dies unserer Arbeit inzwischen eine Intensität gab, die unsere Wirkung erhöhte und den Kunden zufriedenstellte. Offensichtliche Probleme wurden so recht gut und schnell gelöst.

Eine langanhaltende oder tiefgreifende Wirkung mußte jedoch in Frage gestellt werden. Das Einbeziehen des Körpers fehlte noch. Die Wirklichkeit wurde in den bisher genannten Ansätzen auf den jeweiligen von dieser Methode entworfenen Realitätsausschnitt begrenzt und damit ihrer tiefgreifenden Wirksamkeit beraubt. Die berufliche Wirklichkeit war immer noch vielschichtiger als unsere Methoden. Traditionelle Methoden sind in einer Zeit zunehmender Beschleunigung von Prozessen, zunehmender Globalisierung der Vernetzung von Kommunikation und Märkten bei gegenseitiger Abhängigkeit von Entscheidungen und Entwicklungen nicht mehr hilfreich.

So kamen wir (meine engeren Trainerkollegen und ich) Anfang 1990 zu der Erkenntnis, daß die berufliche Wirklichkeit unsere Methoden prägen müßte und nicht umgekehrt. Wir erkannten, daß Konflikte nicht nur im Interesse des Auftraggebers schnellstmöglich geklärt werden sollten, sondern daß es auch und wesentlich darum geht, die Tatsache bzw. die Existenz der Konflikte als normales und wiederkehrendes Prozeßmerkmal von Entwicklung zu bejahen (Quitmann) und deren kreatives Potential zu nutzen.

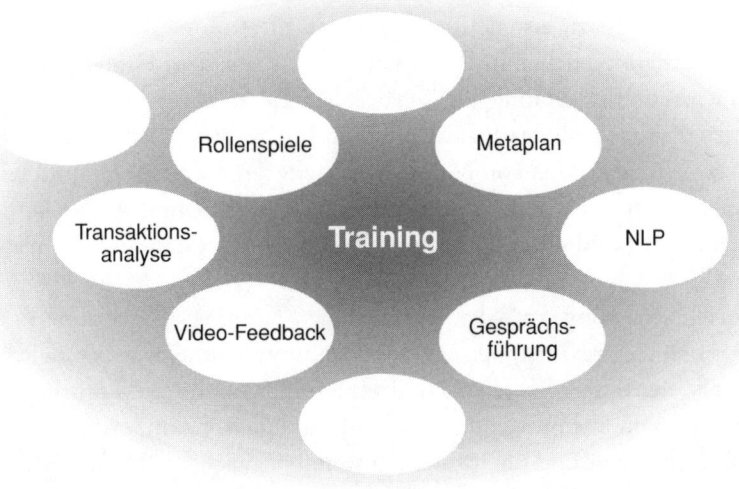

Wir mußten erkennen, daß das Moment der Angst vor Veränderung bei den Beteiligten, aber auch bei uns Beratern eine wichtige Rolle spielte. Riskierten wir nämlich, nach unseren Beobachtungen die Dinge beim Namen zu nennen, und verdeutlichten wir dabei den Konflikt zwischen den verschiedenen Ebenen im Unternehmen, so kamen wir selbst mit unseren Eigeninteressen mit ins Spiel. Wir brachten unseren Auftrag in Gefahr und mußten das Image einer „mißlungenen" Intervention in Kauf nehmen.

Bei einer Tochterfirma eines Automobilkonzerns in Deutschland, in der wir auf breiter Ebene Teamentwicklungen durchführten, wurde vom oberen Management eine Strategie der Lernenden Organisation mit innovativen Visionen verordnet. Von Mitarbeitern der Basis wurde dieses Konzept unterstützt. Zahlreiche Mitarbeiter der unteren Ebene befanden sich in einem aktiven Lernprozeß. Die Blockierung lag jedoch im mittleren Managementbereich, in dem Machtdenken, Hierarchiebewußtsein und Bewahren der Besitzstrukturen im Vordergrund standen. Erst als wir diesen Zustand offen benannten und alle Ebenen zu Konfliktgesprächen zusammenführten, kam der Prozeß in Bewegung. Jetzt erst wurden wir wirklich ernstgenommen, und Mitarbeiter wie Geschäftsführung fanden erstmals den Mut, die Dinge beim Namen zu nennen.

Glücklicherweise zeigte es sich häufiger, daß sich Interventionen für das Unternehmen um so erfolgreicher auswirkten, je ehrlicher und offener wir wurden.

Erst in den Jahren nach 1992 begann sich in unseren Köpfen und in unseren Seminaren, Workshops und Inhouse-Projekten eine Vielschichtigkeit zu entfalten, die der Komplexität des rasant aufziehenden Informationszeitalters zu entsprechen schien.

Wir begannen, vor jedem Auftrag eine gründliche Situationsanalyse des Betriebes und des Bedarfs zu erstellen, untersuchten die Komplexitätsstrukturen von einzelnen Betriebsbereichen in ihrem Umfeld und vor dem Hintergrund der jeweiligen wirtschaftlichen und gesellschaftlichen Gesamtsituation.

Themen und Ziele für das Training in Führung, Komplexitätsbewältigung und Teamentwicklung wurden von Mal zu Mal breiter und komplexer, und (ein wesentliches Merkmal von dosierter Komplexität) diese zunehmende Vielschichtigkeit machte mehr und mehr Freude und Lust, war Anregung und Motivator zugleich.

Indem ich Erfahrungen aus den verschiedenen Trainingsepochen und Erkenntnisse über brauchbare Trainingsmethoden zusammenfaßte, war es möglich, eine **lernprozeßorientierte**, am Thema und am Kunden orientierte **Trainingsdidaktik** vorzulegen, die die notwendigen Schritte zu einem Komplexitätsbewußtsein beschreibt, vermittelt und überprüfbar anwendbar macht (siehe Auswertung der Praxisberichte im Kapitel 15).

Ich erkannte:
- Sichtbare Prozesse sind Ausdruck eines dahinterliegenden Energieprozesses.
- Die Wirklichkeit ist immer komplexer, als wir sie beschreiben können.
- Unser Bewußtsein ist zu Entwicklungssprüngen fähig.
- Grundlage menschlichen Kreativitätspotentials ist unser Körper.
- Unser Geist stellt eine noch völlig unergründete Welt der Information und Vernetzung dar.

Ich nenne dieses neue, die bisherigen Verfahren einbeziehende Instrument **Komplexitätstraining** oder CoreDynamik. Jede neue Komplexitätsstufe in der Entwicklung erfordert eine neue Methodik. *CoreDynamik* versucht die Trennung der traditionellen Modelle zu überwinden und wird sich mit der weiteren gesellschaftlichen Entwicklung ebenso weiterentwickeln müssen. Es geht um die Frage: Wie entsteht ein Ganzes?

CoreDynamik integriert die wirksamsten Methoden der Prozeßsteuerung, fördert Kreativität und Intuition und hat dafür ein nachvollziehbares didaktisches Handwerkszeug entwickelt. Die detaillierte Beschreibung dieses Ansatzes ist Ziel dieses Buches.

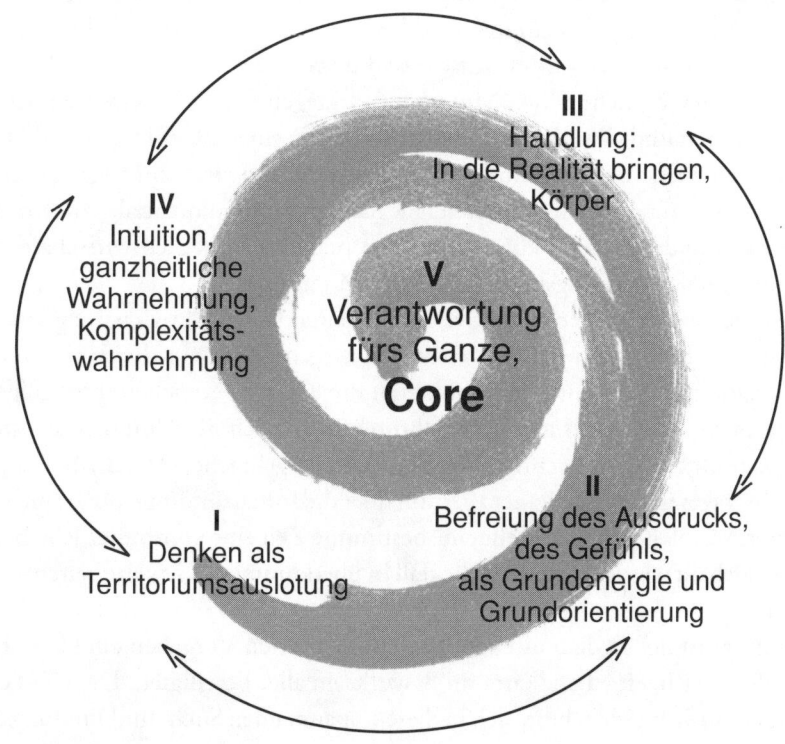

1.2 Bausteine des Komplexitätslernens

Viele Manager, die ihre Unternehmen in eine Lernende Organisation verwandeln wollen, haben den traditionellen Methoden von Managementtrainings gegenüber große Vorbehalte. Dies ist nur allzu verständlich, wenn wir uns die bisherige Entwicklung der Trainingsmethoden bewußt machen.

> **Um außergewöhnliche Ergebnisse zu erzielen,
> bedarf es außergewöhnlicher Verfahren.**

Was also braucht ein Prozeßbegleiter, der ein wirklich effektives und gewinnbringendes Vorgehen zur Einführung einer Lernenden Organisation erarbeiten soll?

Zuerst einmal die Fähigkeit, das Unbekannte zu riskieren. Nur wenn ich mich auf Unbekanntes einlasse, kann ich die spezifische Situation erkennen und etwas Sinnvolles herausfinden.

Zum zweiten braucht er die Fähigkeit, seine Intuition und Ganzhirnigkeit sowie die seiner Kunden „anzuzapfen", d.h. das riesige Reservoir an Informationen zu nutzen, das in unserem Bewußtsein schlummert.

Zum dritten braucht es den Mut, den Auftraggeber über die Grenzen des Bisher-Gewußten und -Probierten hinauszuführen in einen Handlungs- und Denkbereich, der zuerst einmal fremdartig, ungewohnt und vielleicht sogar unlogisch wirkt. In diesem unbekannten Bereich liegen die wahren Potentiale von Kreativität, die verbunden werden können mit den praktischen betriebswirtschaftlichen Erfahrungen der Führungskräfte und ihrer Mitarbeiter.

Viertens ist eine wirklich effektive und anhaltende Produktivitätssteigerung im Rahmen der Entwicklung einer Lernenden Organisation nur durch eine mittel- oder langfristige Begleitung von konkreten Projekten zu erreichen. Einmalige Interventionen haben nach meiner Erfahrung im Bereich der Unternehmensberatung zwar oft zunächst wichtige Prozesse in Gang gebracht. Da der Mensch aber auch ein träges Gewohnheitstier ist, muß über die Initialzündung hinaus meist ein erneuter Anstoß gegeben und für eine bestimmte Zeit eine kontinuierliche Begleitung aufgebaut werden, um den Rückfall in überkommene Gewohnheiten zu verhindern.

Fünftens ist neben dem offenen, prozeßorientierten Vorgehen ein klares Konzept erforderlich, eine Landkarte im Bewußtsein aller Beteiligten. Die Landkarte, die dieses Buch entwirft, hilft, sich in diesem spannenden Such- und Findungsprozeß zu orientieren und wiederholt den Blick auf den Gesamtkontext zu richten. Eine mögliche Landkarte ist die von mir entwickelte Methode, „von den Randproblemen zum Kern zu gelangen", durch die mit Hilfe von intuitivem Offensein für den Prozeß, einer Fragesystematik sowie schrittweise vertiefenden Körper- und Intuitionsmethoden der wesentliche Hebel für Innovationen gefunden werden kann.

2. Der Einstieg in die Spirale

2.1 Analyse der Unternehmenssituation

Je nach Auftragssituation, je nach den betrieblichen Voraussetzungen führen wir zuerst eine möglichst genaue Untersuchung der innerbetrieblichen Prozeßverläufe und der Außenbeziehungen durch.

Wir sprechen mit Führungskräften und gehen gemeinsam durch verschiedene Abteilungen. Da wir viele Firmen von innen sehen, sind das kurze „Erschnuppern" von Atmosphären, das Hinblicken auf die unterschiedlichen Arbeitsplätze und deren Zusammenhänge sehr wertvoll für die Konzipierung und den Gesamtverlauf des Trainings.

Die Befragung der Führungskräfte und der MitarbeiterInnen orientiert sich an einer spiralförmigen Fragetechnik, die schrittweise die Abläufe in Organisation und Produktion immer tiefer und umfangreicher erfaßt und so eine ganzheitliche Betrachtung ermöglicht.

Wichtig sind uns dabei die Potentiale, die Umwege, die Funktionen, die informellen Kanäle und auch die Engpässe eines Prozesses. Vor allem interessieren uns der Prozeß der Umsetzung von Zielen und die Lernmöglichkeiten eines Systems durch die eigene Praxis sowie die Informationsabläufe.

Wir bleiben dabei dem Aktionsforschungsansatz verpflichtet, der Daten nicht als objektive Größen versteht, sondern als „Material", das wir den Befragten zurückspiegeln, und mit ihnen darüber in ein Gespräch treten. Es gibt keine Geheimnisse mit den Daten, alle Untersuchungs- und Auswertungsvorgänge werden transparent gehalten.

Zuerst fragen wir in einer freien Interviewphase nach den Zielen, Interessen, Befürchtungen und Wünschen der Auftraggeber. Dann erkunden wir immer detaillierter, und schließlich bekommt die Führungskraft Arbeitsbögen und -materialien an die Hand, deren Auswertung für sie und ihre Mitarbeiter schon erste Erkenntnisse über Zusammenhänge ihrer innerbetrieblichen und gesamtwirtschaftlichen Situation ergibt. Die ersten Handlungsempfehlungen werden vorgestellt und begründet.

Auch wenn der weitere Verlauf der Beratungs- und Trainingsmaßnahmen eher die kommunikativen und intuitiven Aspekte von Managementprozessen in den Vordergrund stellt, werden betriebswirtschaftliche und systemische Fragen immer wieder mit einbezogen.

Es werden folgende Schlüsselfaktoren untersucht:
- Anlaß und Problemstellung für externe Prozeßbegleitung;
- Betroffene Personen, die begleitet werden sollen;
- Arbeits-, Hierarchie- und Aufgabenstrukturen;
- Zeitperspektive des Innovationsprozesses;
- Abhängigkeiten und Vernetzungen innerhalb und außerhalb des Unternehmens;
- Projektkultur und Unternehmenskultur heute und für die Zukunft;
- Kraftfeldanalyse:
  - technisches und Problemlösungs-Know-how;
  - Innovationskraft;
  - Finanzkraft;
  - Forschung und Entwicklung;
  - Führungssystem und Organigramm;
  - Kapazitäten;
  - Verkaufsorganisation;
  - Marktanteil;
  - Marke und Image;
  - Werbepräsenz;
  - Service;
  - Marketing-Konzeption.

Zuerst werden die Stärken einer Organisation ermittelt, danach die Hindernisse, diese Stärken voll zur Wirkung zu bringen. Allein die Tatsache, daß alle Probleme aufgelistet werden, die den Mitarbeitern einfallen, hilft zur Strukturierung. Strukturiert wird am besten mit Mind Maps, Brainstormings und einfachen Listen (Metaplan), bevor wir im Verlauf des Trainings den Problemen auf den Grund gehen.

Als Beispiel sei hier die Liste der Themenwünsche der Leitungsgruppe einer süddeutschen Großbank genannt, die repräsentativ ist für die Ergebnisse mancher Kick-off-Tage, der Vorbereitungstage für ein Intensivtraining.

Die Teilnehmer wollten mehr:
- den „Menschen" kennenlernen
- freie Partner werden
- personen- und teamorientierte Lösungsansätze erfahren
- Führungsaufgaben situationsgemäß angehen
- Prozeß- und Problembewußtsein erwerben
- Sensibilität für die Teamanalyse erlangen

- Offenheit lernen
- strategisch auf verschiedenen Ebenen gleichzeitig denken
- Bereitschaft zu „Neuem" wecken
- zuhören können
- andere Positionen akzeptieren lernen
- auf andere zugehen
- gestörte Beziehungen wieder aufnehmen
- Mitarbeitermotivation nicht nur mit Prämien, sondern durch Sinn erreichen
- im Team Konsensus erreichen
- zielgerichtet in Chaossituationen eingreifen
- mit Kollegen schnell auf intensiver Ebene kommunizieren
- auf den Punkt kommen
- Spontaneität ermöglichen
- sich selbst besser kennenlernen (Wo stehe ich?)
- Effizienz der Arbeit und Zufriedenheit im Privatleben zusammenbringen
- ein homogenes Team bilden
- Berührungsängste abbauen
- persönliche Schwächen und Stärken erkennen
- Reaktionen anderer sensibel einschätzen
- Vertrauen aufbauen
- Ja oder Nein sagen lernen
- Fähigkeit zur Kommunikation bei unangenehmen Themen erwerben
- Bereitschaft zur Offenheit nicht ausnutzen
- respektvoller miteinander umgehen
- Mißverständnisse aufklären
- näher zusammenrücken
- langfristige Erfolge des Trainings durch Nachbereitung sichern.

Es werden mögliche Ursachen für Mißerfolge gesammelt, die Chancen und Risiken abgewogen. Durch bewertendes Punkten finden zuerst die Führungskräfte und später die Trainingsteilnehmer die ihres Erachtens vorliegenden Hauptstärken und Hauptschwächen des Unternehmens heraus.

Größte Bedeutung kommt dabei dem sogenannten **Strategischen Engpaß** zu. Er zeigt, was die Nutzung der Potentiale am meisten be- oder verhindert. Um ihn genauer zu erkennen, machen wir eine **Strategische Bilanz**. Diese zeigt die Energieverhältnisse zwischen Unternehmen und Umwelt: Faktoren, die sich später in Kosten- und Ertragsminderungen oder -steigerungen auswirken können. Betriebswirtschaftliche Zahlen sind die Auswirkungen der vorliegenden inner- und außerbetrieblichen Energieverhältnisse.

Von allen an der Planung des Innovationsprozesses Beteiligten werden ebenso quantitative wie qualitative Ziele entwickelt. Das energo-kybernetische Managementsystem von Wolfgang Mewes besagt: Ein Unternehmen darf sich nicht daran messen, daß es alles genauso gut kann wie der Wettbewerb. Die Lebensfähigkeit eines Unternehmens hängt vielmehr von der Frage ab, ob es
➤ bestimmte Probleme
➤ für bestimmte Zielgruppen
➤ nachhaltig besser lösen kann
als der Wettbewerb (Rudolf Mann 1995, 44).

Durch Perspektivenwechsel während der Anfangserhebung kann schon jetzt ein Bewußtsein von der Komplexität der Unternehmenssituation entstehen. Und dies ist – wie wir sehen werden – eine wesentliche Bedingung für ein angemessenes und erfolgversprechendes Management im Unternehmen.

Erst nach dieser betriebswirtschaftlichen Untersuchung der Rahmenbedingungen eines Unternehmens gehen wir auf der Lernspirale einen Schritt weiter zu den psychologischen Faktoren, die wir zunächst in Modellen und Kommunikationsprozessen im Sinne der Aktionsforschung (action research) gleichzeitig untersuchen **und** verändern können.

2.2 Grundlagen des Netzbaus

Welche Schritte sind zu gehen, um den Umgang mit wachsender Komplexität zu lernen? Erschrecken Sie bitte nicht, wenn Sie die vielfältigen und teilweise neuen und ungewöhnlichen Methoden in diesem Buch lesen. Ich habe aus der Vielzahl möglicher Übungen und Lernschritte diejenigen ausgewählt, die sich im Laufe der Jahre als sichere Methoden erwiesen haben, die angestrebten Ziele zuverlässig zu erreichen. Es sind Techniken, die in zahllosen Seminaren erprobt und sich in ihrer Bedeutung für den Gesamtlernprozeß bewährt haben.

Zuerst geht es um die Voraussetzungen, die **als Grundlage** erlernt werden müssen, damit Kontakt und eine Erweiterung von Intuition, Kreativität und Komplexitätslernen überhaupt möglich werden können. Erlernt werden müssen im wesentlichen sozialpsychologische Basisfähigkeiten, die wir in den ersten Bausteinen unserer Seminare vermitteln. Ich werde die Beispiele meist aus Teamentwicklungsseminaren wählen, da die Entwicklung von Teamfähigkeit mit den ersten Schritten in Richtung auf Komplexitätslernen weitgehend übereinstimmt und deshalb auch gleiche Lernschritte beinhaltet.

Gleich zu Beginn sind die Trainer präsent und zeigen deutlich, daß sie den Lernprozeß leiten und verantworten, daß sie für emotionale Schwierigkeiten und Prozesse da sind und, wenn notwendig bzw. gewünscht, Unterstützung bieten. Der Anfang eines Prozesses dient der Stabilisierung im emotionalen Prozeß. Durch Respekt, die verbindliche Vereinbarung von Rahmenabsprachen, der Zusicherung und Einhaltung von Vertraulichkeit und Professionalität wird schrittweise ein Netz des Vertrauens aufgebaut, das für ein zunächst verunsicherndes Übungs- und Experimentierfeld so notwendig ist. Die klare unterstützende Aktivität der Trainer zu Beginn ist ein wichtiger Baustein für das Netz des Vertrauens.

Darüber hinaus gilt es den Teilnehmern klarzumachen, daß sie kein fertiges Lernkonzept, keine Folien, keine vorprogrammierten Inputs zu erwarten haben, sondern daß es um einen neuartigen Lernprozeß geht, in dem sie selbst als verantwortlich Beteiligte gefragt sind.

Diese erste Verunsicherung der Teilnehmer muß der Trainer aushalten und auffangen. Ohne eine gewisse Anfangsverunsicherung werden die Teilnehmer nicht selbstverantwortlich und aktiv, ohne ein gewisses Frustrieren der passivierenden Erwartungen („Der Trainer wird mir das alles beibringen") ist ein innovativer Lernprozeß nicht möglich.

Dieser Anfang ist wie eine „galiläische Wende": Die Erwartungen sind meist noch an Machbarkeit, Rezepten und Optimierung von Einzelverhalten (Skills) orientiert. Erst mit der Zeit lernen die Teilnehmer, daß Prozeßbewußtsein (d.h. Verstehen dessen, was gerade jetzt in der Kommunikation geschieht) der wesentliche Skill überhaupt ist, und daß dieses Bewußtsein nur durch Auflösung alter Muster, eine Phase der Labilisierung, Unsicherheit und Desorientierung hindurch wachsen kann.

2.3 Selbstdarstellung

Oberflächlich betrachtet wirkt der Einstieg in diesen so vielschichtigen Prozeß oft harmlos: Es geht um Namenlernen, erstes Kennenlernen des Lebensmottos, der Ideale und Ziele der einzelnen.

Komplexitätslernen erfordert neben der Abstimmung im Team immer auch Eingehen auf den einzelnen, heißt: ein Verstehen für die individuelle Existenz entwickeln. Es muß Sicherheit vermittelt werden, daß niemand unnötig verletzt wird, daß Würde und Achtung vor den Besonderheiten der Menschen wesentliche Prinzipien dieser Arbeit sind.

Denn wenn später mit den hohen Energien von Komplexitätserweiterung gearbeitet wird, muß diese Arbeit ein solides Fundament, einen festen Boden haben, eine Basis im Individuellen und im Kontext des Teams. Dieser Boden wird u.a. durch bekannte Hilfsmittel geschaffen:

> Die Vorstellung der Teilnehmer wird anhand eines selbstgeschriebenen Flip-Charts durchgeführt. Wie auf einer Vernissage gehen alle von Flip zu Flip und erfahren etwas über die Grundeinstellungen jedes Teammitglieds.
>
> Wir geben meist folgende Fragen und Aufgaben vor:
> - Wie wollen Sie angeredet werden?
> - Was sind Ihre Vorerfahrungen mit Komplexitätslernen (und Seminaren zur Persönlichkeitsentwicklung überhaupt)?
> - Zeichnen Sie ein Symbol, das für Sie steht.
> - Beschreiben Sie Ihr Lebensmotto.
> - Was passiert Ihnen immer wieder?
> - Was möchten Sie hier lernen?

Anhand dieser sogenannten **Plakatvorstellung** können schon jetzt durch Feedback des Trainers soziale Verhaltensweisen geübt werden, wie:
- Klarheit der Sprache;
- direktes Anblicken der Zuhörer;
- Umgang mit der eigenen Unsicherheit;
- Selbstunterstützung durch optimale Körperhaltung;
- Redundanz oder Prägnanz der Selbstdarstellung;
- Artikulieren eigener Probleme/Ängste (Was passiert ...).

2.4 Runde und Blitzlicht

Nach der ersten Vorstellungsrunde kann als grundlegendes Teamritual die sogenannte Runde oder auch das Blitzlicht zu der Frage „Wie geht es Ihnen?" eingeführt werden.

Die Runde ist eine Möglichkeit, die Befindlichkeit, den energetischen Zustand, die Gedanken, Befürchtungen und Wünsche der Teilnehmer systematisch und ausführlich zu erfassen. Jeder hat Zeit, sich mitzuteilen. Zur Differenzierung kann von Trainer und Gruppe nachgefragt werden. Oftmals reicht jedoch ein kurzes Blitzlicht.

Im Blitzlicht wird diese Analyse reihum mit nur einem Wort oder einem Satz vollzogen. Somit dauert dieser „Teameffektivierer" zwischen drei bis sieben Minuten. Wir unterbrechen das Blitzlicht grundsätzlich nicht, es sei denn, einige Teilnehmer äußern auf die Frage „Wie geht es Ihnen?" nur ein kurzes „Gut". Hier fragen wir nach, damit dieses wichtige Ritual nicht verflacht. Wird das Blitzlicht erst einmal zur „Kultur", d.h. zum regelmäßigen Reinigungsakt in einem Team, wird meist von einer deutlichen Effektivierung der Teamproduktivität berichtet.

2.5 Überblick über den Gesamtverlauf

An diesem Punkt des Trainings wird den Teilnehmern das Spezifische unserer Trainingskonzeption und des curricularen Konzepts beschrieben. Als zentrale Information für das Prozeßverständnis hat sich das aus der humanistischen Psychologie entlehnte Entwicklungsmodell erwiesen: **Wachstumsverläufe sind nicht-lineare Krisenverläufe. Entwicklung geschieht langsam *und* in Sprüngen.**

Teilnehmer weisen in schwierigen Prozeßphasen immer wieder auf nachfolgendes Modell hin, versuchen eine Standortbestimmung und beziehen Stabilität daraus:

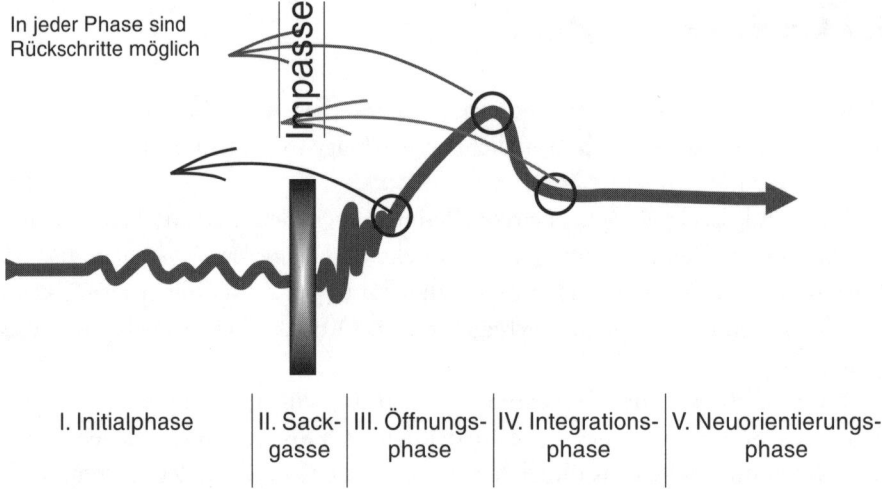

zu I: Initialphase

Dieses Modell besagt, daß wir bei jedem Entwicklungsschritt zuerst eine je unterschiedliche Vorbereitungs- oder Initialphase durchlaufen: sei es eine Wiederholung alter Rollen und Klischees oder alter ineffektiver Rituale und Kreisläufe.

In dieser Anfangsphase passiert scheinbar nicht viel Wesentliches, teilweise scheinen sich die Bemühungen im Kreis zu drehen. Diese Phase enthält jedoch nicht-umgehbare wichtige Gärungs- und Anwärmprozesse.

Die Entwicklung der Lerngruppe geht dann oftmals weiter in eine zu diesem Zeitpunkt verfrühte, sehr positive Grundatmosphäre. Es scheint schon alles klar zu sein, und die Lernerfolge scheinen schon realisiert. In dieser Phase können die sozialen Beziehungen höchst harmonisch sein. Der Umgang mit den Blockierungen, dem Impasse (Sackgasse), wird vermieden, die Notwendigkeit von Schmerz und Krisen wird noch nicht erkannt. Neben der Harmonisierung gibt es noch eine große Reihe weiterer Abwehrmechanismen in dieser Phase:

➤ Rationalisierungen und Generalisierungen,
➤ ausweichen, verweigern oder vertagen,
➤ lamentieren und Schuldzuweisungen,
➤ Depression und andere Zustände mit geringer Energie.

zu II und III: Sackgasse und Öffnungsphase

Die Erfahrung zeigt jedoch, daß ein Prozeß durch vorweggenommene Harmonie oder andere Abwehrstrategien nicht zu einem befriedigenden Abschluß kommen kann.

Jede Entwicklung muß durch ihre eigentümlichen Geburtswehen. Der Geburtskanal wird eng, es scheint keinen Ausweg zu geben, immer entsteht zuerst eine scheinbare Sackgasse, in der die Konflikte heftiger werden und kaum lösbar scheinen. Fritz Perls, der Begründer der Gestalttherapie, nennt diesen Entwicklungsblock Impasse: Sackgasse. Die Hilflosigkeit steigert sich in dieser Phase auf ein Höchstmaß. Hier sind Offenheit, Wahrheit und Ehrlichkeit, Mut zum Sprung und Risikobereitschaft gefragt. Ärger, Wut und emotionale Spannungen sind möglich und oft unumgänglich.

Nach dem Ärger kommen meist feinere Gefühle wie Trauer, Verstehen und Akzeptanz.

zu IV und V: Integrations- und Neuorientierungsphase

Die nächste Phase kann wie ein Durchbruch, wie eine Neugeburt in eine höhere Kontakt- und Intensitätsebene beschrieben werden. Erst wenn der Durchbruch gelingt, wenn der Geburtskanal sich wieder öffnet und Licht am Ende des Tunnels sichtbar wird, wird ein Reinigungs- und Neuorientierungsprozeß erkennbar. Die Energie nimmt schlagartig zu, die Arbeit wird sofort leichter und klarer, die Mienen hellen sich auf, und Erkenntnissprünge liegen in der Luft. Die Teilnehmer sind begeistert von ihrem Prozeß („Das hat es hier in den letzten 10 Jahren noch nie gegeben."). Oft beobachten wir in dieser Phase die Elemente der Explosion, Integration und Neuorientierung.

Im weiteren Prozeßverlauf sind noch weitere kleine Impasse-Blöcke wahrscheinlich und erneute Durchbrüche notwendig und möglich. Wenn aber erst einmal der erste Block gelöst ist, wird das Voranschreiten immer leichter und eleganter. Sprünge werden harmonischer, die Delphinmentalität (siehe Kap. 9.3) kann Einzug halten. Kooperation und Verstehen wachsen, die Energie beginnt zu fließen. Die Teilnehmer genießen den **Flow**.

Langsam gesteigerte Komplexität

In der *CoreDynamik* wird von sechs Tiefungsebenen im Training, im Coaching, in der Teamentwicklung, beim Komplexitätslernen und generell in der Arbeit mit Menschen ausgegangen. Wir beschreiben dieses Modell in den angegebenen Kapiteln ausführlicher.

Die sechs Tiefungsebenen der CoreDynamik

1. Gedanken, Analyse,
   Verstehen, Einordnen, Problemdifferenzierung, Reflexion,
   Rollen und Muster (Kap. 2-5)

2. Bilder und Gefühle,
   Kontaktunterbrechungen (Kap. 4-7)

3. Szenische Involvierung (Ebene der wiedererlebten Biographie).
   Die historischen Hintergründe von Konflikten und Mustern werden ermittelt. Der/die TeilnehmerIn geht in seinem/ihrem Erleben in die Szenen des aktuellen Konfliktes oder früherer Erfahrungen und löst die Blockierungen durch Wiedererleben und Neugestaltung der Szenen (Kap. 5-7).

4. Körperreaktionen
   Spontanbewegungen, Atmen, Spürbewußtheit
   Der Körper übernimmt die Führung im Klärungsprozeß. Spontane Reaktionen des Körpers lösen Denk- und Fühlblockaden (Kap. 7, 12, 13).

5. Ebene des unmittelbaren Gewahrseins, der Intuition und ganzheitlichen Wahrnehmung
   Raumbewußtsein, Gleichzeitigkeitserfahrungen und Mehrdimensionalität (Kap. 12)

6. Wesensebene, Kern-, Core- oder Seinserfahrung
   Energieerfahrung, Stille (Kap. 13-14)

Im ersten Trainingsabschnitt wird der Schwerpunkt auf die One-to-one-Kommunikation gelegt. Die Teilnehmer üben in Zweiergesprächen das Zuhören und Leiten. Sie nehmen einmal die Rolle des Coaches und dann die des zu Coachenden ein, um in beiden Rollen Lernerfahrungen machen zu können. Ich gehe dabei von der Erfahrung aus, daß wir dann, wenn wir lernen, andere zu begleiten, gleichzeitig lernen, uns selbst zu begleiten.

Es wird gefragt:
- Welche Modelle, Analyse- und Verstehenslandkarten gibt es für die zwischenmenschliche Kommunikation?
- Wie ist Zuhören, Mitgehen (Pacing) und Führen, Lenken (Leading) zur optimalen Prozeßbegleitung abwechselnd einzusetzen?

Als grundlegendes Modell der Persönlichkeit bieten wir die acht Säulen der Identität an: In einer integrierten Bewegungs- und Spürübung können Schritt für Schritt acht wesentliche Persönlichkeitsmerkmale der Grundstabilität erfaßt und verstanden werden. Detaillierte Ausführungen und Fragen hierzu habe ich in meinem Buch **„Der Liebe einen Sinn geben"** (S. 220 ff) gegeben.

Diese sogenannten acht Säulen der Identität können aufgemalt oder skizziert werden. Sie zu erkennen und zu spüren ist für die Teilnehmer eine starke Unterstützung in ihrem Selbstwertgefühl, weil sie sich eine klare Landkarte ihres Lebensgesamts erarbeiten. Sie können am Ende des Trainings zum Längsschnittvergleich und zur Beurteilung des Lernerfolgs herangezogen werden. Die acht Säulen der Stabilität sind:

➤ Körper
➤ Werte
➤ Beruf
➤ Gefühle
➤ materielle Basis
➤ soziales Netz
➤ seelisch-geistiges Sein
➤ Ich-Bewußtsein

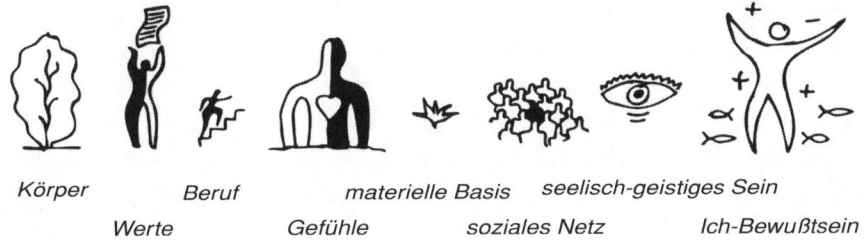

Körper   Beruf   materielle Basis   seelisch-geistiges Sein
Werte   Gefühle   soziales Netz   Ich-Bewußtsein

Wenn die Teilnehmer sicherer geworden sind, geht es auf die Ebene der Gefühle und Bilder (Ebene 2):
- Wie kann ich das Aufkommen von Gefühlen und Bildern unterstützen?
- Welche Methoden der Beziehungsklärung gibt es?
- Welche Kontaktunterbrechungen dienen zu welchem Schutz?
- Wie kann ich für das Erleben von Gefühlen einen sicheren Raum zur Verfügung stellen?
- Welche Unterstützungsmöglichkeiten für den Kontakt im Hier-und-Jetzt gibt es? (siehe Kap. 4)

Es kann sein, daß kürzere Seminare, die nur wenige Tage dauern, auf diesen beiden ersten Ebenen bleiben. Auch hier können die Teilnehmer wichtige Verbesserungen ihrer Kommunikation erlernen. Tiefgreifendere Veränderungen sind jedoch nur wahrscheinlich, wenn auch die weiteren Ebenen erreicht und bearbeitet werden.

Wenn sich die Teilnehmer miteinander sicherer fühlen, kann der Prozeß zur Ebene 3 weiter fortschreiten. Sie fertigen auf einer Papierrolle (fünf bis zehn Meter lang) ein Panorama an, auf dem sie die wesentlichen 10 bis 20 Szenen, Themen, Problem- und Fragestellungen ihres beruflichen und privaten Lebens als Skizzen, als Fotokollagen, als Gedichte mit Illustrationen, als Farbstrukturen oder als Strichmännchenzeichnungen gestalten.

Die Teilnehmer identifizieren die wesentlichen Szenen und bearbeiten sie im Rollenspiel, in psychodramatischen Settings, im Dialog mit Kissen oder Stuhl und können dabei bremsende und belastende unabgeschlossene Situationen (unerledigte Geschäfte) im beruflichen und/oder privaten Bereich abschließen. Durch das Neuerleben können sie alte Blockaden erkennen, lösen und sich neue, erlaubnisgebende Sätze wählen.

Durch regelmäßige Reflexionen der angewendeten Methoden erhält der Prozeß ein hohes Maß an Transparenz, Methodenbewußtsein und Selbstreflexion. Interessanterweise wird die emotionale Beteiligung der Teilnehmer durch Ansprechen der theoretischen Anteile nicht geringer, sondern tiefer, da so ein starkes Vertrauen in die Sicherheit dieses Prozesses und in die Kompetenz der Anleitenden entsteht.

Die Teilnehmer wechseln ständig aus der Rolle des zu Coachenden in die Rolle des Coaches. Beide *kennen* den Ablauf und die Schritte der jeweiligen Übungssequenz und können so auf mehreren Ebenen gleichzeitig mitgehen – auf der Erlebensebene und auf der Methodenebene.

In der *CoreDynamik* wird davon ausgegangen, daß ein Problem immer bedeutend komplexer ist, als es alltagssprachlich erfaßbar und lösbar wäre. Deshalb ist das methodologische Grundkonzept unserer Arbeit: **„Wir lösen keine Probleme, sondern wir erhöhen das Komplexitätsbewußtsein der Beteiligten."**

So werden den Lernenden jeweils mehrere Landkartenmodelle gleichzeitig angeboten (siehe Kap. 12). Die dadurch entstehende *tendenzielle Überforderung* durch ein sehr hohes Komplexitätsniveau ist eine bewußt eingesetzte Methode. Sie führt zunächst zu einer Verunsicherung der Übenden, schließlich aber zu einem sicheren Handwerkszeug und durch notwendiges Loslassen von verstandesorientiertem Vorgehen auch zu Intuition.

Die TeilnehmerInnen lernen, daß sie gleichzeitig verschiedene Möglichkeiten im Blick haben und so solche Hypothesen oder Konzepte schnell wieder loslassen können, die sich als nicht (mehr) sinnvoll zeigen.

Gutes Führen (d.h. prozeßorientierte Mischung aus Pacing und Leading, s.u.) verlangt ja sehr schnelles Loslassen von Vorstellungen, wohin der Mitarbeiter, Partner oder zu Coachende denn nun zu gehen habe. Dies fällt um so leichter, je mehr mögliche Wege die Führungskraft oder der Begleiter (der Coach) als denkbar zur Verfügung hat.

Im weiteren Verlauf der Arbeit werden u.a. folgende Fragen praxisorientiert beantwortet:
- Wie verbinde ich die inhaltlichen Fragestellungen mit der persönlichen und der gruppendynamischen Entwicklung?
- Wie beziehe ich das System der Organisation mit ein, in dem sich dieser Prozeß vollzieht?

2.6 Prozeßbegleitung durch Aktionsforschung

In den meisten unserer Seminare sind Mitarbeiter des Instituts dabei, deren Aufgabe darin besteht, Material für eine Prozeßauswertung zu sammeln. Forschung und Prozeßbeschleunigung gehen in diesem Action Research Hand in Hand. Die empirischen Grundlagen der Aktionsforschung werden dabei in einem offenen, phänomenologischen Vorgehen gewonnen, d.h. wir beobachten, beschreiben, sammeln wörtliche Beiträge, Berichte und Feedbacks sowie Schlußauswertungen zu unserer eigenen Effektivitätskontrolle sowie zur Rückmeldung des Lernbestands und Lernerfolgs an die Beteiligten.

Dabei beteiligen wir die Teilnehmer, indem wir sie zu schriftlichen Berichten einladen und eine Rückmeldung der Zwischenergebnisse und den Austausch darüber dokumentieren, z.B. bei den sogenannten Transfertagen, die in der Regel zwei Monate nach den Trainings stattfinden.

Teil der Anfangserhebungen sind Beobachtungen zu:
- Einstellungen
- Kompetenzen
- Führungsfähigkeit
- Teamfähigkeit
- Gefühlsfähigkeiten
- Bewegungsfähigkeiten

- Lebensentwürfen
- Pacing-Leading-Fähigkeiten
- Ausdrucksfähigkeiten (Stimme, Mimik, Gestik)
- Biographiebewußtsein
- Konfliktfähigkeit
- Selbstwertgefühl
- Sinnerfassungskapazität
- Integrationskapazität
- Sozialkompetenz
- theoretischen Kompetenzen
- arbeitsmethodischen Kompetenzen
- handlungsrelevanten Kompetenzen

Ferner reichen wir oft zu Beginn einen Arbeitsbogen zur kritischen Beurteilung des Lernprozesses. Mit seinen Themen können die Wahrnehmungsfähigkeit für den Seminarverlauf geschult und das Landkartenbewußtsein angeregt werden. Das Seminar soll immer wieder daraufhin geprüft werden, ob folgende Faktoren im Lernprozeß berücksichtigt werden:

14 Faktoren der Sozialkompetenz (vgl. Yalom)
- Einfühlendes Verstehen
- Emotionale Annahme und Stütze
- Hilfen zur realitätsgerechten Lebensbewältigung
- Förderung emotionalen Ausdrucks
- Förderung von Einsicht, Sinnerleben, Evidenzerfahrungen
- Förderung kommunikativer Kompetenzen und von Beziehungsfähigkeit
- Förderung leiblicher Bewußtheit, Selbstregulation und psychophysischer Entspannung
- Förderung von Lernmöglichkeiten, Lernprozessen und Interessen
- Förderung kreativer Erlebnismöglichkeiten und Gestaltungskräfte
- Erarbeitung von positiven Zukunftsperspektiven
- Förderung eines positiven persönlichen Wertbezugs
- Förderung von prägnantem Selbst- und Identitätserleben
- Förderung tragfähiger sozialer Netzwerke
- Ermöglichung von Solidaritätserfahrungen

2.7 MindMapping

Es ist hilfreich, während des gesamten Trainings immer wieder – parallel zum Prozeß – am Flip-Chart die Prozeß- und die Inhaltsebene in Form eines Mind Map festzuhalten und dieses im Raum an verschiedenen Stellen gut sichtbar aufzuhängen. So wird auch beim beiläufigen Herumschauen der Geist häufiger auf den Gesamtverlauf des Trainings und seine wachsende Komplexität hingewiesen.

Das Aufmalen von Gedanken und Assoziationen mit einem Mind Map unterstützt das Denken in vernetzten Strukturen. Es verbindet linke und rechte Hirnhälfte zu einer ganzheitlichen Hirntätigkeit und unterstützt die Kreativität und Merkfähigkeit. Bevor die eigentliche Denktätigkeit beginnen kann, bevor also Gedankenverbindungen geknüpft werden können, muß bereits so etwas wie ein Grundnetz vorhanden sein, in das diese neuen Inhalte fallen können. Das Mind Map ist wie eine Hängematte, in der wir die Informationen sammeln können. Mit einem Mind Map haben Sie dieses Netz immer dabei (vgl. Beyer 1997).

Durch die gehirngerechte Darstellung einer Idee, eines Plans oder eines Problems aktivieren wir unser assoziatives Potential. Die Schlüsselwörter führen über die Verästelungen zu neuen Zusammenhängen und Erkenntnissen. Über die Nutzung des visuellen Denkens werden mehrere Sinneskanäle und Hirnregionen angeregt. Es ist mit weniger Anstrengung verbunden und kann zu einer nutzbringenden, das Denken erleichternden Angewohnheit werden:

1. Zu Beginn des Sammelprozesses im MindMapping zeichnen Sie das **Leitmotiv** real oder als **Symbol** in die Mitte eines großen Blattes. Bilder fördern unsere Assoziationsfähigkeit und bleiben leichter im Gedächtnis haften als Worte. Wir stellen in unseren Trainings immer wieder fest, daß die Kreativität allgemein zunimmt, wenn Ängste vor dem Zeichnen und Malen („Ich hatte immer eine »5« im Malen.") an- und ausgesprochen wurden. Ängste lösen sich schnell, wenn man den Perfektionsanspruch herausnimmt.

2. Benutzen Sie **Schlüsselwörter**. Das sind Begriffe, die bei mehreren Teilnehmern schnelle Assoziationen auslösen, also Reizworte mit guter Prägnanz, wie z.B. Erfolg, Glück, Kommunikation. Diese Worte können im weiteren Prozeß ausdifferenziert werden.

3. Die einzelnen Schlüsselwörter mit ihren **Unterbegriffen** werden dann mit Linien verbunden. Es handelt sich nicht um einen logischen Vorgang, sondern um einen assoziativen Sammelvorgang. Durch die Linien wird der innere Zusammenhang der Themen optisch deutlich. Wenn Sie immer nur ein Wort aufschreiben, bleibt bei jedem Wort genügend Raum für weitere Assoziationen.

4. Wenn Sie **Farben und Bilder** nutzen, wird das Gehirn auf vielfältige Weise angeregt. Mit unterschiedlichen Farben können Sie Zusammenhänge herausstellen und Ihrem Geist die Arbeit erleichtern.

5. Erst wenn die Sammelphase abgeschlossen ist, **strukturieren** Sie die Gesamtdatenmenge auf neue und vielleicht logische Weise. Dies muß aber nicht sein, denn allein schon die Sammelphase hat Ihre innere Strukturierungs- und Empfangskapazität deutlich erhöht.

MindMapping als Mitschrifttechnik kann zu einer täglichen **Gewohnheit** werden: beim Telefonieren, beim Lesen und während Sie Gesprächen und Vorträgen zuhören.

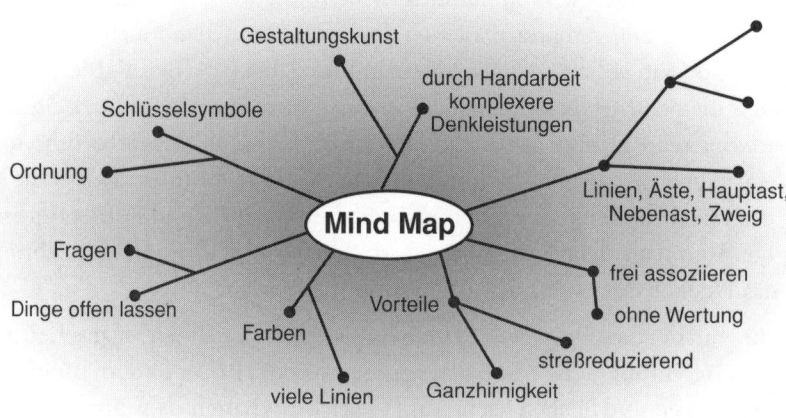

3. Eine Landkarte: Die Transaktionsanalyse

Das Anbieten von Sicherheiten im Wechsel mit Verunsicherung ist ein wichtiges methodisches Hilfsmittel auf dem Lernweg zur Komplexitätsbewältigung. Der Überblick über den Gesamtverlauf, die Stabilitätssäulen, die Mind Map-Technik und soziale Rituale dienen der Anfangsstabilisierung der Seminarteilnehmer. Im nächsten Schritt werden durch die Arbeit mit psychologischen Modellen weitere Sicherheiten gegeben.

Mir ist es wichtig, die grundsätzliche Relativität und den Modellcharakter von psychologischen Modellen zu verdeutlichen. Es sind eben nur Modelle, und sie bilden einen kleinen Teil der menschlichen Wirklichkeit ab. Sie sind nicht die Wirklichkeit. Die Landkarte ist nicht die Landschaft. Es gibt nicht **das** Modell von Wirklichkeit, sondern nur die Modelle zur Annäherung an die Realität.

Nur in diesem Sinne erlauben wir uns, psychologische Modelle anzubieten. **Ein** hilfreiches, wenn auch reduziertes Modell ist das der Transaktionsanalyse.

3.1 Die Ich-Zustände

Im Abendland hat sich seit Jahrtausenden eine dreigeschossige Denk- und Fühlweise eingebürgert. Der Mensch wird in Körper, Seele und Geist unterteilt, obwohl auf einer tieferen Ebene dies nur unterschiedliche Betrachtungsweisen auf einen ganzheitlichen Lebensprozeß sind.

Aus dieser Dreiteilung entstand in der klassischen Psychoanalyse das übereinandergelagerte Modell von Es, Ich und Über-Ich, das von der Transaktionsanalyse übernommen und umgangssprachlich übersetzt wurde in die drei Instanzen Kind-Ich, Erwachsenen-Ich und Eltern-Ich.

Das Kind-Ich wird weiter unterteilt in freies Kind und angepaßtes Kind, im Eltern-Ich wird unterschieden zwischen fürsorglichen und kritischen Anteilen.

Die fünf Ich-Zustände der Transaktionsanalyse

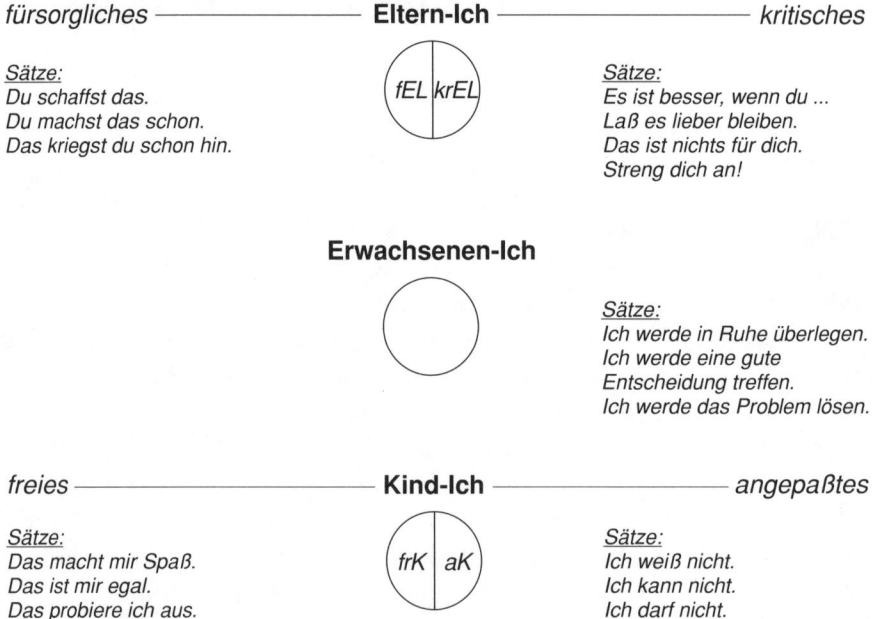

Wir führen häufig **innere Dialoge**. Dabei kann es zwischen unseren verschiedenen Ich-Zuständen zu **intrapersonalen Konflikten** kommen. **Interpersonale Konflikte** entstehen, wenn zwei oder mehrere Personen nicht auf derselben Ebene, d.h. nicht von den gleichen Ich-Zuständen aus kommunizieren. Die Kommunikation wird dann gestört, wenn dies ein dauernder Zustand wird und niemand aus diesem Spiel der Überkreuz-Transaktion aussteigt.

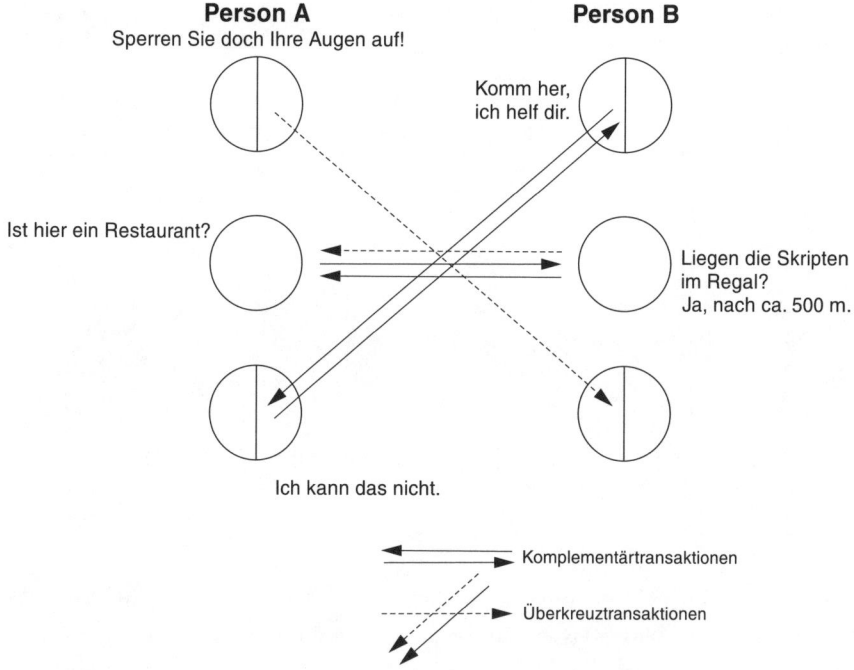

Ich habe lange gezögert, solche einfachen psychologischen Modelle gerade im Managementtraining einzuführen. Die Bedenken waren, ich könnte damit Widerstände erzeugen. Diese Befürchtung hat sich als unbegründet herausgestellt. Das Modell wird gern als Erklärungsansatz angenommen und sofort mit eigenen Erfahrungen gefüllt.

Zuerst lassen wir die Teilnehmer die Gefühls-, Gedanken- und Verhaltensqualitäten, die „aus den verschiedenen Ich-Zuständen kommen", beschreiben und zuordnen. Wir konkretisieren das Modell, indem wir durch Filmausschnitte und Rollenspiele reale, beispielhafte alltägliche Situationen skizzieren und sie nach den dort vorgefundenen Ich-Zuständen untersuchen.

Es entsteht eine Liste typischer Verhaltensmerkmale in den Ich-Zuständen, zu denen dann auch die jeweiligen Haltungen und Gesten, der Stimm- und Gesichtsausdruck zugeordnet werden können.

kritisches Eltern-Ich	fürsorgliches Eltern-Ich	Erwachsenen-Ich	angepaßtes Kind	freies Kind
Setzen von Normen, Grenzen, Regeln	Verständnis	Beobachten	Höflichkeit	Lebendigkeit Fühlen
Zeitstrukturierung	Positives und Erlaubnisse	Tatsachensammeln	Sich anpassen	Spontanität
Realistische Erwartungen	Geduld Ermutigung Trost	Prüfen der Transaktionen	Nicht auffallen	Spielen
		Durchdenken von Entscheidungen und Alternativen		
Moralisierend Bestrafend	Verwöhnend	Rationales, gefühlskaltes Vorgehen	Sich klein machen und sich dadurch abwerten	Temperaments- ausbrüche
Kritik übend Anmaßend	Helfer-Haltung	Reine Analyse von Situationen und Tatsachen	Verwirrung Zaudern Hilflosigkeit	Impulsivität
Vorurteile Abwertung anderer	Retter-Syndrom			Grenzenlosigkeit
Schulmeistern			Trotz	Orientierungs- losigkeit

(nach Rosenkranz)

Damit, daß wir die Vor- und Nachteile sowie Gefahren der verschiedenen Ich-Zustände herausarbeiten lassen, streben wir mehrere Ziele an:

- Die Teilnehmer lernen mit Hilfe dieser Landkarte, sensibler und wacher Verhaltensweisen als solche zu erkennen und können so die notwendige **Exzentrizität** erlangen, d.h. sie sind nicht mehr nur einfach mit ihrem Verhalten oder dem ihres Gegenübers identifiziert, sondern können Abstand nehmen und folglich angemessener reagieren.
- Sie lernen, welche Transaktionen effektiv und welche unökonomisch (bis hin zu destruktiv) sind.
- Sie gewinnen eine Landkarte zur Selbstbeschreibung und zum prägnanteren Fremdfeedback, die gezieltere Veränderungsprozesse ermöglicht.

3.2 Das Egogramm

Zur genaueren Fremd- und Selbsteinschätzung nehmen wir die Methode des sogenannten Egogramms zur Hilfe.

Auf fünf für die Ich-Zustände gekennzeichneten Stühlen werden zuerst wichtige Aussagen, Grundhaltungen, Körpergesten und -bewegungen geprobt. Dies macht oft viel Spaß, ermöglicht eine humorvolle Selbsterkenntnis und hilft, in einen spielerischen Umgang mit diesen Kategorien zu gelangen.

Im zweiten Schritt geht der Trainer die fünf Ich-Zustände durch und benennt jeweils typische Sätze. Die TeilnehmerInnen lassen währenddessen ihren Stift übers Papier gleiten und malen eine Skizze, aus der dann hervorgeht, wie die Ich-Zustände sich im Ausprägungsgrad zueinander verhalten, d.h. sie schätzen sich anhand dieser fünf Dimensionen selbst ein. Dann beschreiben sie, wie sie ihren Lernpartner oder einen anderen wichtigen Kollegen hinsichtlich der Verteilung seiner Ich-Zustände erleben.

Dabei könnte beispielsweise nachfolgende Skizze zustandekommen:

Egogramm

Die Lernenden können durch die graphische Darstellung ihres Egogramms eine Orientierung erhalten, wie sie sich in alltäglichen Kommunikationssituationen verhalten, wodurch sie sich eine Stütze holen und wie sie sich selbst und andere labilisieren. Mißlingende und gelingende Kontakte können so verstanden und verbessert werden.

Ein wichtiges Lernziel dabei ist, zu erkennen, daß nicht ein Ich-Zustand besser ist als die anderen, sondern daß effektives und erfüllendes Verhalten durch den flexiblen Wechsel der Ich-Zustände charakterisiert ist. Wenn wir hauptsächlich aus einem Ich-Zustand heraus handeln, reduzieren wir unsere vielfältigen Möglichkeiten zu Kontakt, Kreativität und Führung. Durch Bewußtheit, Erlaubnis und Übung können wir uns auch verschüttete Ich-Zustände wieder aneignen und unser Handeln komplexer gestalten.

Auch wenn dieses Modell etwas vereinfachend ist, sein Vorteil besteht darin, daß es schnell zu vermitteln und leicht einsehbar ist. Nach einigen Monaten lassen wir die Trainingsteilnehmer erneut Egogramme für sich und ihre KollegInnen skizzieren. Durch Vergleich der Graphiken über die Zeit lassen sich Veränderungs- und Lernprozesse leicht verdeutlichen.

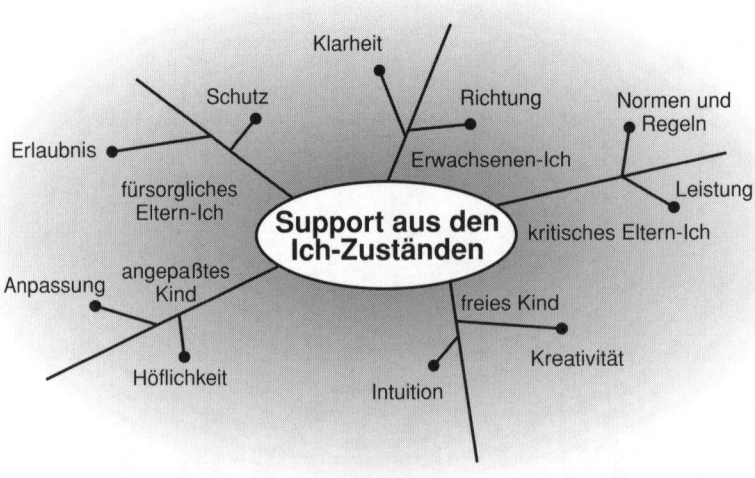

3.3 Die O.K.-Positionen

Für den betrieblichen und auch den privaten Alltag ist ein weiteres Modell aus der Transaktionsanalyse praktikabel und hilfreich: die O.K.-Positionen. Jede Position kennzeichnet eine Lebensanschauung, die die Kommunikation stark beeinflußt. Sie beschreiben eine Grundhaltung zu sich und zu anderen.

1. Ich bin o.k. – Du bist o.k.
Dies ist die Grundhaltung, mit der im glücklichen Fall alle Lebensprozesse beginnen. Beim Embryo gibt es Phasen und Momente eines vollständigen Aufgehobenseins im Uterus, alles ist zur Versorgung des kleinen Lebewesens vorhanden – und die Umwelt wird von diesem kleinen Wesen als positiv erlebt.

In späteren Lebensphasen kommen wir nur durch eine bewußte Entscheidung in diese Haltung. Je häufiger und länger wir diese Haltung ausprobieren, um so größer ist die Chance, daß diese Haltung sich auch im Verhalten und in den Reaktionen des Gegenüber widerspiegelt.

2. Ich bin nicht o.k. – Du bist o.k.
Kommt es in den späteren Lebensphasen zu Störungen (was die Regel ist), kann sich diese zweite Grundhaltung zum Leben entwickeln.

Wenn die Umwelt mich frustriert und mich zu wenig unterstützt, muß etwas an mir nicht in Ordnung sein. Die da draußen sind aber in Ordnung. Dies nennt die Transaktionsanalyse auch die Opferhaltung. Sie zeigt sich in einem starken Abhängigkeitsbedürfnis, in Unterwerfung und Überhöhung der Bezugspersonen.

3. Ich bin nicht o.k. – Du bist nicht o.k.
Bleibt der letztgenannte Zustand über längere Zeit aufrechterhalten, wird auch die Umwelt als negativ erlebt. Diese gegenabhängige Haltung zeigt sich als Trotz, Widerstand und Aggression. Zur Entwicklung des Ichs ist diese Phase in der Kindheit notwendig, später wendet sich dieses Verhalten jedoch gegen die Person selbst. Aus dieser Sackgasse scheint über lange Zeit kein Ausweg möglich. Es handelt sich um eine verstärkte Opferhaltung, die in die Verfolgerhaltung übergehen kann.

4. Ich bin o.k. – Du bist nicht o.k.
Diese Haltung des Retters entwickelt sich als eine weitere Form des Selbstschutzes aus mißlingenden Kontakten. Die Haltung finden wir oft bei Helfern, Lehrern, Weltverbesserern, die Probleme immer bei anderen sehen und durch ständiges Helfenwollen von sich ablenken möchten.

> Zuerst schätzen sich die Teilnehmer selbst ein:
> - In welchen Situationen gehe ich gewöhnlich in diese Positionen?
> - Wieviel Prozent meiner Zeit verbringe ich in den einzelnen O.K.- Positionen?
> - Wie bringe ich mich in diese Haltungen?

Diese Selbsteinschätzungen werden mit einem Lernpartner ausgetauscht und Veränderungsmöglichkeiten erwogen. Durch den Austauschprozeß wird die „Isolation mit dem eigenen Problem" aufgehoben, werden Verstehens- und Vernetzungsprozesse eingeleitet.

3.4 Das Dramadreieck

Ein weiteres hilfreiches Konzept innerhalb des Modells der Transaktionsanalyse ist das Drama-Dreieck. Opfer, Retter und Verfolger halten sich gemeinsam in einem Spiel der gegenseitigen Abhängigkeiten gefangen.

Will z.B. der Retter dem Opfer helfen, spielt dies nur kurze Zeit mit und wird dann zum Verfolger des Retters, der hierdurch wiederum zum Opfer wird. Das Opfer greift seinen Verfolger irgendwann an, und das Drama dreht sich weiter.

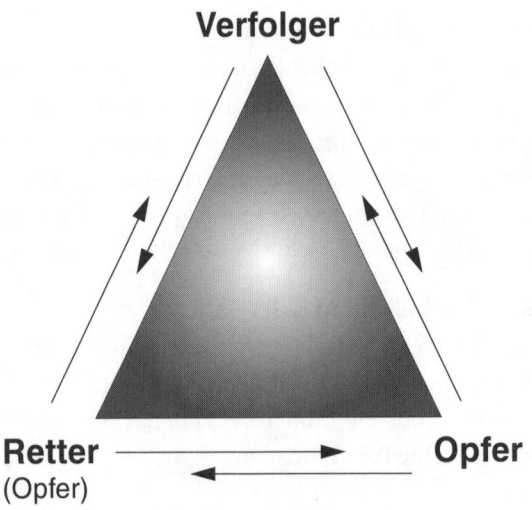

Dieses Spiel geht meist weiter, solange irgendeine **Nicht-O.K.-Position** im Spiel ist und niemand aus dem Kreislauf aussteigt. Der einzige Ausweg ist die Bewußtmachung der unbewußten Spielregeln und folgende Spielunterbrechungen:

Umgang mit Opfer, Retter und Verfolger:

Retter: Wenn ich tue, was du von mir erwartest, tust du, was ich will. **Wenn uns jemand retten will:** Man nennt den Rettungsversuch beim Namen und bedankt sich für das Rettenwollen. Man respektiert die positive Absicht und nimmt sich aus den Empfehlungen des Retters das heraus, was einem angemessen und nützlich erscheint. Das andere weist man zurück. Man weist auf seine Selbständigkeit und auf die förderliche O.K.-Position (Du bist o.k. – ich bin o.k.) hin.

Opfer: Wenn ich nur genügend hilflos erscheine, tust du, was ich will. **Wenn uns jemand durch Opferverhalten beeinflussen will:** Man benennt und stoppt das Opferverhalten. Man geht auf die gleiche Ebene des Opfers. („Manchmal habe ich auch den Eindruck, daß ich etwas nicht hinbekomme: Dann wünsche ich mir Hilfe, obwohl ich dadurch nicht lerne, mit meinen Problemen fertig zu werden.") Man bietet seine Unterstützung nur solange an, bis das Opfer allein weiterarbeiten kann.

Verfolger: Wenn ich dich nur genügend bedrohe, tust du, was ich will. **Wenn uns jemand durch Verfolgerverhalten einschüchtern will:** Man blockt das Verhalten sofort ab, benennt das „Spiel" und weist es klar und bestimmt zurück. Man spricht die Person auf die dem Verfolgerverhalten zugrundeliegenden Motive an („Was wollen Sie damit erreichen?"). Man untersucht mit ihm die Wirkung ihres Tuns. („Was bewirken Sie damit?")

Auch wenn im Moment noch alles ziemlich psychologisch klingt: Wir befinden uns immer noch im Komplexitätstraining. Wir legen bis jetzt nur Grundlagen, ohne die spätere Schritte nicht wirklich substantiell erfahren und verarbeitet werden können. Wir werden später die Modellebenen über- und nebeneinander legen und Gleichzeitigkeit in einer komplexen Wirklichkeit erleben.

3.5 Umgang mit der Skriptbotschaft

Gut zum Aufbau des sozialen Netzes, aber auch zur Selbsterkenntnis, zur Entspannung und als Vorbereitung auf höhere Energiestufen ist die Arbeit mit Antreiber-, Bremser- und Erlaubersätzen geeignet. Wir nennen diese Sätze die wesentlichen Skriptbotschaften, die uns meist früh in unserem Leben mitgegeben wurden, die wir dann verinnerlicht haben und die jede Kommunikationssituation, jeden menschlichen Gedanken, jedes Gefühl, jede betriebliche Routine und jedes wirtschaftliche Großprojekt prägen, solange sie unbewußt wirken.

Typische **Antreibersätze** sind:
➤ Streng dich an!
➤ Sei der Beste!
➤ Mach keine Fehler!
➤ Gönn dir keine Pause!
➤ Nur Höchstleistungen zählen!

Als häufige **Bremsersätze** werden genannt:
➤ Sei nicht so vorlaut!
➤ Das schaffst du sowieso nie!
➤ So etwas macht man nicht!

Erlaubersätze bestimmen selten die Lebensskripte und müssen meist erst erarbeitet werden:
➤ Du darfst dich ausdrücken, wie es für dich gut ist.
➤ Du darfst zufrieden sein.
➤ Du darfst dich ausruhen.
➤ Du darfst dir den Erfolg leicht machen.

Um die individuell wirksamen Sätze wirklich tief zu erfahren, werden zuerst in einer angeleiteten Reise nach innen die relevanten Sätze für jeden einzelnen gefunden. Aus mehreren Sätzen schälen sich die wichtigsten heraus.

Wir bilden Vierergruppen, und eine Person (der sogenannte Protagonist) beginnt seine wesentlichen Antreiber-, Bremser und Erlaubersätze den anderen mitzuteilen. Sie verteilt diese Sätze auf jeweils eine Person in der Kleingruppe, gibt den einzelnen „Satzträgern" einen Platz im Raum und schreibt ihnen eine entsprechende Geste und Haltung vor.

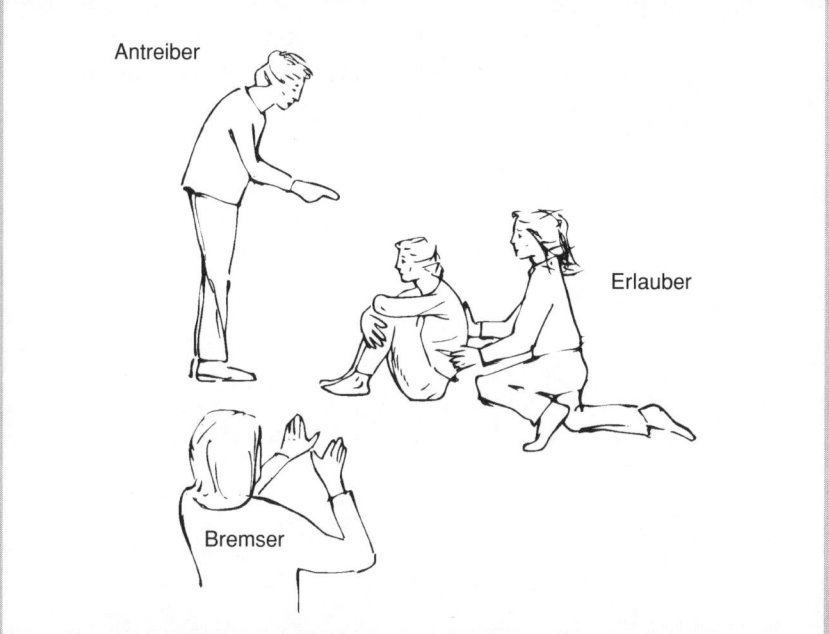

Es ist wichtig, daß der Protagonist mit Unterstützung durch den Trainer die Sprechweise, die Stimmlage, die Körperhaltung und Raumposition dabei sehr genau bestimmt, sie mit den „Satzträgern" probt und solange korrigiert, bis es für ihn wirklich stimmt und er dadurch in einen emotionalen Prozeß der Auseinandersetzung mit diesen persönlichen Botschaften über das Leben kommen kann.

In der zweiten Phase werden die geprobten Sätze dann gesprochen und der Protagonist läßt sie auf sich wirken.

In der dritten Phase darf der Zuhörende nun Veränderungen vornehmen: Oft werden die Personen, die die Antreiber- und Bremsersätze ständig wiederholen, vertrieben, die Erlauber nähergeholt oder lauter gestellt. Es kann zu heftigen Auseinandersetzungen mit diesen Sätzen kommen, oder sie werden durch bewußte Nicht-Beachtung in ihrer Wirksamkeit entkräftet.

Das Bild des Radioapparats, bei dem wir an einem Knopf die Lautstärke nach unserem Willen regeln können, ist bei dieser Übung sehr hilfreich. Meist ist nach ca. 20 Minuten eine zufriedene und gelöste Stimmung erreicht. **Der Kampf ist gewonnen, weil er überhaupt ausgetragen wurde.**

Wenn Teilnehmer in die Rollen mit den fremden Sätzen schlüpfen, tun sie dabei auch etwas für sich, und sie erkennen, daß wir alle mit ähnlichen Problemen zu kämpfen haben.

Der Austausch darüber und die Erkenntnis, daß andere ähnliche Sätze als innere Last mit sich herumschleppen, ist entlastend und unterstützend zugleich.

4. Optimale Prozeßsteuerung

4.1 Prozeßsteuerung und -begleitung

Parallel zum Angebot von Modellen werden die Grundkompetenzen des Begleitens (Pacing) und Führens (Leading) als die zwei wesentlichen Methoden zur Gesprächsführung vermittelt und geübt. Die vorgeschlagenen psychologischen Modelle bilden sozusagen den Wahrnehmungshintergrund, und ein situationsangemessener Wechsel von PACING und LEADING schafft die Möglichkeiten, darüber vertiefend zu kommunizieren.

Pacing

Mit Pacing sind alle Verhaltensweisen des Begleitens und Mitgehens gemeint: Wenn wir interessiert nachfragen, den Gegenüber versuchen zu verstehen, wenn wir hinschauen, wenn wir durch unsere Körpersprache signalisieren, daß wir verstanden haben und noch mitgehen, daß wir zuhören und es genau wissen wollen.

Pacing wird durch kleine Laute wie „Mmh", durch Kopfnicken und durch (verkürztes) Wiederholen des vom Sender Gesagten ausgedrückt. Es kann auch dadurch geschehen, daß wir die Körpersignale des anderen für kurze Zeit übernehmen, wie z.B. Körperhaltung, Atemrhythmus, Tonfall, die Atmosphäre in der Stimme. Um der Gefahr der Symbiose, der Verwischung von Grenzen und damit des Verlusts von Kontakt zu entgehen, sollte die Begleiterin jedoch bald zu ihren eigenen Impulsen zurückkehren.

Wichtige innere Haltungen des Pacing sind das Da-Sein, die innere Präsenz und Wachsamkeit, die Zurücknahme des eigenen Standpunkts. Man wird ganz Ohr, erlebt die menschliche Anwesenheit des Gegenüber wirklich und drückt sich echt aus. Die geöffnete Hand kann den Körper auf diese innere Haltung einstellen.

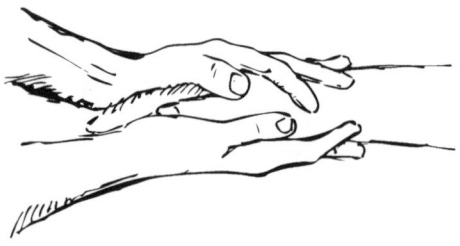 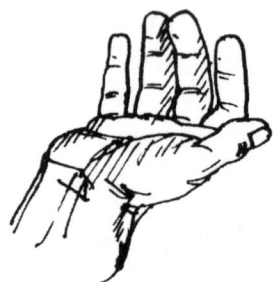

Leading

Mit Leading sind alle Verhaltensweisen gemeint, die einen Prozeß lenken, leiten und in eine neue Richtung bringen. Auch in dieser Haltung kann gefragt werden. Jedoch sollten die Fragen auf Neues hinweisen, herausfordern und auch provozieren (mit Respekt).

Leading kann auch bedeuten, neue Themen zu setzen, auf Zusammenhänge hinzuweisen und den verlorenen Faden wieder aufzugreifen, Informationen zu geben, Vorschläge zu machen, zu strukturieren und Themen abzuschließen.

Manchmal gibt es Situationen, in denen wirkliches Eingreifen, Zupacken und Lenken notwendig sind. Rechtzeitiges und dosiertes Eingreifen bildet den Boden für Vertrauen und gibt Sicherheit, auch wenn es im ersten Moment als unangenehm erfahren werden kann. Leading als Zupacken kann durch die kraftvolle Faust, Leading als Lenken durch den entspannt ausgestreckten Zeigefinger symbolisiert und so dem Körper als Signal übermittelt werden.

Prozesse werden optimal begleitet, wenn Führungskräfte, Coaches, Teammitglieder und Partner auf gleicher Ebene situationsgerecht zwischen Pacing und Leading wechseln können.

Je nach Gruppensituation machen wir als Leiter dieses Vorgehen exemplarisch vor, bevor es in Kleingruppen geübt wird, oder wir lassen es in Übungsgruppen zuerst erarbeiten, bevor die Praxiserkenntnisse im Plenum gesammelt werden.

4.2 Feedback

Die Entscheidungsgüte von Managemententscheidungen sowie die Qualität von Kommunikation überhaupt hängen direkt mit dem Ausmaß an realistischem Feedback zusammen (Loos 1993). Wer über die Auswirkungen seines Verhaltens im Unklaren bleibt, kann sein Verhalten nur nach Vermutungen ausrichten, die oftmals mit der sozialen Wirklichkeit wenig zu tun haben. Ein weiterer unerläßlicher Baustein im Prozeßlernen ist deswegen das genaue Üben von Feedbackgeben. Über Feedback erfahren wir mehr darüber, wie andere uns wahrnehmen, und können so unser Verhalten kritisch überprüfen. Im Gegenzug können wir üben, anderen Rückmeldung über ihr Verhalten zu geben, wie es bei uns ankommt. Wechselseitiges Feedback als Geber und Nehmer ist die Grundlage einer effektiven und befriedigenden Kommunikation, da für Kontakt nicht allein entscheidend ist, wie ich im Wesen bin, sondern auch, wie die anderen mich wahrnehmen.

Da die meisten Menschen Schwierigkeiten haben, ihre Empfindungen anderen gegenüber offen auszusprechen, müssen wir diese Fähigkeit in einem geschützten Rahmen üben können, in dem es keine gravierenden Sanktionen für die Mitteilung von Wahrnehmungen gibt.

Die Unterteilung des Feedbacks in die Bereiche Wahrnehmung, eigene Empfindung und Unterstützungsangebote verlangt zu Anfang viel Disziplin. Auch wenn die Sprachformen im Feedbacktraining anfänglich etwas gekünstelt und formalisiert wirken: Langfristig ist dieses Vorgehen eine gute Stütze und ein geeignetes Mittel zur Strukturierung von Kommunikation.

> Ein anfängliches Feedback kann so aussehen:
> 1. Ich nehme wahr ... (Beobachtung).
> 2. Und das bewirkt in mir ... (oder löst in mir aus ...) (Gefühle, Empfindungen).
> 3. Und ich möchte zur Veränderung beitragen, indem ich ...(Unterstützungsangebote).

Die häufige und spontane Reaktion zu diesem dritten Punkt „Und ich möchte, daß Sie das und das ändern ..." wird von den Trainern unterbunden. Gerade dieser Aspekt des Feedbacks ist wichtig, damit die Teilnehmer lernen, daß der einzige Mensch auf der Welt, den sie verändern können, sie selbst sind. Erst zu einem späteren Zeitpunkt im Lernprozeß werden (Kap. 6.3: Vertragsverhandlungen) auch Verhaltensänderungen des Gegenüber vereinbart.

Wir üben diese drei Schritte des Feedbacks anfangs sehr genau, damit der Feedbackgeber lernt, sich in der Beschreibung von Verhalten auf beobachtbare, konkrete Einzelheiten zu beziehen. Wertungen, die nicht aus einer Akzeptanz der Person herrühren – also Abwertungen sind –, werden benannt und unterbunden.

In den siebziger Jahren haben wir Trainer beim Feedback stur darauf geachtet, daß nicht in „Man"-, sondern in „Ich"-Form geredet wurde. Heute lege ich darauf zwar immer noch Wert, lasse den Prozeß aber manchmal auch bei „Man"-Aussagen laufen, wenn die Aussagen insgesamt authentisch sind und ständiges Unterbrechen den Kontakt stören würde.

Es sollten nur Bereiche angesprochen werden, in denen sich der Feedback-Empfänger auch verändern kann. Der Empfänger hat jederzeit die Möglichkeit, STOP zu sagen, wenn er seinen Schutz nicht mehr aufrechterhalten kann und das Feedback für ihn zu viel oder verletzend wird. Der Empfänger entscheidet selbst, was er annimmt oder was er vorerst nur als Anregung hört und „draußen läßt".

Ich achte darauf, daß das Feedback aus dem Erwachsenen-Ich erfolgt, das kritische Eltern-Ich bleibt zu Hause. Die Gefühle, die das Beobachtete auslöst (Teil 2 des Feedback-Rituals), können aus dem freien Kind-Ich heraus geschildert werden.

Informationen sollen als Angebot gegeben werden, nicht als Druck. Wichtig ist, Feedback möglichst bald nach der Beobachtung zu geben und die „schlechten Gefühle" nicht in Rabattmarkenheftchen zu sammeln und lange Zeit später als erdrückende Beweislast aufzutischen. Ein öffnendes Angebot kann sein, wenn wir die Möglichkeit eines Irrtums in der Wahrnehmung nicht ausschließen.

Der Feedback-Empfänger soll lernen, zuerst nur zuzuhören, er soll nicht argumentieren oder sich rechtfertigen. Rechtfertigungen werden sofort unterbunden, da sie den Kontaktprozeß nicht weiterbringen, sondern behindern. Viele Menschen rechtfertigen sich häufig, da sie Rechtfertigung sehr früh als Schutzmechanismus gelernt haben. Wenn Teilnehmer sich rechtfertigen, vermute ich, daß ein wunder Punkt berührt worden ist. Ich werde noch aufmerksamer, um den Betreffenden ggf. zu schützen. Gleichwohl werden Rechtfertigungen als solche benannt und sofort (ohne langen Zeitverlust) freundlich zurückgewiesen.

Der Empfänger kann und muß immer entscheiden, ob und wieweit er ein Feedback heranlassen will oder wieweit er sich schützen will, und ich erinnere häufig daran, daß er rechtzeitig Halt sagen kann.

Umgekehrt gehört es zu einer effektiven Teamkultur, daß es offiziell als gemeinsame Norm erlaubt und erwünscht ist, um Feedback zu bitten und regelmäßige Sitzungs- und Gesprächszeit dafür zur Verfügung zu stellen.

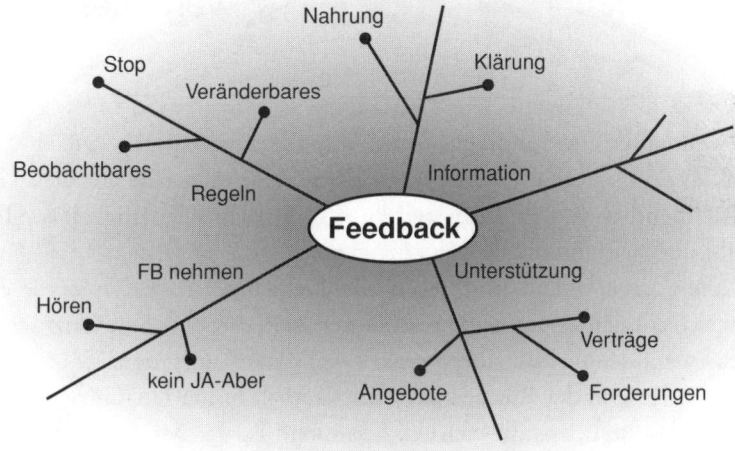

Feedback kann auch systematisiert werden, indem es zur Analyse der Sozialstrukturen auf spezielle Handlungsdimensionen bezogen wird. So können etwa Feedbacks zu Störungen, zur Führungsqualität und zum Vertrauen eine Teamkultur sehr schnell verbessern.

Die Teilnehmer schreiben Störungen („Ich habe wahrgenommen, daß Sie Ihre schmutzigen Kaffeetassen ... das ärgert mich ... und ich werde in Zukunft ...") auf rote Karten, die Führungsfeedbacks („Von Ihnen würde ich mich gerne führen lassen, weil ich beobachtet habe ...") auf weiße Karten und die Vertrauensäußerungen („Ich habe Vertrauen zu Ihnen, weil ich beobachtet habe ...") auf grüne Karten.

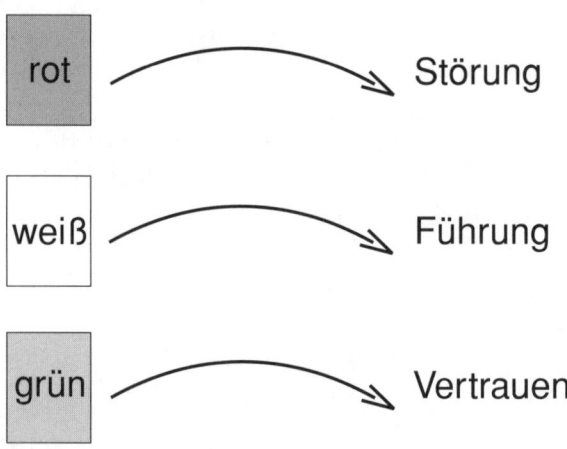

Die Karten enthalten eine Empfänger- und Absenderangabe und können in Stichworten das Feedback zusammenfassen. Diese Karten werden dann vor allen Teammitgliedern öffentlich verteilt. Dabei wird noch einmal die Genauigkeit von Feedbacks geübt und bei Unsauberkeiten korrigiert.

Wenn alle Karten verteilt sind, legen alle Teilnehmer ihre Karten wie einen Schatz vor sich auf den Boden und nehmen sich Zeit, ihren „Schatz" anzuschauen und die eigenen Gefühle und Körperreaktionen darauf zu spüren.

Die Auswertung in der Runde klärt oftmals noch bisher Unausgesprochenes, Verletzungen können benannt werden. Spannend ist der Moment, in dem die Teilnehmer erkennen, daß Störungskarten gar nicht unbedingt als negativ empfunden werden müssen, sondern meist auch ein Kontaktangebot oder eine Bekundung von Interesse an diesem Menschen sind. So sind diejenigen, die insgesamt wenig Karten und kaum Störungskarten erhalten haben, oftmals enttäuschter als die, die vor vielen Störungskarten sitzen. (Diese haben übrigens auch oft die meisten Führungskarten.)

Die Karten dienen so zur Selbstreflexion der einzelnen und geben meist Anlaß zu einer tieferen Prozeßarbeit in der Gruppe.

4.3 Kreative Inszenierungen

Als ein erster Schritt in spontanes Erfassen und Ausdrücken des Ist-Zustands einer Organisation, eines Teams, einer Gruppe, einer Liebesbeziehung oder einer Familie kann eine kleine Inszenierung dienen, z.B. zum Thema:

> **Unser Team** (oder)
> **Unsere Firma** (oder)
> **Unsere Beziehung**
>
> Die Teilnehmer werden in mehrere kleine Gruppen aufgeteilt und erhalten 15 Minuten Zeit, ein Theaterstück mit zwei Szenen zu entwerfen:
> „Unser Team: **1.** gestern und heute,
>   **2.** morgen und übermorgen."
> Die Gruppen spielen ihr Stück vor, die anderen schauen zu. Danach sprechen zuerst die Spieler von ihren Empfindungen bei diesem Stück, dann geben die Zuschauer Feedback.

Es kann bei diesen Inszenierungen erfahren werden, welche Aspekte des Teams oder der Organisation bisher nicht benannt wurden, also heimlich oder abgespalten waren oder auf andere Themenfelder, Personen oder Abteilungen übertragen (projiziert) wurden.

Exemplarisches Handeln und Sichtbarmachen von inneren Prozessen in spielerischen Inszenierungen fördert Kontaktfähigkeit. Meist schmilzt das bis dahin noch vorhandene Eis der Kontaktbarrieren, und man sieht die Kollegen und Kolleginnen teilweise in einem völlig neuen Licht.

Das Besondere bei diesem Vorgehen ist, daß die Akteure nicht im Gefühl, in der Regression oder in einem Sekundärgefühl (Verzweiflung, Skepsis, Blockierung) hängenbleiben, sondern durch Weiterspielen, Ausdrücken, In-die-Form-bringen so viel erwachsenes Potential mobilisieren und aktualisieren, daß eine schnellere Integration des Erlebten möglich wird, da nicht nur die blockierenden Ebenen (wie oft in der normalen „Manöverkritik") angesprochen werden.

Durch Vereinbarungen im Rahmen des Settings „Theaterstück" wird von vornherein eine spielerische und gleichzeitig erwachsene Ebene in der Person mobilisiert, wird eine komplexere Dimension der Persönlichkeit wachgerufen, die dann eine schnellere Integration ermöglicht.

Im Improvisationsspiel sind wir der Grundidee der Kreativität schon viel näher, als wenn wir die Teilnehmer erst von der verbalen Ebene wegholen müssen: „Komm mal in Bewegung ", „Drück das mal mit einer Geste aus ", „Laß dir dazu eine Szene einfallen ...". Darüber hinaus bietet dieses Vorgehen wesentliche Schutzfunktionen:
- Der Spiel- und Experimentcharakter ist schon da.
- Damit ist der Ernst des Lebens etwas vertagt.
- Das Spiel bietet einen Schutz vor zu tiefen und bedrohlichen Gefühlen.
- Interagieren mit anderen kann leichter unter dem Aspekt der Freude und der Neuentwicklung von Ideen geschehen.
- Wiederholung, Übung, Veränderung etc. kann leichter angeregt werden.
- Requisiten, die den Ausdruck erleichtern, können eingeführt und kreativ genutzt werden (Handys, Tische als Barrieren, Bälle als Kontaktmedium, Seile zur Grenzziehung oder Beziehungsherstellung, Stäbe als Richtungsweiser).
- Übergänge in Parodie, Komik, Klischees und Heraustreten aus den Klischees werden erleichtert.
- Das Ausdrucksrepertoire kann spielerisch erweitert werden: Gefühle, Töne, Gesten können leichter geübt werden.
- Als besonders wertvoll erweist sich die Möglichkeit, das in der Inszenierung Erfahrene nach einem längeren Zeitraum im Prozeß des Teams zu **wiederholen** (wieder Einbeziehung der Erwachsenenebene). Das Thema kann über einen längeren Zeitraum erlebensbezogen vertieft und Sinnentwürfe können handlungsleitend konkretisiert werden.
- Die Arbeit an der Integration von Widersprüchen und Konflikten ist über den spielerischen Zugang besonders leicht.
- Die Akteure und Regisseure werden damit an ihre Möglichkeit, die eigenen Autoren ihres Lebensskripts zu sein, erinnert und konkret mit dieser Möglichkeit in Kontakt gebracht. Spieler und Lebensgestaltender werden eins. Das Leben ist ein Spiel, wir alle spielen Theater, das Leben ist die Bühne ..., diese Metaphern können real erlebt werden.

Mit dieser Zugehensweise werden einige grundsätzliche Ziele des Trainings ermöglicht, die das folgende Mind Map verdeutlicht:

4.4 Skulpturen und Pantomimen

Eine weitere Technik, mit projektiven, also die Intuition lockenden Verfahren zu arbeiten, ist das Errichten von Skulpturen. Den Lernenden kann vermittelt werden, daß jede Form von zwischenmenschlichem Lernen durch entsprechenden Körperausdruck effektiver und tiefgreifender gestaltet werden kann.

Konzepte, Gefühle, soziale Positionen im Team und Kommunikationsabläufe während der Arbeit können durch Aufstellung einer Skulptur (Standbild) oder durch ein sich bewegendes Körperensemble eindringlich dargestellt werden.

> Wir bitten zunächst ein freiwilliges Teammitglied (das bereit ist, eine Führungsaufgabe zu übernehmen), zum anstehenden Thema mit einem, mehreren oder allen Teammitgliedern eine Skulptur zu bauen.
> Der Baumeister übt dabei, seinen spontanen Impulsen zu folgen. Er wird angehalten, nicht viel nachzudenken, sondern die Kollegen und Kolleginnen als Baumaterial zu nutzen, zu formen und so zu gruppieren, wie es seiner spontanen Phantasie entspricht.

Durch Skulpturen und Gruppenbewegungen werden oftmals unmittelbar Zusammenhänge deutlich, die wir über eine verbale Analyse niemals so schnell und so deutlich herausgefunden hätten.

Hinzu kommt, daß diese Skulpturarbeit Spaß macht, den Körperkontakt der KollegInnen untereinander fördert und insgesamt Kreativität und spielerisches Potential einer Gruppe erhöht.

Bewußtseinsfördernd ist die Technik der Unterbrechung mitten im Bauprozeß. Während die Skulptur mit „Menschenmaterial" gebaut wird, rufen die Gruppenleiter von Zeit zu Zeit: „STOP – Einfrieren!" Dann darf sich niemand mehr bewegen. Es wird Zeit gegeben, sich in dieser Position zu spüren und spontan einen Satz zu formulieren, der ins Sprachbewußtsein steigt, vielleicht auch nur ein Wort, wie man sich in dieser Position erlebt. Die Teilnehmer berichten dann Erlebenseindrücke wie:

- ➤ Kontakt
- ➤ Einsamkeit
- ➤ abgeschnitten
- ➤ aufgehoben
- ➤ abgestellt

- nicht beachtet
- zu weit draußen
- guter Überblick
- realistisch, wie im Alltag
- ärgerlich
- verletzt, weil nicht gesehen.

Diese Kurzmitteilungen werden am Ende aufgegriffen und als Grundlage einer Prozeßanalyse aufgearbeitet.

Werden mehrere Skulpturen von verschiedenen Teammitgliedern oder zu verschiedenen Themen gebaut, wird man feststellen, daß jede Skulptur einen anderen Wirklichkeitsausschnitt erfaßt und eine andere Realitätsauffassung darstellt.

Komplexitätslernen kann hier seinen Anfang nehmen, wenn die Teilnehmer verschiedene, von unterschiedlichen Teilnehmern gestellte Skulpturen als gleich richtig einstufen.

Sie können versuchen, den Gesamteindruck der Skulpturen durch entsprechende Körperhaltungen innerlich zu spüren und die Übereinanderlagerung der Haltungen in ihrem Körper empfinden. Solche Übungen zur Gleichzeitigkeitserfahrung fördern das Komplexitätsbewußtsein.

Zur Analyse des Führungsstils hat sich folgende Bewegungsarbeit bewährt:

> Die Teilnehmer gehen durch den Raum und lassen innere Bilder von Körperhaltungen und Gesten zu ihrem Führungsstil (oder allgemein zu ihrem Kommunikationsverhalten) in sich aufsteigen. Im Gehen spielen sie diese Haltungen oder Szenen an, probieren kurz die unterschiedlichen Stimmungen aus und fragen sich:
> - Wie bewege ich mich als Führungskraft, Ehepartner, Kollege?
> - Wie gehe ich, wie stehe ich in diesen Rollen?
> - Welche typischen Gesten mache ich, und was könnten sie beim anderen auslösen?
> - Welche typischen Sätze könnten das beschreiben, was ich körperlich ausdrücke?
> - Welche Szenen fallen mir dazu ein?
>
> Die Pantomimen werden einem Lernpartner vorgespielt, dieser gibt Feedback. Bisheriges Verhalten und unterschiedliche neue Qualitäten werden ausprobiert. Das Erarbeitete kann anschließend auch der Gesamtgruppe vorgespielt werden, was normalerweise zu offenen Feedbacks, zu Aha-Effekten, Spaß, Entspannung und gelösterer Kommunikation führt.

Als weiteres Verfahren zur Analyse der Sozialstrukturen kann eine graphische Darstellung von sozialer Anziehung und Abstoßung im Team erarbeitet werden.

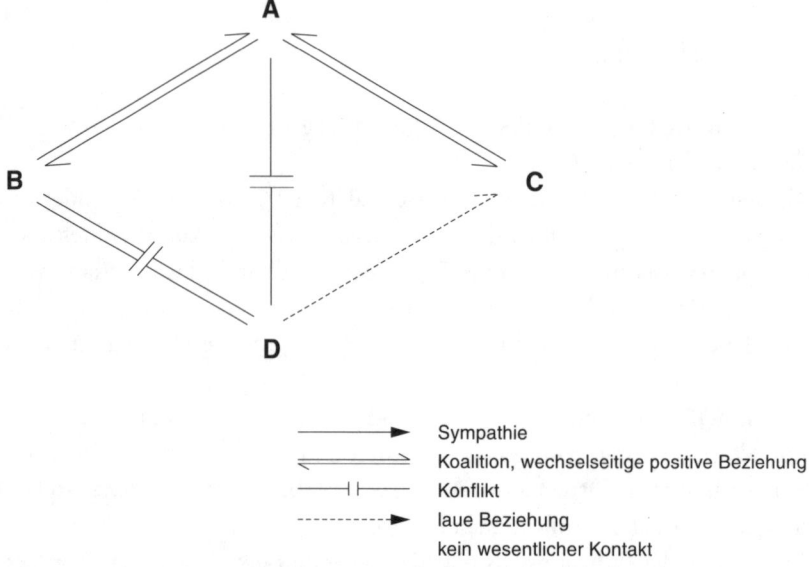

Zusammensetzung des Teams hinsichtlich Sympathie und Abneigung, Konflikt und Koalition

Ebenso wertvoll kann eine Funktionsanalyse im Team sein. Wer trägt die sogenannten **Aufgabenrollen**, wie
- Experte
- Kreativer
- Papa
- aufgabenorientierter Zupacker,

und die **Erhaltungsrollen**, wie
- Stimmungsmacher
- Mama
- Vermittler
- Clown.

Erhellend ist meist, wenn wir diese Funktionsanalyse anhand der Rollen auf einem Schiff erarbeiten.

Das Team verteilt sich auf einem im Raum vorgestellten Schiff und nimmt an den jeweiligen Plätzen die (sich selbst zugeschriebenen) unterschiedlichen Rollen ein:
- Bootsmann
- Kapitän
- Matrose
- Koch
- blinder Passagier
- 1. Offizier
- Maschinist
- Funker
- Steuermann
- Meuterer
- Schiffsjunge
- Lotse
- Matrose am Ausguck
- Heizer.

Die Teilnehmer schreiben zuerst ihre Selbsteinschätzung ihrer Rolle auf eine verdeckte Karteikarte, und die übrigen raten zunächst, wer was auf seine Karte geschrieben hat. Dann werden die Karten umgedreht, und das Geheimnis wird gelüftet.

Diese Rollenanalyse anhand symbolischer Begriffe kann man als projektives Verfahren bezeichnen. Alle Formen, Personen oder Prozesse in Gruppen mit Metaphern (Symbolen oder Bildern) darzustellen, kann man projektiv nennen. Durch symbolische Darstellung schaffen wir uns einen Zugang zu intuitiven eigenen oder fremden Informationen. Weitere Schritte können folgende Fragen sein:
- Welcher Filmtitel, welches Theaterstück fällt mir für dieses Team ein?
- Welcher Schauspieler, welche Figur der Literatur kommt mir für dich in den Sinn?
- Welches Instrument, welches Kunstwerk, welches Tier fällt mir zu dir ein?
- Welches Musikstück, welcher Tanz entspricht dieser Situation?

Kritische Auswertung am Transfertag

Eine Trainingssequenz, die bis hierher gekommen ist, muß sich zunächst in der Praxis bewähren. Ein bis zwei Monate nach einem Training führten wir in einer Textilfirma einen Auswertungstag durch und bekamen folgenden Bericht aus der Teilnehmergruppe:

Mehrere Veränderungen seien seit dem ersten Training deutlich geworden. Insbesondere die Kommunikation innerhalb der Gruppenleiter-Gruppe sei besser, intensiver und befriedigender. Sie würden sich oftmals gegenseitig an wichtige Details erinnern, wie z.B.: **„Feedback mit Respekt und Achtsamkeit."**

Einige Kollegen seien aufmerksamer geworden, es werde allgemein besser zugehört, man lasse einander ausreden, und es gebe mehr Verständnis füreinander. Auch die Zeit, die man miteinander verbringe, habe zugenommen. Also: mehr Informationsfluß, mehr Austausch, mehr Verständnis und mehr Interesse.

Die Mitarbeiter auf der unteren Ebene seien jedoch noch skeptisch, fühlen sich teilweise ausgeschlossen (da sie nicht am Training teilnehmen konnten), sie bemerken zwar die deutliche Veränderung, ziehen aber noch nicht so richtig mit.

Die Seminarteilnehmer sollen in den nächsten sechs Wochen zu den fünf Ich-Zuständen (siehe S. 49) Beobachtungen bei sich und bei den Kollegen sammeln und Beispiele finden, aus welchen Ich-Zuständen und mit welchen inneren Antreiber-, Bremser- oder Erlaubnissätzen sie im alltäglichen Kontakt reagieren.

Indem möglichst viel Erfahrungsmaterial aus der Alltagspraxis mitgebracht wird, wird die Bearbeitung im nächsten Seminar konkret und anschaulich.

4.5 Lernprozeßorientiertes Coaching

Was verstehen wir unter Führung und Coaching?
Unser Konzept von Mitarbeiterführung, Gruppenleitung und Coaching ist eine Landkarte für die Initiierung von Wandel und Problemlösungen. Mitarbeiterführung, Coaching und jedes Training ist im Sinne des coredynamischen Vorgehens immer lernprozeßorientiert und ein wechselseitiger Lernprozeß (Führungskraft und Mitarbeiter, Teilnehmer und Trainer lernen gleichzeitig).

Eine Zwiebel oder Spirale repräsentiert die wachsende Intensität in einem erfolgreichen Coachingprozeß.

Leading
Das Setting klären
Pacing
Präsent sein, schauen, Kontakt herstellen
Pacing
Helfen, die Gefühle zu klären
Leading
Probleme benennen
Pacing
Mit dem Widerstand gehen, Vertrauen schaffen
Leading
Persönliche Ziele und Visionen unterstützen
Pacing
Erlaubnis für den persönlichen Ausdruck
Leading/Pacing
Konfrontieren mit destruktivem Verhalten und Doppelbotschaften
Leading
Fragen stellen: Handlungs- und Praxisbezug
Leading
Kontakt mit der Intuition, der Kreativität
und tieferer Wahrnehmung des Körpers unterstützen

Der in diesem Schaubild abgebildete Prozeß kann als ein Zwiebelschälen aufgefaßt werden. Schicht um Schicht der Themen, der Persönlichkeit und des Gesamtsystems werden angeschaut und freigelegt. Dieser Vorgang des Schälens verläuft jedoch nicht linear in eine Richtung (nur von außen nach innen), sondern entwickelt sich in einem fließenden Vor- und Zurück zwischen den einzelnen Zwiebelschalen (Tiefungsebenen). Letztlich ist es dennoch ein Weg nach vorn, oder ein Weg, der tiefer führt oder wie immer Sie den Prozeß für sich topologisch zuordnen wollen.

Führung und Coaching vollziehen sich im wesentlichen nach vergleichbaren Methoden. Der Führungs- oder Coachingprozeß ist eine individuelle und persönliche Begleitung eines Mitarbeiters oder einer Führungskraft.

Es sollte mit der Selbstverantwortung, dem Prozeßbewußtsein und der Eigenaktivität des Mitarbeiters oder der Führungskraft gearbeitet werden.

Zu unterscheiden sind bei dieser Arbeit:
- die Ebene des Hier-und Jetzt-Kontakts,
- die Ebene von Rollen, Gefühlen, mentalen Modellen und inneren Szenen,
- die Ebene der inhaltlichen Vorgaben und Zielvereinbarungen.

Die sachlich-inhaltlichen Probleme der Arbeit und die beruflichen Beziehungen der Führungskraft stehen beim Coaching im Vordergrund. Der Coach kann auch inhaltliche Informationen zur speziellen Berufsproblematik zur Verfügung stellen, Entscheidungshilfen geben und persönliche Weiterbildungsmaßnahmen anregen.

Führung, Coaching und Training sind intensive Formen des persönlich bedeutsamen Lernens. Die Übergänge sind fließend. „Beziehungsgeschehen ... ist lebendiges Geschehen und entzieht sich weitgehend der Kategorisierung. Um so notwendiger ist es, den in diesem fließenden Kontinuum auftauchenden Kontaktformen viel Aufmerksamkeit zu widmen und darauf zu achten, sie nicht miteinander zu verwechseln" (Loos 1993, 146).

Welche Methoden des Coaching gibt es und welche haben sich in der Praxis besonders bewährt?

Die Methodologie des Coachings ergibt sich aus dem weiten Feld der Managementkonzepte einerseits und dem breiten Spektrum der humanistischen Beratungsansätze, wie z.B. Transaktionsanalyse, Gestaltberatung, Körperarbeit und Kreativitätsförderung. Folglich läßt sich Coaching nicht in einigen Lehrgängen erlernen, sondern verlangt einen längerfristigen Entwicklungsprozeß, in dem das theoretische und praktische Handwerkszeug der Hauptaspekte des Coachings körperlich adaptiert, also verinnerlicht wird.

Ich greife dennoch einige methodologische Leitlinien heraus, die nur in ihrem Zusammenwirken (Synergie) als sinnvoll zu betrachten sind:

- das nicht-direktive Gespräch, das sich durch Pacing (s.o.) auszeichnet.

- die Transaktionsanalyse, in der die verschiedenen Ich-Zustände des zu Beratenden in unterschiedlichen beruflichen Situationen erforscht und transparent gemacht werden. Ziel ist es dabei, daß die Führungskraft lernt, ihre Berufsrolle aus wechselnden Ich-Zuständen heraus zu gestalten und zu erleben. Ebenso kann sie lernen, die Organisationsstruktur des Betriebes, der Abteilung und auch den Kontakt zu Kunden unter diesen psychologischen Gesichtspunkten zu verstehen und befriedigender zu gestalten.

- Ein wesentliches Element des praxisorientierten Coachings sollte die Arbeit mit dem Neurolinguistischen Programmieren (NLP) sein, da hiermit gegenwärtig die raschesten und überschaubarsten Veränderungen erzielt werden können. Insbesondere für den Bereich des Selbstcoachings, in das jedes Fremdcoaching übergeleitet werden sollte, sind aus diesem Konzept wesentliche Unterstützungsstrukturen zu beziehen. (Als Lehrbuch zu empfehlen: Josef Weiß: *Selbst-Coaching*, 1992.)

- Entscheidet sich der zu Coachende, den Coachingprozeß auf eine tiefere Ebene der biographischen Aufarbeitung zu führen, können Elemente der Gestaltberatung oder auch Gestalttherapie hinzugezogen werden. Der Coach sollte jedoch über eine fundierte eigene Ausbildung und Selbsterfahrung verfügen, bevor er derartige Elemente einsetzt.

- Grundlagen jedes Coaching-Prozesses sind der Wunsch nach Veränderung und die absolute Freiwilligkeit, diese Veränderungen anzugehen. Coaching kann nicht verordnet werden und hat nur dort einen Sinn, wo die Beteiligten aus eigenem Wunsch und Interesse einen Beratungsvertrag eingehen.

- Für eine weitere Tiefung, aber auch für einfache Hier-und-Jetzt-Stabilisierungen kann der große Fundus an Übungen aus den Körpertherapien und der körperorientierten Prozeßbegleitung herangezogen werden.

- Orientierung für ein fundiertes Coachingkonzept sollte durch die systemische Betrachtungsweise der Prozesse gegeben werden. Die Interdependenz der Bezüge und der Feldcharakter des Handlungskontexts sind wesentliche Leitlinien für die Erforschung eines „Handlungsgesamts". Es geht bei (Unternehmens-)Entwicklungen niemals nur um intrapsychische Prozesse. Es geht niemals nur um soziale Strukturen oder Produktionsprobleme.

Bewähren können sich von den genannten Methoden nur die, die von einem erfahrenen Coach kongruent und authentisch angewandt werden. Auch hier gilt die alte Erkenntnis, daß sich erfahrene Begleiter verschiedener Schulen weniger unterscheiden als unerfahrene derselben Richtung.

Zur Praxis des Coaching hat Wolfgang Loos (1993, 87ff) eine sehr brauchbare Darstellung wesentlicher Faktoren gegeben, die als parallel zu meinem obigen Modell verstanden werden kann. Hinsichtlich einiger Interventionen orientiere ich mich im folgenden an seinen Ausführungen. Ich habe die Interventionen jeweils dem Pacing (P) und dem Leading (L) zugeordnet.

Zuhören und Zusehen (P)

Zuhören gibt dem zu Coachenden die Möglichkeit, „sich auszusprechen", also sich leer zu machen von all den Dingen, die ihn beschäftigen. Der Coach wird beim Zuhören auch auf die Dinge achten, die nicht explizit gesagt werden. Er wird den Inhalts- und Beziehungsaspekt unterscheiden und auf die dahinterstehenden Bedürfnisse des Klienten achten.

Er wird ebenso seine Aufmerksamkeit auf den Körper, auf die Atmung des zu Beratenden, auf dessen Mimik und Gestik lenken. Dies dient dazu, einen wirklichen und authentischen Kontakt zu ermöglichen. Nur durch diese komplexe Betrachtungsweise werden ein tiefes Feedback und eine vertrauensvolle Beziehung möglich.

Nachfragen (P)

Coaches folgen ihrer Neugier und ihrer Intuition, indem sie Fragen stellen. Diese Fragen können manchmal überraschend sein, weil sie aus einem anderen Bezugssystem kommen und eben dadurch für den zu Beratenden hilfreich sind. Offene Fragen, W-Fragen und Fragen, die zu Detailüberlegungen anregen, sind wichtig. Fragen sollten jedoch nur aus einer inneren Haltung des doppelten O.K. gestellt werden, weil sie sehr leicht eine Asymmetrie zwischen Trainer und Trainee erzeugen können.

Unterstützung geben (L)

Falls die Führungskraft unsicher ist hinsichtlich ihrer Meinungen, Entscheidungen und Absichten, kann der Coach den „Klienten" unterstützen, indem er ihn ermuntert, ihm zustimmt, ihm Informationen anbietet und im wesentlichen immer wieder **Erlaubnis gibt**, mit alten und neuen Möglichkeiten zu experimentieren.

Erlaubnisgeben vom stützenden Eltern-Ich her ist in der Anfangsphase des Coachings ein wesentlicher Fremdsupport. Unterstützung muß im Laufe des Prozesses immer mehr auf die Ebene erwachsener, gleichberechtigter Begegnung führen.

Den Selbstausdruck fördern (L)

Die kommunikativen Möglichkeiten des zu Begleitenden können manchmal eingeschränkt sein, vielleicht ist seine Sprache nüchtern und versachlicht, im Ausdruck von Gefühlen kann er gebremst sein.

Der Coach kann ihm eine andere Sprachform anbieten, Bilder und Symbole, Gesten, Bewegungen und Tonmodulationen vorschlagen und kann ihn bei der Äußerung von Gefühlen unterstützen. Dies ist ein sehr sensibler Prozeß, der viel Vertrauen verlangt. Meist entscheidet der Erstkontakt schon darüber, ob ein emotionaler Kontakt entstehen kann. Es hängt davon ab, über wieviel Kontaktfähigkeit der Coach zu diesem speziellen Klienten verfügt, ob er sein Herz für ihn öffnen kann und ob er ein wirkliches Interesse an diesem konkreten Gegenüber hat.

Bedeutungen klären (L)

In jedem Kontext gibt es unterschiedliche Kommunikationsgewohnheiten, gelten andere Dinge als erlaubt oder ungehörig. Indem der Coach mit dem Klienten dessen Verhalten und auch das Verhalten anderer in seiner kontextgebundenen Bedeutung neu klärt, entsteht ein komplexer, aber angemessener Zugang zur Welt. Tabus können beseitigt und neue Handlungsspielräume eröffnet werden.

Konfrontation (L)

Der Coach stellt dem zu Coachenden eine deutliche und klare Aussage gegenüber, die sich durch eine erhebliche Unterschiedlichkeit zu dessen Wahrnehmung und Denken auszeichnet.

Dies ist als freundlicher Support im Sinne der kreativeren Problemlösung zu verstehen. Wenn die Konfrontation sehr stark ist, setzt sie eine tragfähige Beziehung zwischen beiden voraus.

Arbeitsvorschläge (L)

Diese dienen als Unterstützung beim Lernen, Aufräumen und Klären. Sie sollten eine Mischung aus Bekanntem und Unbekanntem sein. Sie sollen annehmbar und eine Einladung zu neuen Erfahrungen sein.

Manche Vorschläge werden direkt in der Sitzung ausprobiert, andere sind als Hausaufgaben für die kommenden Wochen zu verstehen. Die Erfahrungen mit den Hausaufgaben werden in der nächsten Sitzung ausgewertet.

Erklärungen und Informationen geben (L)

Informationen, Erklärungen und Einsichten sind zwar selten eine hinreichende, oft aber eine notwendige Bedingung für die Unterstützung von personenbezogenen Entwicklungsprozessen.

Wie können die Führungskraft, der Coach und der Mitarbeiter vorgehen, um ihre persönliche Akzeptanz zu erhöhen?

Akzeptanz durch andere und von anderen ist nur erreichbar, wenn wir uns selbst annehmen. Fremdakzeptanz basiert auf der Eigenakzeptanz. D.h. alle Wege, die Akzeptanz durch andere und von anderen zu erhöhen, führen notwendig zu Übungen und Erfahrungen, in denen wir zuerst unsere Selbstakzeptanz untersuchen und dann langsam aufbauend stabilisieren und erhöhen.

Wesentliche Wege zur Verbesserung der Selbstakzeptanz sind:
- Untersuchung der behindernden Lebensentscheidungen (Skriptanalyse nach den Methoden der Transaktionsanalyse) und Neuentscheidung zu einem unterstützenderen Lebensentwurf;
- Vertiefung der Ausdrucksmöglichkeiten des gesamten psychophysischen Organismus (Gefühle, Stimme, Beweglichkeit, Differenziertheit der Selbstwahrnehmung, Körpersupport, Beziehungen, Konflikt-, Liebes- und Arbeitsfähigkeit);

- Bewußtsein der eigenen starken Wahrnehmungs- und Sendekanäle entwickeln und diese besonders einsetzen (visuell, auditiv, kinästhetisch …);
- sich durch positive Sätze stabilisieren, die auch in Krisensituationen leicht abrufbar sind, d.h. mit einem gut geankerten Selbstaffirmationssystem in Kontakt sein;
- erfolgreiche und erfüllende Situationen des eigenen Lebens (Moments of Excellence) erinnern;
- Atembewußtheit im Hier-und-Jetzt. Die Freiheit, nicht auf jeden Impuls zu reagieren und somit eventuell den Überblick zu verlieren;
- freies Durchwandern eigener verschiedener Bewußtseinsebenen und Wahrnehmen des Gegenüber auf unterschiedlichen Bewußtseinsebenen.

Über die letztgenannten Möglichkeiten werde ich in den Kapiteln 11-13 berichten.

Der Coachingprozeß bezieht sich auf verschiedene Aspekte des Gesamtsystems. Es gibt also mehrere Bereiche, in denen wir (gleichzeitig und hintereinander) **Zwiebeln schälen** können und müssen:

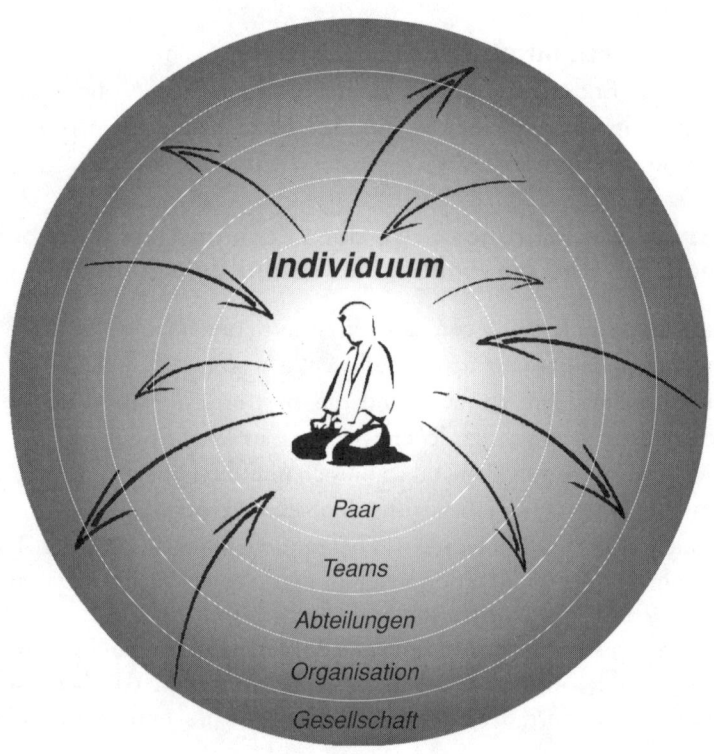

Um diesen komplexen Anforderungen gerecht werden zu können, muß ein professioneller Coach neben den oben genannten über weitere Fähigkeiten verfügen:

1. Er sollte mindestens drei Wahrnehmungspositionen parallel im Bewußtsein halten können:
- das Bewußtsein für die eigene Persönlichkeit mit ihren Bedingtheiten, Vorlieben und Schwächen;
- empathisches Einfühlen in den Klienten und dessen Struktur, Befindlichkeit und die zu schützenden Räume;
- den Prozeß bzw. die Beziehung zwischen Coach und Klient in einer Art Metaposition im Bewußtsein halten.

Die Umfeldfaktoren, die Firmeninteressen, das vereinbarte Setting und die Vision des Klienten sind weitere Faktoren, die wie in mehreren parallelen Schienen „mitlaufen" sollten.

2. Ein professioneller Coach sollte die eigenen emotionalen Zustände bewußt kontrollieren können. Er sollte jederzeit den eigenen inneren Zustand so bewußt haben, daß er seine Befindlichkeit **nicht** dem Klienten überstülpt, auch und gerade nicht in Situationen, in denen der Coach vielleicht einmal einen „schlechten Tag" hat.

3. Er sollte über ein fundiertes Wissen über die Wirkungsweise von Interventionen verfügen und diese lernziel- und prozeßorientiert einsetzen können.

4. Er sollte die Wirkungen von Übertragungen und Gegenübertragungen genau analysieren und abschätzen, diese nicht ausblenden, sondern gezielt und situationsgemäß einsetzen können. Interventionen laufen niemals nur auf der Inhaltsebene ab, sondern bewirken immer auch eine spezifische Beziehung der im Prozeß Beteiligten. Rollen und Spiele, die sich daraus ergeben können, müssen bewußtgemacht und benannt werden, damit sie aufgelöst werden können.

5. Typgerechtes Führen

Wir sind als Menschen individuell und einmalig und passen letztlich niemals in eine einfache Schablone Es ist offensichtlich, daß wir beschreibbar unterschiedliche Grundüberzeugungen zum Leben haben. Diese Grundüberzeugungen lassen sich in Mustern erfassen. Es gibt zahlreiche Typologien und Modelle, die die Unterschiede unter bestimmten Überschriften zu beschreiben versuchen. Es ist gut, mehrere dieser Typenmodelle zu kennen und die Selbst- und Fremdeinschätzung damit zu üben.

Typgerechtes Führen meint immer zweierlei: Einmal den Führungsstil zu finden, der meinen persönlichen Grundmustern entspricht, mit dem ich in Übereinstimmung mit meinen Mustern gut leben und mich im Spiegel mit Respekt betrachten kann. Zum anderen, daß ich als Führungskraft dem Typus der jeweiligen Mitarbeiter und Mitarbeiterinnen oder Familienmitglieder entsprechend reagieren kann.

Wir nutzen Persönlichkeits-Modelle in unseren Komplexitätstrainings, da sich durch das tiefere Selbst- und Fremdverständnis das soziale Netz eines Teams verstärkt. Wir können uns nur dann wirklich verstehen, wenn wir die Welt auch einmal aus der Sicht des anderen anschauen. Und diese Sicht ist oft in einer typischen Weise ausgeprägt, die ganz bestimmte Gefühle und Einstellungen auslöst. Wenn wir typbeschreibende Wahrnehmungsmuster zu Hilfe nehmen, ohne sie zu dogmatisieren, bauen wir Verstehensbrücken zum Mitmenschen.

Wir beginnen mit einfachen Modellen, fügen differenziertere hinzu und legen die unterschiedlichen Konzepte dann körperlich-innenräumlich zu einer komplexen Wahrnehmungsstruktur über- und nebeneinander.

5.1 Die Welt aus vier Blickrichtungen

Einem Persönlichkeitsmodell von Fritz Riemann und Schulz von Thun zufolge unterscheiden wir vier Verhaltensmuster, die wir bei Menschen finden können und verstehen lernen müssen:

1. Dauertendenz

Schattenaspekt:
Den Menschen mit Dauertendenz ist Kontinuität und Ordnung das Wichtigste. Sie bekommen Angst, wenn etwas ohne System und Ordnung geschieht. Sie fühlen sich nur sicher, wenn alles vorausgeplant ist. Wichtig ist ihnen das Bewahren. Das kann bis zur Rigidität führen. Wir finden Festhalten an Altem und Angst vor Neuem.

Stärken:
Die Qualitäten dieses Typs liegen in seiner Gründlichkeit, Genauigkeit, Pünktlichkeit und systematischen Arbeitsweise. Er kann ausdauernd und fleißig sein, verläßlich und korrekt planend.

Der Gegenpol hierzu wird gebildet von dem Faktor:

2. Wechseltendenz

Schattenaspekt:
Menschen mit Wechseltendenz können sich nur spüren, wenn das Leben voll ist von Spontaneität, Wechsel und neuen Erfahrungen. Intensive Gefühle sind für sie das Wichtigste im Leben. Wir finden Offenheit und Spontaneität. Alles bewegt sich, Grenzen sind unangenehm oder fremd, alles muß intensiv sein, Beschränkungen sind nicht willkommen.

Stärken:
Hier finden wir wendiges und spontanes Verhalten, flexible, innovative, großzügige und abenteuerfreudige Züge. Dieser Mensch kann risikofreudig und reaktionsschnell sein.

3. Nähetendenz

Schattenaspekt:
Diesem Typus ist Nähe wichtig, er bekommt leicht Angst, wenn andere auf Distanz gehen. Er braucht, um sich sicher zu fühlen, Nähe, Wärme und akzeptierende Gefühle. Menschsein heißt für ihn In-Beziehung-Stehen. Wir finden hier auch oftmals Schwere, Gedrücktheit und großen Hunger nach Zuwendung. Das Leben wird als schwer erlebt. Dieser Typ Mensch glaubt, daß er oft nicht genug bekommt. Bekommt er nicht genug, beginnt eine Selbstabwertungsspirale bis hin zur Depression.

Stärken:
Diese Menschen sind resonanzfähig, einfühlsam, hilfsbereit und anhänglich. Wir finden kooperatives, kompromißbereites und empfindsames Verhalten.

Den Gegenpol hierzu bilden Menschen, die Distanz brauchen:

4. Distanztendenz

Schattenaspekt:
Menschen mit Distanztendenz brauchen Abstand und Sicherheit, um sich gut zu fühlen. Nähe macht ihnen Angst. Sie können und wollen sich nur auf sich selbst verlassen. Im Extremfall können wir eine Tendenz zur Spaltung, zur Existenzbedrohung und mangelnder Daseinsberechtigung beobachten. Das Leben ist eine Last und oft eine Überforderung für diese Menschen.

Stärken:
Diese Menschen können selbstsicher, konsequent, unbeirrbar, kritisch und zielstrebig sein. Sie sind distanzierungsfähig, eigenständig und entscheidungsfreudig.

Diese vier Muster stehen sich polar gegenüber. Oftmals suchen und finden sich die entsprechenden Gegenpole. Solche Paare tendieren zu Symbiosen, da der Partner etwas hat, was man sehnlichst sucht, oder sie tendieren zu heftigen Kämpfen, da der andere etwas lebt, was man in sich zutiefst ablehnt. Hilfreich für Kooperation und Zusammenleben ist, die positiven Qualitäten dieser Grundhaltungen zu sehen und zu würdigen.

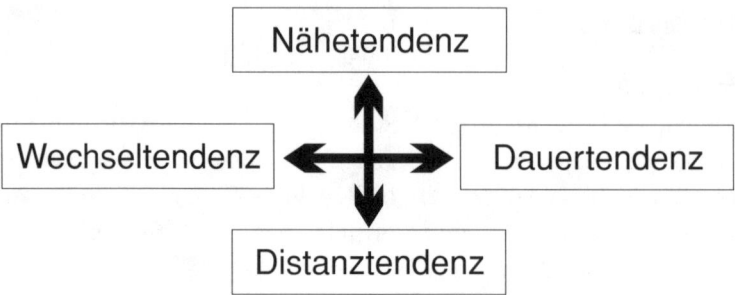

5.2 Die Welt aus neun Blickrichtungen

CoreDynamik arbeitet in den Trainings mit neun Grundüberzeugungen, die ich anhand der Modelle von Hakomi und Bioenergetik entwickelte. Diese neun Überzeugungen charakterisieren Hauptthemen menschlichen Lebens. Mit diesen müssen wir uns alle auseinandersetzen. Sie bestimmen einen großen Teil menschlicher Lebensimpulse. Die Erfahrung zeigt, daß Erkenntnis und Reflexion dieser grundsätzlichen Einstellungen zum Leben wesentlich über Leistungsfähigkeit, Teamfähigkeit, Kreativität und Zufriedenheit entscheiden.

Wir Menschen können uns nicht über unsere Grundüberzeugungen streiten, so tief sind sie in uns verwurzelt. Wenn wir uns wegen unserer Grundhaltungen angreifen oder mißverstehen oder auch nur kritisieren, entstehen Verletzungen, die einen endlosen Zyklus von Vorwürfen und Mißverständnissen und damit Kontaktbehinderungen nach sich ziehen.

Wir können einen Konflikt nur dann wirklich beilegen, wenn wir uns auf struktureller Ebene, auf der Ebene der Grundbotschaften über das Leben, verständigen können. Wir können uns unserer Muster bewußt werden und uns so außerhalb dieses Korsetts stellen.

Deswegen arbeitet die CoreDynamik systematisch an diesen Grundhaltungen zum Leben hin.

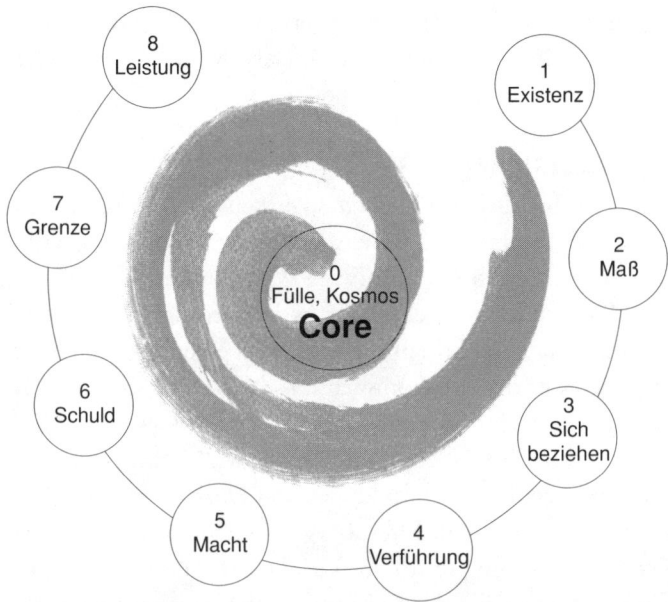

In jedem dieser neun Lebensthemen ereignet sich Gelingendes und Mißlingendes. Jedes Thema kann ungefähr einer Lebensentwicklungsphase zugeordnet werden, und die Themen bauen entwicklungspsychologisch betrachtet aufeinander auf.

0. Fülle, Flow, Core-Zustand

In der ersten Phase des Lebens im Mutterbauch steht uns alles zur Verfügung, was wir zu unserem Leben brauchen: Nahrung, Schutz, Wärme und ein körperlich-soziales Umfeld, das für alle Lebensfunktionen sorgt. Wir schwimmen in einer nahrhaften Flüssigkeit, sind direkt verbunden und haben kein Bewußtsein unserer getrennten Individualität. Ken Wilber nennt diesen Zustand präpersonal, die Person ist noch nicht differenziert.

Damit das Individuum sich entwickeln kann, müssen zu dieser positiven Symbioseerfahrung des Embryos in der späteren Entwicklung als Reifungsschritt beim Erwachsenen die Fähigkeit zur Lösung, zur Autonomie und das Bewußtsein von Identität hinzukommen. Dies beides ist Voraussetzung für **Funktionslust** und aufgabenorientierte **Leistungslust** und für Fließen in unseren Tätigkeiten, für ein getragenes und erfülltes Glücksempfinden, für **Flow**.

Die weitere Entwicklung (Kap. 13-14) kann zu einer noch intensiveren Entfaltung der Persönlichkeit führen, dem Core-Zustand. Der Core-Zustand ist transpersonal, d.h. er geht über die engen Persönlichkeitsgrenzen hinaus und öffnet den Menschen für integrales Denken.

Diese Haltung zur Welt hin ist also einerseits Anfangspunkt und andererseits Entwicklungshöhepunkt, jedoch in sehr unterschiedlicher Weise. Die Kapitel 13 und 14 werden dies ausführlicher behandeln.

1. Existenzberechtigung

Schon nach einiger Zeit im Mutterbauch, spätestens jedoch, wenn wir auf die Welt kommen, stellt sich als erste und wesentliche Frage die nach unserer Existenzberechtigung. Wir spüren, ob wir auf dieser Welt, in dieser Familie willkommen sind, ob unser So-Sein liebevoll akzeptiert wird oder nicht.

In dieser ersten Phase des Lebens bildet sich bei einem Teil der Menschheit ein Gefühl der Sicherheit, des Willkommenseins, der Lebensberechtigung und des Wirklichkeitsbezugs heraus, bei anderen entsteht im Gegensatz dazu Existenzangst, Verunsicherung, die Überzeugung, nicht willkommen zu sein. Wenn bedrohliche Erfahrungen und Empfindungen von Unsicherheit sehr stark sind und vielleicht noch widersprüchliche Elternbotschaften hinzukommen, kann diese Labilisierung zu einer Spaltung im Erleben und im Bewußtsein führen.

Wenn Sie Mitarbeiter, Familienmitglieder oder Freunde sagen hören:
- „Ich gehöre nicht hierher"
- „Ich bin nicht willkommen"
- „Ich habe keine Existenzberechtigung"
- „Es wird mir alles zuviel"
- „Ich habe Angst vor den Anforderungen"
- „Es überfordert mich vieles"

dann leben diese Menschen höchstwahrscheinlich mit einem Grundgefühl von mangelnder Existenzberechtigung.

Positive Qualitäten dieser Menschen (vgl. 5.1 **Distanztendenz**) sind:
- Sie können sehr feine Zwischentöne wahrnehmen.
- Sie haben ein ausgeprägtes Wahrheits- und Gerechtigkeitsempfinden.
- Sie sind nicht käuflich und sehr konfliktbereit.
- Sie sehen meist zuerst die Probleme und Risiken einer Situation.
- Als warnende Mahner verhindern sie unüberlegte Strategien.
- Sie sind loyal, zuverlässig und geben ihr Bestes, obwohl sie schnell erschöpft sind.

In der typgerechten Interaktion mit diesen Menschen sollten Sie dieses Lebensgefühl, daß sie keinen Platz auf dieser Welt haben und sich leicht überfordert und bedroht fühlen, berücksichtigen und häufiger direkt ansprechen:
- „Du gehörst zu uns."
- „Wir schätzen Ihre kritischen Anmerkungen."
- „Wir verstehen deine Angst."

- „Es ist menschlich, sich unsicher zu fühlen."
- „Es ist normal, sich manchmal überfordert zu fühlen."

2. Maß

Wie immer das Thema der Existenzberechtigung vorläufig geklärt ist, erfordert die nächste Entwicklungsphase von uns, das rechte Maß im Leben zu finden:
- Wieviel bekomme ich?
- Wieviel steht mir zu?
- Werde ich kurz gehalten (Mangel) oder im Überfluß ertränkt (verwöhnt)?

Bei denjenigen Menschen, die in dieser sogenannten oralen (auf den Mund bezogenen) Entwicklungsphase zentrale frustrierende oder erfüllende Erfahrungen machten, bilden sich polare Lebensmuster (vgl. **Nähetendenz**) heraus:

I: Ich bekomme meistens genug. Es ist genug für mich da. Ich kann ein erfülltes Leben leben. Ich brauche keine Not zu leiden. Die Menschen sind freundlich und geben mir alles, was ich zum Leben brauche.

Die positiven Qualitäten dieser Menschen sind häufig Freigebigkeit, Großzügigkeit, sie verbreiten eine aufmunternde Atmosphäre und haben eine Menge an Optimismus, Freude und Energie zu geben.

II: Auch das Gegenteil davon kann zum Muster werden. Wir nennen es das Muster der Abhängigkeit: Ich bekomme nie genug. Es reicht nie aus für mich. Es ist niemals genau das Richtige für mich. Ich werde niemals satt.

Der resultierende Hunger kann zu einer Maßlosigkeit führen, die scheinbar niemals gesättigt werden kann.

Typgerechtes Führen bedeutet gegenüber diesen in innerer Abhängigkeit lebenden Menschen, deren früh gelernte Grundstrategie des Hilfeholens, der Bedürftigkeit und Schwäche als Strategie zu durchschauen, sie nicht als persönlichen Vorwurf zu nehmen oder sie ihnen vorzuwerfen, sondern sie als Widerstand gegen das Erwachsenwerden zu begreifen und diesem Widerstand durch direktes Ansprechen des Musters, durch Grenzen-Setzen, durch Hinweise auf Eigenverantwortlichkeit spielerisch, freundlich konfrontierend zu begegnen.

Es ist wichtig, zu erkennen, daß diesen Menschen nicht geholfen ist, wenn wir ihnen immer mehr und Besseres geben, mehr Gehalt, bessere Arbeitsbedingungen oder Zuwendung. Damit verfangen wir uns innerhalb des Systems „mehr von demselben" und verstärken nur den Kreislauf der Oralität, der süchtigen Suche nach mehr, nach anderem und Besserem. Oftmals finden wir bei diesen Menschen ein Faß ohne Boden, das wir solange endlos füllen können, wie wir nicht den fehlenden Boden ansprechen. Wir müssen das Muster thematisieren, indem wir Abgrenzung und Ärger erlauben, unterstützende Nähe geben und dennoch nicht ins kleinmachende Helfen verfallen. Denn sie brauchen ständig ein Mehr an Zufuhr von Energie, das durch ein einfaches „Mehr" nicht zu erfüllen ist. Immer wieder muß die Selbstverantwortung angesprochen und ermöglicht werden.

Diese Menschen brauchen Gelegenheiten, in denen sie erfahren können:
- „Ich habe Kraft."
- „Ich bekomme, was ich brauche."
- „Ich finde einen Weg."
- „Ich fühle mich geborgen."
- „Ich kann annehmen, was ich von anderen bekomme."

Haben wir einen Zugang zu dem abhängigkeits-süchtigen Muster dieser Menschen gefunden, können sie sehr solidarisch und loyal sein, können sie durch ihre Kraft und hohe Emotionalität dem Team gute Dienste erweisen.

3. Beziehung/Alleinsein

Erfahrungen im Umgang mit dem Maß können unterschiedliche Konsequenzen für weitere Lebensentscheidungen nach sich ziehen:

a) Ist die Oralität erfüllt worden, wird ein selbstverantwortliches, autonomes Sich-Beziehen auf andere Menschen möglich.

b) Ist diese Phase im Leben ungünstig verlaufen, können Haltungen (**Distanztendenz**) entstehen wie:
- „Ich komme schon alleine klar."
- „Das schaffe ich schon."
- „Ich brauche gar nicht soviel."
- „Wenn ihr mir nicht genug gebt oder nicht das gebt, was ich will, sollt ihr mal sehen, was ihr davon habt. Ich ziehe mich zurück in mein Selbstversorger-Schneckenhaus. Bedürftigkeit und Schwäche zeigen, nein, das war zu schmerzhaft. Das werde ich nie wieder tun."

Stoßen Sie auf derartige Lebensmuster, sollten Sie durch typgerechtes Führen Erfahrungen ermöglichen, die in Sätze münden wie:
- Ich darf Bedürfnisse haben und diese sogar zeigen.
- Ich muß nicht alles alleine machen.
- Ich darf mir helfen lassen.
- Ich genieße das Zusammensein mit anderen.

Jede Strategie der Führung und Kooperation, die dieses Muster nicht bewußt und direkt zum Thema macht, muß sich in den Netzen und Fangstricken des Dauerrückzugs-Musters „Ich komme schon alleine klar" verfangen.

4. Verführung

Es erfordert viel Mut und Sensibilität, Gruppenteilnehmern, Mitarbeitern und Freunden deren eigene Verführungskünste vor Augen zu führen oder ihnen zu spiegeln, wie sie sich von anderen verführen lassen. Die Frage bei diesem Lebensthema ist:

- Wie setze ich, wie setzen andere ihren Charme, ihre Liebenswürdigkeit, Freundlichkeit und Nettigkeit ein, um ein Ziel zu erreichen?
- Wie gelingt es mir, daß ich wahrgenommen werde?
- Wie lasse ich mich von charmanten Strategien eingarnen?
- Was bedeuten diese Verführungsstrategien, d.h. welche Lebenserfahrungen und daraus abgeleitete Grundüberzeugungen stehen bei Sendern und Empfängern dahinter?

Manche Menschen erleben in ihrer Erziehung, im Umgang mit ihren ersten Bezugspersonen, daß diese nicht klar unterscheiden können zwischen Kindrolle und Erwachsenenrolle. Bezugspersonen verwechseln Kinder mit Partnern oder der Partnerin und kommunizieren in unklarer, verführerischer oder sonstwie manipulativer Weise mit den Kindern, die dadurch klare Orientierung verlieren. Sie können kein Gespür dafür entwickeln, ob sie sich echt oder nur so als-ob verhalten.

Jede Form von Nicht-ernstgenommen-werden kann später dieses Muster des „Als-ob-Verhaltens" auslösen. So entstehen indirekte Strategien, und das Sich-Einschmeicheln scheint die einzig erfolgversprechende Kontaktmöglichkeit für den jungen Menschen zu sein:

➤ „Wenn ich der liebe Junge, das liebe Mädchen bin, bekommen ich Kontakt."
➤ „Ich kann die Aufmerksamkeit mit meinem Lächeln auf mich ziehen."
➤ „Ich verzaubere die Leute mit meinem Charme."
➤ „Mein Charme ist unwiderstehlich und meine einzige Kontaktmöglichkeit."
➤ „Lächeln, immer nur lächeln – so merkt niemand meine Unsicherheit."
➤ „Nur nicht direkt begegnen, das könnte gefährlich sein, sondern flirten und necken, locken. Wenn es ernst wird, bin ich gleich wieder weg."
➤ „Ich darf keinen eigenen Willen haben und mich nicht abgrenzen."

Da dies ein Verhalten ist, das in unserer Gesellschaft und auch im Berufsleben gefördert und belohnt wird, verfestigt es sich immer mehr und wird zum selbstverständlichen Hintergrundphänomen, das nur schwer zu erhellen und aufzulösen ist.

Hier fällt Führungskräften oder Partnern im privaten Bereich die schwierige Aufgabe zu, regelmäßig und unverstellt die eigene Wirklichkeitsauffassung (die subjektive „Wahrheit") zu benennen, den Spiegel vorzuhalten und Grenzen zu setzen.

Die Menschen mit einem solchen Muster können ihrerseits neue Haltungen üben:
- „Ich muß niemanden beeindrucken."
- „Ich darf Bedürfnisse haben."
- „Ich werde um meiner selbst willen geschätzt."
- „Ich brauche mich nicht zu verstellen."
- „Ich darf klar und deutlich meine Meinungen äußern."
- „Ich darf NEIN sagen."
- „Ich darf ein sachliches Gespräch führen."

5. Macht und Kontrolle

Eine Schlüsselfunktion in innerbetrieblichen und privaten Beziehungen hat das Machtthema. Wenn wir als Kinder als unwichtig behandelt, nicht als Personen mit eigenständigem Wert gesehen wurden, wenn Angst, Unsicherheit, Ohnmacht und Hilflosigkeit unsere frühen Jahre prägten, dann kann ein starkes Kontrollbedürfnis entstehen, ein Zwang zu überdimensionierter Selbstbehauptung. Irreführung anderer Menschen über die eigene Kraft kann zu einem Schutzmechanismus werden. Gefühle werden verleugnet, es wird Zuflucht in der Machtausübung gesucht. Dabei entstehen Haltungen (vgl. **Dauertendenz**) wie:
- „Nur wenn ich die Kontrolle über einen Kontakt habe, kann ich mich sicher fühlen."
- „Nur wenn ich die Macht in Händen habe, kann mir nichts passieren."
- „Schlau sein, Erfolg haben, Kontrolle haben – das zählt!"
- „Nur wenn ich die Fäden in der Hand habe, bleiben die Menschen bei mir, weil sie dann abhängig von mir sind."

Tief innen sind wir (und wir haben alle diese Anteile) in diesem Aspekt unseres Seins sehr ängstlich.

Typgerechtes Führen bedeutet, daß Menschen, die Machthunger in den Vordergrund ihres Selbstschutzes stellen, erfahren, daß Nähe-Zeigen nicht identisch ist mit ausgenutzt werden. Sie sollen erleben können, daß sie auch dann, wenn sie ihre Kontrolle loslassen, befriedigende und erfolgreiche Kontakte herstellen können und daß andere Menschen nicht weglaufen, wenn sie sich hinter ihrer Machtfassade als verletzliche Menschen mit menschlichen Nähebedürfnissen zeigen. Stabilisierende Sätze (positive Sonden) können sein:

- „Ich darf meine Verletzlichkeit zeigen."
- „Macht ist ein alter Schutz. Ich brauche ihn nicht mehr."
- „Machtausübung und Respekt sind zwei verschiedene Dinge."
- „Ich darf schwach sein und werde dennoch respektiert."
- „Ich darf mich fallen lassen und werde dennoch unterstützt."

Daß Machtausübung letztlich zur Vereinsamung führt und der Machtbesessene so in einen Teufelskreis (Circulus vitiosus) gerät, können wir als Trainer, als Vorgesetzte und als Lebenspartner eher vermitteln als die abhängigen Mitarbeiter. Wenn eine Führungskraft oder gar der Chef persönlich dieses Verhalten zeigt, sind Mitarbeiter meist machtlos, und es ist ihnen nur schwer möglich, dieses Muster aufzulösen.

Es gibt eben „falsches Verhalten", auf das hin wir uns nicht „richtig" verhalten können, vor allem dann nicht, wenn dieses Fehlverhalten mit realer Macht gekoppelt ist. Unter solchen Umständen können wir nur gehen, den Prozeß der Vereinsamung dieser Person beschleunigen und unsere Haut schützen im Vertrauen darauf, daß der Mächtige sein Fehlverhalten nach vielen Schmerzen einsieht. Gerade bezogen auf das Thema Macht sind wir nicht allmächtig und müssen heimliche Größenvorstellungen in uns, wir könnten Mächtige positiv beeinflussen, relativieren.

Das Thema Macht nur zu psychologisieren, ist zu einseitig. Gerade bei diesem Thema müssen die gesellschaftlichen Bedingungen, die Firmenphilosophie, die branchenüblichen Muster und die Corporate Identity mitbedacht werden. Wir werden niemals ohne Macht und Hierarchie auskommen. Doch es gibt destruktive Macht **und** förderliche, unterstützende und lenkende Führung.

Wir beobachten jedoch Seminarteilnehmer, die, nachdem sie sich zu Beginn eines Seminars noch z.B. als „Kampfmaschine" beschrieben haben, eine Neuorientierung ihrer Werte vornehmen und die mitmenschlichen Qualitäten wie Gefühle, Begegnung und direkten, gleichberechtigten Kontakt würdigen lernen.

6. Schuld

Oft gut verborgen, aber nicht weniger wirksam bei der Steuerung von Entscheidungen ist bei Mitarbeitern und Lebenspartnern der Umgang mit dem Thema Schuld. Schuldgefühle können ganze Teams und Familien lenken und bestimmen. Schuldgefühle haben eine enorme Stimmungs- und verhaltensprägende Kraft, und zwar über lange Zeiträume hinweg.

Hintergrund für die Entwicklung des Schuldmusters ist eine mißglückte Wiederannäherungsphase. In dem Alter, in dem das Kind Laufen lernt, ist es wichtig, daß es nach jedem Freiheitsabenteuer wieder liebevoll in den Armen der Mutter oder des Vaters aufgenommen wird.

Wenn bei Wiederannäherungsversuchen unklare oder negative Gefühle produziert werden („Du warst aber lange weg – Mutti hat sich alleine gefühlt."), dann werden diese Freiheitserlebnisse mit Schuldgefühlen belegt.

Oft kommt hinzu, daß Eltern eigene nicht bewältigte Lebenskrisen auf die Kinder abwälzen:
➤ „Weil du da bist, konnte ich nicht studieren."
➤ „Weil du geboren wurdest, konnte ich nicht mehr mit Mama schlafen."
➤ „Weil du so schwierig warst, hat unsere Beziehung gelitten."

Dies sind wortgetreue Mitteilungen, die wir in unserer Arbeit immer wieder hören. Die daraus resultierende selbstbestrafende Haltung führt dazu, daß Menschen mit solchen Erfahrungen leicht zum Prügelknaben eines Teams oder einer Abteilung werden (Mobbingopfer) und ihre Leistungsfähigkeit sowie ihre persönliche Erfüllung unter mangelnder Selbstbehauptung zunehmend zu leiden haben. Menschen mit starken Schuldgefühlen sind die „Runterzieher" des Teams.

Wenn wir typgerecht führen wollen, müssen wir ihnen Möglichkeiten verschaffen, selbständig zu handeln, selbstkreierte Ergebnisse zu erzielen und die Erlaubnis geben, Fehler zu machen.

Neue Grundüberzeugungen können geübt werden:
➤ „Ich darf meinen Ärger und meine Wut zeigen."
➤ „Ich muß mich nicht mehr klein machen, um etwas zu bekommen."
➤ „Ich tue, was ich will, und werde trotzdem geachtet oder geliebt."
➤ „Ich darf Spaß am Leben haben."
➤ „Ich bin nicht Schuld an dieser Misere. Es ist nur mein altes Schuldgefühl, das mich da runterzieht."

Heilsam ist die Unterscheidung zwischen Schuld und Schuld**gefühl**. Schuldgefühle können aufkommen, ohne daß wir die geringste Schuld auf uns geladen haben. Ein Schuldgefühl ist eben **nur** ein Schuld**gefühl**, also eine gelernte Reaktion unseres Körpers auf die Vermutung, Schuld auf sich geladen zu haben. Ihm muß keine reale Schuld zugrunde liegen. Diese Erkenntnis kann sehr erleichternd und entspannend sein.

Vom Schuldgefühl über die Befreiung von diesem Druck bis hin zur Selbstverantwortung ist es ein langer Weg. Wir unterstützen diesen Prozeß durch Körperübungen, die die eigene Würde, die Aufrichtung und das Nach-vorn-gehen zum Thema haben. Hierzu mehr in Kapitel 12.

7. Grenze und Verwirrung

Wie wir zum Thema Verführung angedeutet haben, kann es Unklarheiten in der Kommunikation zwischen Eltern und Kindern geben, die Verwirrung stiften. So kann beispielsweise die Vermischung von liebevollem Kontakt und sexueller Bedürftigkeit der Eltern bei Kindern tiefe Verwirrung auslösen. Überschreiten diese Unklarheiten ein gewisses Maß, wird die Verwirrung so groß, daß die Heranwachsenden entweder keine Grenzen aufbauen können oder zaghaft errichtete Identitätsmerkmale immer wieder verlieren, weil sie ständig durch Übergriffe in Frage gestellt werden.

Wenn die Grenzen der Kinder zu häufig überschritten werden, kann sich kein stabiles, konsistentes Selbstgefühl entwickeln.

Ein resultierendes Muster kann die **Wechseltendenz** sein, bis hin zur Haltlosigkeit, zur Angst vor dem Zerfließen oder zu anderen panikartigen Gefühlen. Diese Menschen sagen: „Ich weiß nicht, wer ich bin, wo ich anfange, wo ich aufhöre. Ich habe keine Grenzen."

Alles muß intensiv sein, damit sie sich überhaupt spüren. Sie können sehr schnell wechseln in ihren Gefühlen und verbreiten leicht eine unangemessene erotische Atmosphäre, die sie aber selbst nur selten wahrnehmen können.

Führungskräfte, Mitarbeiter und Freunde brauchen sich nicht auf die Verführung einlassen und können darauf achten, daß diese Personen Erfahrungen machen, die sich mit folgenden Aussagen beschreiben lassen:

➤ „Ich kann bei einer Sache bleiben."
➤ „Ich lasse mich nicht mehr ausnutzen."
➤ „Ich kann ein klar umrissenes Thema bearbeiten."
➤ „Ich kann auch von meinem Gegenüber Klarheit erwarten."
➤ „Ich kann und darf Grenzen setzen."
➤ „Ein NEIN ist erlaubt."
➤ „Auch ohne Erotik ist ein Kontakt sinnvoll und wirklich."

8. Leistung

Eine so wesentliche Beurteilungskategorie wie Leistung ist in unserer Gesellschaft natürlich hochgradig emotional besetzt. Wir alle wollen etwas leisten, wollen gut sein und dafür anerkannt werden.

Einige von uns – und das sind dann meist auch die Erfolgreichen – wollen es besonders gut machen (**Dauertendenz**). Sie haben von frühauf gelernt, daß sie nur akzeptiert werden, wenn sie die Besten sind, wenn ihre Leistung ohne Fehler ist, und daß der wahre Mensch erst bei einer „1" oder dem „Herrn Doktor" vor dem Namen beginnt.

Die Eltern oder Lehrer haben ihm oder ihr vermittelt, daß nur der arbeitende Mensch ein guter Mensch ist, daß nur Hochleistung etwas zählt und daß er oder sie nicht auf der Welt ist, um zu genießen, zu faulenzen oder es sich sonstwie gut gehen zu lassen:

- „Erst die Arbeit, dann das Spiel."
- „Ordnung ist das halbe Leben."
- „Keine Fehler, halt dich aufrecht."
- „Mein Kind war schon mit einem Jahr trocken!" ... etc.

Diese Menschen – und wir kennen viele davon, und sehen uns vielleicht auch selbst darin widergespiegelt – sind unermüdlich und übergründlich: „Nur durch Leistung, Arbeit, Disziplin und Anstrengung schaffe ich mir einen Platz auf dieser Welt." Sie leben in der Unsicherheit, ob sie ohne Leistung, „einfach nur so als Mensch", überhaupt liebenswert sind. Der Konflikt kann aus der Verletzung kommen, in der Hinbewegung zu den Eltern zurückgestoßen worden zu sein.

Wir können diese Menschen (und uns selbst) darin unterstützen, ihre Sehnsucht, ihre Bedürfnisse, ihre Sanftheit zu akzeptieren. Sie brauchen eine Atmosphäre, in der ihr engmachender Perfektionspanzer schmelzen kann, in der sie sich mit ihren weichen Gefühlen sicher und gut fühlen können.

Als Erlaubnissätze können wir anbieten:

- „Ich muß nichts beweisen, um geliebt zu werden."
- „Ich darf Fehler machen."
- „Ich darf mich ausruhen."

5.3 Vier Archetypen des Verhaltens

Als vertiefende Dimension des Verstehens wenden wir vier weitere Grundmuster menschlichen Verhaltens an, um Kontaktsituationen besser verstehen und analysieren zu können. C.G. Jung nennt diese Muster *Archetypen*.

1. Zuerst ist da der Jüngling, das junge Mädchen in uns. Sie oder er möchte gefallen, schön sein, versucht den Kontakt durch äußere Reize, durch Charme, romantische Gefühle, Phantasie und Verführung zu gestalten. Die jugendliche Energie dieses Teils in uns gibt uns Kraft und Tatendrang, der Schattenaspekt dabei ist eine unrealistische, meist auf Projektionen beruhende Wahrnehmung der Welt.

2. Wir können den jugendlichen Anteil unseres Menschseins integrieren, d.h. bejahen und dennoch weiterwachsen. Wenn wir uns zum Mann/zur Frau weiterentwickeln, können wir aus dem zweiten Archetyp heraus handeln, gestalten und erleben. In dieser Seinsqualität nehmen wir Kontakt auf mit unserer erwachsenen Stärke, fühlen uns von innen her lebendig, können direkten und kraftvollen, gut abgegrenzten Kontakt gestalten, sind leiblich, sexuell erfüllt, bodenständig, gerade heraus und im Kontakt mit unserem Körper.

3. Die Aggressivität in der Grundhaltung wird eingeschränkt durch eine weitere mögliche Qualität unseres Seins, das Grundmuster des Vaters oder der Mutter. Dieser versorgende, bergende Anteil in uns öffnet uns für warme Gefühle, Verantwortung, Verstehen und Trost, Langfristigkeit und für den Impuls des Gebens und Liebens.

4. Gehen wir weiter in unserer Entwicklung, kommen wir mit dem Archetyp des/der Weisen in Kontakt. In dieser Qualität entwickeln wir Reife, Überblick, Zentrierung, Mitte, Wahrheit und Wissen von Sinn und Weisheit. Die Energie im Archetyp des/der Weisen ist klar, einfach, direkt und ist von einer übergeordneten Menschenliebe geprägt.

Wir leben, fühlen und handeln immer aus einer Mischung dieser 4 Aspekte. Um diese Qualitäten in ihrer Bedeutung für unser Verhalten jedoch klar abgrenzen zu können, üben wir in unseren Trainings zuerst das Trennen dieser Aspekte und untersuchen die Auswirkungen von Wahrnehmungen und Verhalten aus diesen Grundhaltungen. In Rollenspielen werden alltägliche Situationen aus den vier archetypischen Haltungen und deren Kombinationen heraus erprobt.

Diagnostisch gesehen ist interessant, wo für einzelne Personen ihr Schwerpunkt in den Archetypen liegt, welche Kombinationen sie bevorzugen und wo welche Entwicklungsmöglichkeiten für einen befriedigenderen Kontakt liegen.

Neue Erkenntnisse und Verhaltensweisen werden möglich, wenn wir lernen, diesen vier Aspekten in uns Gehör zu schenken und sie miteinander ins Gespräch zu bringen. Durch diesen inneren Dialog entsteht Abstand von einseitigen Prägungen und damit eine neue Freiheit im Denken, Fühlen und Verhalten.

5.4 Schritte zur Mehrperspektivität

Welche Transformationen der Grundüberzeugungen sind möglich? Welche Schritte zu einer komplexeren Sichtweise von Welt sind einzuschlagen?

In Teams oder Organisationen, die noch nicht über ihre Grundhaltungen zum Leben hin nachgedacht haben, ergeben sich oftmals heftige Konflikte, die teilweise zu erbitterter Feindschaft führen. So streiten sich meist die Menschen, die um ihre Existenzberechtigung kämpfen (Typ 1), um ihres Wirklichkeitsgefühls willen ständig nachfragen und die Wahrheit suchen, besonders mit den Perfektionisten (Typ 8), denen diese „ewige Fragerei" zu lange dauert, die sich durch Fragen ihrer Effektivität beraubt sehen und sich durch die Nachfragen persönlich angegriffen fühlen. Dieser Konflikt 1 gegen 8 ist klassisch und kommt in fast jedem Team vor. Auch Paarbeziehungen finden wir in dieser Konfliktkonstellation.

Ein weiteres Streitpaar bilden oft die, die es gern intensiv und fröhlich haben wollen mit denen, die für alles die Schuld auf sich nehmen oder die sich entschieden haben, schon alleine klarzukommen; also z.B. 2 gegen 6 oder 7 gegen 3.

Führungskräfte, die das Muster „Kontrolle über Macht" leben, dies aber nicht offen zugeben, werden von Menschen, die um ihre Existenzberechtigung kämpfen, oft angegriffen, Menschen mit Schuldgefühlen unterwerfen sich leicht und kooperieren mit dem Machttyp, die Bedürftigen ziehen sich in Konflikten eher zurück.

Alle diese Konstellationen ziehen Energie aus dem Team und schaffen dysfunktionale Kommunikationsbarrieren, die die Effektivität eines Teams behindern oder völlig lahmlegen.

Über Überstunden und Nachtschichten wird versucht, die Energieverschwendung wieder aufzuholen. Es ist wie ein Rennen im Hamsterrad. Unzufriedenheit und Aggression wachsen, Krankheiten nehmen zu und innere, heimliche Kündigungen sind die Regel.

Dieser Reibungsverlust im Unternehmen erfolgt, weil wir uns untereinander unsere Grundüberzeugungen nicht klargemacht und uns nicht miteinander auf einen Lernprozeß eingelassen haben, in dem wir uns wechselseitig in diesen Grundmustern verstehen und akzeptieren gelernt haben. Es gibt ein psychologisches „Naturgesetz", das lautet: „Wir können uns nicht über unsere Grundüberzeugungen streiten, sie gehören zu uns und prägen unsere Sicht von Welt in entscheidendem Maße."

Wir können diese tief verwurzelten Annahmen über die Welt nicht vollständig ändern, aber wenn wir uns dieser Muster bewußt werden, verlieren sie ein Stück ihrer prägenden Macht. Und vor allem: Wir verstehen uns und die anderen besser und sind eher bereit, die **Relativität unseres Standpunktes** zu akzeptieren. Dies erfordert jedoch oft harte Arbeit, und viel Widerstand wird gegen eine Bewußtwerdung dieser Muster geleistet.

Eine erfahrungsgemäß praktikable Vorgehensweise ist diese:

> Nachdem wir die neun Grundüberzeugungen dargestellt haben, schätzen die Teilnehmer sich selbst hinsichtlich ihrer wesentlichen Überzeugungen ein.
>
> Im Raum verteilt hängen Karten mit den Themenüberschriften (z.B. Macht). An diesen Plätzen werden die jeweiligen Grundmuster erläutert. Dort liegen auch für jede Position Nummernkarten (0-8) aus, von denen die Teilnehmer sich je eine Karte für ihre Zweitwahl und eine für ihre Drittwahl wählen, bevor sie sich auf den Platz ihrer Erstwahl stellen.
>
> Sie lassen sich dort Zeit, diese Überzeugung in sich zu spüren, nehmen eine passende Körperhaltung, Gestik und Mimik ein oder drücken in einer Bewegungsfolge diese für sie typische Weltsicht aus.
>
> Danach bilden die dort versammelten Personen eine Untergruppe und tauschen sich darüber aus, wie die Welt von diesem Blickpunkt aus aussieht.

Aus dieser Übung ergeben sich oft bemerkenswerte Erkenntnisse: Sich im anderen Teammitglied in der Grundhaltung zum Leben gespiegelt zu sehen, sich darüber auszutauschen, sich vielleicht zum ersten Mal im gleichen Boot sitzen zu fühlen, sich ertappt und gleichzeitig verständnisvoll akzeptiert zu fühlen – das sind bewegende Erfahrungen. Für manche ist dies eine entscheidende Wende in ihrem Selbst- und Weltverständnis, und eine weitere Öffnung für Neues und anderes geschieht, wenn von diesem Platz der Solidargruppe aus zu den anderen Gruppen geschaut wird.

Ein Teilnehmer beschreibt diese Wahrnehmung: „Die Welt sieht plötzlich anders aus. Mein Bewußtsein ist spürbar erweitert. Es entsteht ein neues Problembewußtsein."

Welche Ähnlichkeiten und Unterschiede werden gesehen? Welche Verhaltensweisen aus welchen Situationen werden verstanden?

> Die Teammitglieder als Forscher in Sachen Selbst- und Fremderkenntnis gehen auch zum Platz ihrer Zweit- und Drittwahl und schließlich zu Plätzen, die ihnen ganz fremd sind und befragen die dort verbliebenen „Experten" über ihre Weltsicht und wie sich die Arbeit, das Private und die Welt von dorther anfühlt und wie alles aussieht.
>
> Diese Perspektivwechsel sind ein wichtiges Wahrnehmungstraining, es schult die Relativierung von Standpunkten und fördert das Verständnis für andere Teammitglieder. Schließlich gehen alle wie auf einem Marktplatz herum und verweilen in ihrem eigenen Zeitmaß bei den einzelnen Plätzen.
> - „Wie fühlt es sich hier an?"
> - „Wo gehe ich nicht so gerne hin?"
> - „Was macht mich neugierig?"
> - „Was ist mir fremd?"
> - „Wo und wie in meinem Körper kann ich diese Haltung zum Leben spüren?"

Das lockere Herumgehen ermöglicht uns, daß wir auch die übrigen Überzeugungsmuster in uns entdecken können. Die Welt sieht aus jedem Blickwinkel anders aus und die häufigen Perspektivwechsel führen zu einer Mehrperspektivität, die mit einer angenehmen inneren Öffnung verbunden ist. Wir Menschen haben von allen Aspekten mehr oder weniger viel in uns. Es sind **Lebensthemen**, mit denen wir uns alle auseinandersetzen müssen.

Es kann eine Empfindung entstehen, die der Position 0 **Fülle**, **Flow**, **Synergie** entspricht. Sie stellt eine integrative Position dar, sozusagen eine Haltung jenseits der Muster, in der wir unsere Muster erkannt und transformiert haben, wohl wissend, daß wir unsere Prägungen niemals ganz loswerden. Wir nehmen hier aus einer zentrierten Position, in der alle Gewinner sind (Win-Win-Haltung), in der alle in Ordnung sind (o.k. /o.k.-Position), Abstand von den Ansprüchen restriktiver Normen. Wir folgen in Verantwortung für uns und die Mitwelt unseren Impulsen. Ich habe diesen Zustand in meinem Buch **„Rituale alltäglichen Glücks"** näher beschrieben.

Die neun Grundüberzeugungen sind nur ein mögliches Modell, Weltwahrnehmungen zu beschreiben. Eine weitere Möglichkeit ist die Arbeit mit Themen. In jeder ehrlich arbeitenden Gruppe kommen allgemein menschliche Themen ins Bewußtsein wie Wertschätzung, Führung, Vertrauen, Kampf, Konkurrenz, Ehrlichkeit, Angst, Verweigerung, Neid, Anpassung, Geschlechterkampf etc. Auch unter diesen unterschiedlichen Themenstellungen sieht die Abteilung, das Team, das Unternehmen und die Welt sehr verschieden aus. Daß Themenstellungen die

Wahrnehmung und das Bewußtsein verändern, läßt sich durch folgende Übung erfahren:

> Je nach Teamthema legen die Trainer Karten mit Themenstellungen im Raum aus. Mehrperspektivität ist je nach Gruppe unterschiedlich verkraftbar, mehr als 12 Themen gleichzeitig können Gruppen mit wenig Erfahrung verwirren. Aber nach einiger Übung (besonders unter streßfreien Bedingungen) können auch zahlreiche Perspektiven gleichzeitig in den Blick genommen werden.
>
> Die Teammitglieder gehen von Karte zu Karte und machen sich dort das jeweilige Thema in seiner Bedeutung für den Teamprozeß bewußt, spüren die Resonanz in ihrer Stimmung und in ihrem Körper und erfahren die Unterschiede von Platz zu Platz.

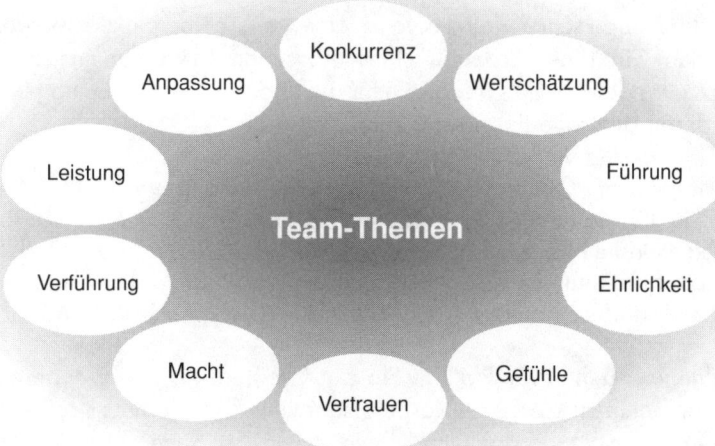

An dieser Stelle kann der Prozeß unterbrochen werden. Im Kreis wird berichtet, was die Teammitglieder an den unterschiedlichen Plätzen gefühlt und erkannt haben. Es wird Feedback gegeben und die Beziehungen werden bezogen auf diese Themen angesprochen und, wenn möglich, geklärt. Das Gruppengespräch anhand dieser existentiellen Themen ist prägnanter und tiefer als eine offene Runde und führt deutlicher zu Handlungsalternativen und Zielperspektiven.

Die Karten (wie in der Graphik gezeigt) können mit nach Hause oder in die Firma genommen werden, dort werden sie an eine Wand geheftet und dienen so zur Erinnerung an die Themenstellungen.

Auswertungsgespräche ergaben, daß allein das Aufhängen dieser Themenstellungen eine Steigerung des Problembewußtseins erbringt und damit zu einer höheren Sensibilität im alltäglichen Umgang führt.

Als Alternative oder im Anschluß an die Besprechung hat sich folgende **Komplexitätsübung** bewährt:

> Die Teilnehmer gehen von Karte zu Karte, d.h. von Thema zu Thema. Das Tempo des Herumgehens wird langsam beschleunigt, solange, bis eine Ahnung von **Gleichzeitigkeit** der Themenstellungen in jedem einzelnen möglich wird. Hilfreich ist die Einstellung des weichen Blicks, d.h. die Augen sind auf die Sehfeldränder links und rechts gerichtet (defocussiert), und der Unterkiefer ist entspannt. Die Atmung ist etwas vertieft, und der Kontakt zum Boden wird immer wieder angesprochen. Es entsteht eine angenehme Trance, eine Bewußtseinserweiterung durch das Gleichzeitigkeitserleben.
>
> Wenn die Gruppe schon weit genug ist, eine weitere Komplexitätssteigerung zu erfassen, wird dieser Prozeß nicht unterbrochen, es werden im Raum weitere Plätze festgelegt, die symbolisch für die anderen Wahrnehmungsmodelle und deren Untergliederungen stehen:
> - Ein Platz für die vier O.K.-Positionen (vgl. 3.3).
> - Ein Platz für die Opfer-, Retter- und Verfolgerhaltung (vgl. 3.4).
> - Ein Platz für die fünf Ich-Zustände (vgl. 3.1).
> - Ein Platz für die Nähe-, Distanz-, Wechsel- und Dauertendenz (vgl. 5.1).
> - Plätze für die neun Grundüberzeugungen (vgl. 5.2).
> - Plätze für andere Konzepte, z.B. die vier Archetypen (vgl. 5.3).
>
> Die Teilnehmer gehen von Platz zu Platz und spüren, wo dieser äußere Platz mit einem Ort im Inneren ihres Körpers oder vielleicht nur ihres Kopfes korrespondiert, wenn sie ihn sich innerlich vorstellen. Sie gehen solange hin und her, bis sie eine innere Repräsentation aller Aspekte im Raum spüren, bis sie nicht mehr überlegen müssen, wie dieser Platz denn nun eigentlich hieß und was er bedeutete, also solange, bis sie die Themen und psychologischen Modelle „auswendig" spüren.

Die Anstrengung nimmt nach einiger Zeit sichtbar ab, es erfolgt **Entspannung und Hochkonzentration** gleichzeitig (ein wesentliches Merkmal von Kreativität und Intuition).

Im Hin- und Hergehen entwickelt sich in den Teilnehmern bei sensibler Anleitung und langsamem Timing ein körperlich-innerräumliches Bewußtsein der Komplexität und der inneren Wechselbeziehung dieser Aspekte des Menschseins.

Sie legen die verschiedenen Modelle im Körper neben- und aufeinander. Es entsteht ein dreidimensionales Schichtungsmodell. Dabei können sie erleben, wie sie diese Aspekte gleichzeitig spüren, und sie ahnen, wie sie mit einem komplexen Eigenimpuls darauf reagieren können.

Im Austausch über diese Übungsphase wird in der Regel von lustvoller Erweiterung des Raumbewußtseins, von einer Erhöhung der Denkfähigkeit und einer starken Steigerung des Wohlbefindens berichtet: „Das Leistungsthema habe ich hier in der Brust wahrgenommen, die Opferposition dabei auf den Schultern, dann kam das Schuldthema hier im Nacken dazu, die Existenzberechtigung habe ich im Herzen gespürt, die Nähetendenz im Bauch. Mein Kopf wurde immer größer und weiter. Das freie Kind kam in die Beine, ich wurde schneller. Oberhalb des Kopfes schaute mein Erwachsenen-Ich freundlich zu."

„Die O.K.-Positionen ebenso wie die Ich-Zustände waren oben, in der Mitte und unten in meinem Körper verteilt. Von den Grundüberzeugungen konnte ich nur fünf in mir deutlich lokalisieren. Den Verfolger habe ich im Kopf, das Opfer im Rücken und den Retter im Herzen gespürt. Zuerst war ich etwas verwirrt, dann wurde alles klarer bis lustvoll. Jetzt fühle ich einen großen, weiten Raum in mir. Komplexität ist genießbar."

Der wesentliche Effekt dieser Übung ist, daß die Persönlichkeitsmodelle auf diese Weise nicht nur gut und langfristig gelernt werden, sondern auch in der Alltagsrealität schnell abrufbar werden, was schnelles und spontanes Reagieren ermöglicht.

Wir werden die Raumübungen weiter unten (Kap. 12) genauer beschreiben.

6. Konfliktmanagement

6.1 Selbstbild - Fremdbild

Es gibt keine Beziehungen zwischen Menschen, die dauerhaft konfliktfrei sind. Konflikte sind eine normale, alltägliche, organische Angelegenheit. Werden sie zu lange nicht an- und ausgesprochen, können sie sich in Aggression, Ärger oder sogar Haß und Verachtung wandeln. Wenn wir Konflikte nicht rechtzeitig angehen, entsteht Gegnerschaft bis hin zu persönlichem Krieg. Darüber hinaus gilt: Es gibt keine Veränderungen ohne Konflikt.

Aus diesen Erkenntnissen eine **positive** Grundhaltung zu Konflikten einzunehmen, ist unser erstes Lernziel im Konfliktmanagement. In einem ersten Lernschritt erheben wir die Konfliktbereitschaft der Teilnehmer, z.B. durch das Gespräch über das persönliche Konfliktmotto. Unter Konfliktmotto verstehen wir die persönliche Einstellung zu Konflikten, wie z.B.:

- „Lieber direkt als verbogen."
- „Ausweichen hilft Schläge vermeiden."
- „Ehrlichkeit nützt selten."
- „Frontalangriff verschafft Respekt."
- „Indirekt erreiche ich mehr."
- „Offen kämpft es sich besser."

> Die Teilnehmer schreiben ihr Konfliktmotto auf eine Karte und heften sich diese umgedreht an. Die übrigen vermuten nun, was die Kollegin als ihr Konfliktmotto ansieht.
>
> Danach werden die „Geheimnisse" gelüftet und entweder einfach nur zur Kenntnis genommen oder auch erläutert, durch welche Erfahrungen im Leben die einzelnen zu diesen Überzeugungen gekommen sind.

Um es noch einmal deutlich zu machen: **Der Austausch von Informationen ist schon ein Teil des Veränderungsprozesses.**

Mit den obigen Lernschritten haben wir schon einige Werkzeuge für Konfliktmanagement bereitgestellt. Im wesentlichen geht es darum, zuerst eine direkte Kommunikation zwischen den Parteien herzustellen, dem Dialog mit Hilfe einer neutralen dritten Person gewisse Spielregeln zu geben und dann die Emotionen der Beteiligten vorsichtig bewußt zu machen.

Wenn Begleitgefühle, enttäuschte Erwartungen, Kränkungen und Verletzungen nicht offen ausgesprochen werden können, haben wir wenig Chancen zur Konfliktlösung. Wenn wir den Emotionen ein Ventil und eine Richtung geben, läßt sich der Druck der angestauten Gefühle senken und der Konflikt auf das eigentliche dahinterliegende Thema bringen.

Oft ist es sogar notwendig, eine kurze, klare und prägnante Vergangenheitsbewältigung durchzuführen, die alten Dossiers über vermeintliche Verfehlungen des oder der anderen (Rabattmarkensammlungen) offenzulegen und die verletzenden Szenen zu benennen. Das fördert gegenseitiges Verstehen und erlaubt dem Coach, die tieferliegende Konfliktdynamik zu erkennen.

Schließlich sollte keine Konfliktbearbeitung ohne eine konstruktive Lösung beendet werden – und wenn es nur die Aussicht auf eine Lösung oder zumindest die Verabredung eines weiteren Gesprächstermins ist. Dies sind wichtige Schritte auf dem Weg in eine neue Situation.

Besonders festgefahrene Konfliktsituationen gehen wir mit der Abgleichung von Selbst- und Fremdbild an. Dies kann und muß auch hierarchieübergreifend getan werden und ist ein Reinigungsritual, so wichtig wie Zähneputzen.

> Die Konfliktparteien bereiten sich unabhängig voneinander auf die Beantwortung folgender Fragen vor:
> - „Wie erlebe ich mich? Wie schätze ich mich ein? Wie spüre ich mich? Was sind meine Hauptmotivationen für meine Tätigkeit? Was leiste ich? Wo sind meine Defizite?" (**Selbstbild**)
> - „Wie sehe ich die anderen? Was meine ich, sind ihre Gefühle, Motivationen, Leistungen, Defizite? Was stört mich an ihnen?" (Bild vom Konfliktpartner, d.h. **Fremdbild**)
> - „Was vermute ich, daß die anderen über mich denken? Was glaube ich, wie die anderen mich sehen? Wie werden sie mich in ihrem Fremdbild einschätzen?" (**vermutetes Fremdbild**)
>
> Schritt für Schritt werden die einzelnen Punkte vorgetragen und durch praktische Beispiele konkretisiert. Vorwürfe und Unterstellungen werden gezielt vermieden. Die Konfliktpartner hören nur zu, ohne Kommentare.

Die Aufgabe der Trainer dabei ist, auf authentische Äußerungen zu achten, Halbheiten zurückzuweisen und so nachzufragen, daß die „heißen Dinge" auch deutlich werden. Er oder sie soll sich in beide Konfliktpartner hineinversetzen, beide ernstnehmen und auf keinen Fall Partei ergreifen. Die Grundhaltung der Geduld ist in Konflikten hilfreich, d.h. wenn wir keine schnellen Erfolge erwarten, können wir besser auf kleine Schritte achten und in die richtige Richtung weisen.

Das Einnehmen dieser drei Perspektiven (Selbstbild, Fremdbild und vermutetes Fremdbild) wirkt meist Wunder. Jahrelang verkrustete Vorurteile können sich in wenigen Minuten lösen, wenn z.B. der Geschäftsführer eine Selbsteinschätzung gibt, mit der Mitarbeiter niemals gerechnet hätten, oder wenn er seine Mitarbeiter auf völlig andere Weise beschreibt, als sie sich selbst gesehen haben. „Ich dachte acht Jahre lang, daß er (der Chef) uns für Kretins, für nichtsnutzige Arbeitstiere hält. Jetzt habe ich zum ersten Mal gesehen und gespürt, daß er wirklichen Respekt vor uns hat und auch mich wertschätzt. Ich nehme meine innere Kündigung, die ich vor acht Jahren beschlossen habe, zurück."

Vorurteile oder falsche Erwartungen – sie sind meist die Grundlagen der Konflikte – können so beseitigt werden. Wir schaffen die Welt durch unsere Wahrnehmung, es gibt keine Objektivität, und wenn das wieder einmal deutlich wird, können Schritte aufeinander zu gemacht werden.

6.2 Abgrenzung als Grundlage der Konfliktfähigkeit

Konfliktfähigkeit ist vielen von uns nicht in die Wiege gelegt worden, sondern muß teilweise mühsam erlernt und erarbeitet werden. Die Grundfähigkeit, um in Konflikten bestehen zu können, ist die Fähigkeit sich abzugrenzen. Abgrenzungsfähigkeit beinhaltet:
- das Empfinden, ein (Geburts-)Recht zu haben, eine persönliche Grenze ziehen und sich abgrenzen zu dürfen;
- die innere Erlaubnis und Fähigkeit, **Nein** sagen zu können;
- die eigenen Willensimpulse spüren und ausdrücken zu können („Ich will ..." „Mir ist wichtig ...");
- ein klares **Ja** sagen und dazu stehen zu können;
- sich und dem Gesamtprozeß seines Lebens zu vertrauen.

Übungen im Ja- und Neinsagen sind beliebte Gruppenspiele, die immer wieder zur Auflockerung angeboten werden, aber auch sehr ernst und tiefgreifend erlebt werden können.

> Als Hilfsmittel zur Grenzziehung kann ein Seil oder ein mit Kreide (oder mit einem vorgestellten Leuchtkegel) auf den Boden gezogener Grenzkreis dienen. Es kann eine neue Erfahrung sein, sich in diesen Kreis zu stellen und ihn als seinen eigenen Bereich, als seinen eigenen Platz zu erleben und die Grenzziehung auch verbal den anderen gegenüber auszudrücken: „Dies ist meine Grenze, dies ist mein Platz, und ich will nicht, daß jemand hereinkommt, es sei denn, ich habe ihn eingeladen."

Insbesondere Mitarbeiter, die zur Grundhaltung Maßlosigkeit, Verführung, Schuldgefühle oder Grenzenlosigkeit (Verwirrung) neigen, haben mit ihrer Abgrenzungsfähigkeit Schwierigkeiten.

Die Fähigkeit Nein zu sagen als grundlegende Persönlichkeitsvariable ist für eine Führungskraft unabdingbar. Sie gliedert sich in drei Schritte:
1. Grundsätzliches Kooperationsangebot.
2. Falls ich ausgebeutet werde, schlage ich **einmal** zurück (deutlich Nein sagen).
3. Nach der Abgrenzung verhalte ich mich wieder kooperationsbereit.

Diese Strategie wurde von R. Axelrod entwickelt und hat sich in beruflichen und privaten Beziehungen bewährt. Sie unterbricht Opfer- und Retterverhalten ebenso wie Verfolgerverhalten und führt nach der Konfrontation („He, nicht mit mir!") wieder zur Kooperation („Du bist o.k.") zurück.

Die Fähigkeit Nein und Ja zu sagen wird durch Übungen zum Bodenkontakt intensiviert. Viele Führungskräfte holen ihre Energie aus den oberen Körperbereichen wie Brust, Kopf und Schultern. Damit stehen sie ständig in einer Überdrucksituation, die gleichzeitig durch mangelnde Zufuhr an neuer Energie gekennzeichnet ist. Konzentrieren wir uns beim Nein- oder Jasagen auf den Bauch, das Becken und die Beine bis hinunter zu den Füßen, ändern sich sofort Stimme und Stimmkraft. Der Ausdruck wird weniger anstrengend, zwangloser und effektiver zugleich.

Die **Füße als Wurzeln** in den Boden übernehmen eine wichtige Unterstützungsfunktion. Einfaches Spüren mit ausreichend Zeit ist schon ein erster Schritt zum Bodenkontakt. Unterstützt wird das Spüren durch eine Übung, die ich **„zum Boden springen"** nenne.

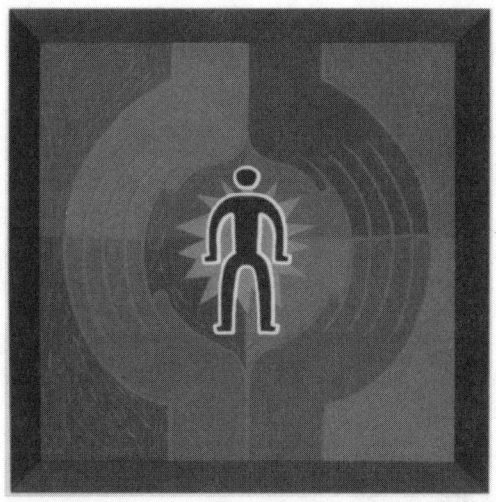

> Die Teilnehmer springen entspannt auf der Stelle hoch, jedoch mit der Vorstellung, daß ihre Bodenhaftung, ihre Bodenverwurzelung sich mit jedem Sprung tiefer in die Erde eingräbt. Diese paradoxe Information ist für den Verstand verwirrend und hilfreich zugleich. Die Erfahrung wird vertieft, wenn bei jedem Ankommen auf dem Boden ein kräftiges „Huh" ertönt.

Auch unsichere Menschen stehen nach dieser Übung wie ein Fels in der Brandung am Boden und lächeln. Bodenkontakt ist für viele Seminarteilnehmer eine überwältigend neue Erfahrung. Gefühle wie Dankbarkeit, Verbundenheit und Zielentschlossenheit können aufkommen und werden geäußert.

Nach einiger Übung kann das Zum-Boden-Springen und das Huh-Rufen auch mental vollzogen werden, was in schwierigen Kontaktsituationen als stabilisierende Hilfe zu nutzen ist.

> Beliebt ist auch die Übung, bei der die Teilnehmer in Paaren durch den Raum gehen. Der vordere konzentriert sich abwechselnd auf Kopf, Brust oder das Kraftzentrum im Bauch, seine Körpermitte, während der hintere ihn beim Gehen zu bremsen versucht.

Die Auswertung zeigt, daß das Bremsen beim Gehen aus Kopf oder Brust leicht und beim Gehen aus der Mitte heraus kaum möglich ist.

Der Stock oder das vorgestellte Schwert sind weitere Hilfsmittel zur Entwicklung von Führungskraft und Konfliktfähigkeit. Die Teilnehmer halten einen ca. 1,80 Meter langen Stock in den Händen. Der Stab wird auf die Bauchmitte gestützt und zeigt diagonal nach oben und nach vorn.

Der Stock wird langsam gehoben und gesenkt, die Körpermitte gespürt und mit einem kraftvollen Schritt werden die Konzentration, die geistige Kraft und der Entschluß zu einem bestimmten Thema **nach vorn** geschickt. Die Richtungsdimension nach vorn (siehe Kap. 12.1) ist dabei von großer Wichtigkeit.

Nachdem jeder diese Bewegung und die damit verbundene innere Haltung von Kraft-nach-vorn-schicken für sich geübt hat, wird die gleiche Übung mit verschiedenen Partnern durchgeführt.

- „Welche Bilder, Gedanken und Gefühle entstehen in mir, wenn ich vor diesem Gegenüber stehe?"
- „Wie gehe ich mit meiner Kraft um, wenn ich Aug in Aug vor einem Menschen stehe, der auch sehr entschlossen ist?"
- „Wo weiche ich aus?"
- „Wo bleibe ich standhaft?"
- „Welche Fähigkeiten muß ich noch entwickeln?"

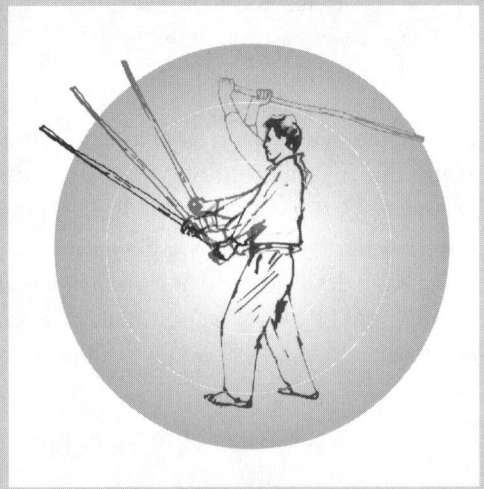

Konfliktmanagement zielt auf eine umfassende Persönlichkeitsbildung, bei der die Selbstbehauptungsenergie echt ist, d.h. die Kraft **wirklich** ist und aus der Mitte kommt und nicht einfach nur als Training von Durchsetzungsvermögen begriffen wird. Die Entwicklung von Charisma ist also lernbar. Charismatisch zu sein oder nicht ist keine Frage des persönlichen Schicksals, sondern Charisma basiert auf beschreibbaren Komponenten von Haltungen und Bewegungen des Körpers sowie mental-emotionalen Einstellungen. Wir werden weiter unten (Kap. 10.4) darauf zurückkommen.

6.3 Vertragsverhandlungen

Sind Feedback geübt und gegeben, sind Fremd- und Selbstbilder ausgetauscht, die Grundüberzeugungen zum Leben hin erkannt und verstanden, Abgrenzungen mit klaren Jas und Neins trainiert, können mit der Vertragsverhandlung die bisherigen Schritte aufeinander zu praktisch konkretisiert werden.

Wieder im Stil des freien Marktplatzes gehen die Teammitglieder durch den Raum, suchen sich einen Vertragspartner und schließen mit ihm oder ihr folgenden Vertrag ab:

Vertragsvereinbarung

zwischen_____und_____

1. Es wird mir helfen, meine Effektivität (oder je nach Wahl: meine Zufriedenheit, Innovationsbereitschaft, Kreativität etc.) zu erhöhen, wenn Sie folgendes mehr oder besser machen:

2. Es wird mir helfen, meine Effektivität (s.o.) zu steigern, wenn Sie folgendes weniger oder nicht mehr tun:

3. Folgendes bitte ich Sie beizubehalten, da es meine Effektivität (s.o.) unterstützt:

4. Dafür bin ich bereit, folgendes zu geben:

Datum und Unterschrift beider VertragspartnerInnen

Dieser „Marktplatz" wird solange durchgeführt, bis alle wichtigen Verträge abgeschlossen sind. Diese werden dann (auf freiwilliger Basis) öffentlich bekanntgegeben, um ihnen durch Zeugenschaft der übrigen Teammitglieder ein noch größeres Gewicht zu verleihen.

Sie können auch im Büro ausgehängt und vom Team nach einer vereinbarten Zeit überprüft werden.

Diese Vertragsvereinbarungen sorgen in der Regel für eine gute Aufbruchstimmung:
- „Wir haben was geschafft."
- „Wir wollen uns einigen, aufeinander zugehen."
- „So halsstarrig ist Frau N. gar nicht."
- „Zusammenarbeit scheint jetzt wieder möglich."
- „Das ist doch was wirklich Handfestes."

7. Gefühle zeigen die Richtung

Wenn der Lernprozeß bis hierhin vorangeschritten ist, haben wir ein Fundament für die Arbeit mit tieferen Emotionen gelegt.

Auch wenn es nicht bewußt angesteuert wird, kommt durch die Beschäftigung mit sich selbst irgendwann die Bereitschaft und der Wunsch, seine wirklichen Gefühle zu spüren und vielleicht sogar zu zeigen.

Je nach Gruppenklima richtet sich die Aufmerksamkeit zuerst auf „negative" oder auf „positive" Gefühlsbereiche. Sehr bald sollte der Trainer klarmachen, daß es keinen Unterschied zwischen guten und schlechten Gefühlen gibt, und daß alle Gefühle wesentliche Ausdrucks- und Orientierungsformen von uns als lebendigen Organismen sind. Wir sind als Partner, als Mitarbeiter oder auch nur als „Arbeitskraft" immer ganzheitliche Wesen, deren grundlegende Stütze und Seinsform unser Körper, unser Organismus und damit unsere Gefühle sind.

Gefühle steuern ständig Handlungsimpulse bei der Arbeit. Sie geben unseren Gedanken und Ideen energetische Stütze und Ausrichtung. Werden diese Orientierungs- und Ausdrucksfunktionen des Organismus zu lange unterdrückt, wenden sich die nicht-gelebten Gefühle nach innen und werden destruktiv.

Zur Psychohygiene gehört deswegen regelmäßige Gefühlsreinigung (wie auf unserer CD EMOTION empfohlen und angeleitet), ebenso Gedanken- und Projektionsreinigung. Unsere Gefühle entstehen als organismische Reaktionen auf die Außen- und Innenwelt. Es sind zunächst körperliche Empfindungsreaktionen. Erst jedoch die Gedanken (d.h. die inhaltliche Bewertung), die wir uns über diese Empfindungen machen, bestimmen die spezifische Qualität und Wirkungsrichtung der Gefühle. Umgekehrt besitzen auch Gefühle eine gedankenerzeugende Kraft. Wir werden im Kapitel 14 (Integrales Denken) auf das Verhältnis von Gedanken und Gefühlen zurückkommen.

Ein Teamtrainer, eine Führungskraft und jeder Mitarbeiter sollte befugt und in der Lage sein, seine eigenen Gefühle zu zeigen und auch für den Ausdruck von Gefühlen anderer zu werben.

An dieser Stelle des Prozesses bewährt es sich, daß langsam ein Netz des Vertrauens in der Arbeitsgruppe aufgebaut wurde.

Der Trainer ermutigt zum Gefühlsausdruck, indem er kleine und kleinste Anzeichen von Gefühlen und deren Unterdrückung wahrnimmt, den auf anderer Ebene (z.B. Sachdiskussion) ablaufenden Prozeß unterbricht, auf die Gefühle hinweist, sie benennt und Raum für ihren Ausdruck schafft.

Weitere Mittel, den Ausdruck von Gefühlen herauszufordern, sind:
- den Gefühlsausdruck schützen, indem z.B. Ablenkungen von anderen unterbunden werden;
- Gespräch über Bedeutung und Theorie der Emotionen;
- Grundgefühle und Ersatzgefühle herausarbeiten;
- Experimente mit Kontakt vorschlagen;
- Sätze oder Bewegungen wiederholen lassen, bis sich die Gefühlsqualität dazu einstellt;
- den Ausdruck vergangener Ereignisse und die Klärung von Beziehungen ins Hier-und-Jetzt holen;
- Wie-Fragen stellen („Wie erleben Sie das?"), wenig Warum-Fragen;
- versöhnliche Deutungen („Ich verstehe bei deiner Situation gut, daß du ..." – „Es ist menschlich, wenn du/Sie ...");
- Eigene Gefühle zeigen.

Psychologen gehen in der Regel von einigen Grundgefühlen (Angst, Wut, Trauer, Freude) aus, die in allen Kulturen der Menschheit vorkommen und einen deutlich unterscheidbaren Gesichts- und Gesamtkörperausdruck haben. Ihr Ausdruck und ihre Entfaltung sind für einen befriedigenden Kontaktprozeß sowie für die emotionale und körperliche Gesundheit von großer Bedeutung.

Alle Gefühle lassen sich in Begriffen von Bewegung beschreiben. Die Grundbewegung (Motio) ist dabei entweder auf etwas oder jemanden hin gerichtet oder davon weg. Grundgefühle erlauben eine Grundorientierung des Organismus, was gut oder nahrhaft, schädlich oder bedrohlich für mich (oder meinen Nächsten, z.B. ein Kind oder den Partner) ist.

Es gibt die **Gefühle der Hinbewegung**:
➤ Freude, stärker dann als Lachen,
➤ Ärger, stärker dann als Wut,
➤ Lust,
➤ Mitgefühl;

die **Gefühle der Wegbewegung**:
➤ Angst,
➤ Ekel,
➤ Haß;

Ferner der Ausdruck der **nicht möglichen Hinbewegung**:
➤ Trauer;

des **Selbstschutzes**:
➤ Scham;

und der **erfüllten Hinbewegung**:
➤ Dankbarkeit,
➤ Demut,
➤ Seligkeit.

Jedes Gefühl hat seine ihm eigene Erregungskurve und tendiert dazu, diesen Ausdrucksprozeß vollständig bis zum Kontaktvollzug zu durchlaufen. Wird der Gefühlsausdruck vorher unterbrochen, entstehen Spannungen, die sich verfestigen und verselbständigen können. Dieser unerledigte Ausdruck kann weitere Kontakte behindern und langfristig zu Krankheit und Isolation führen.

Die vollständige Erregungskurve der Gefühle wird **Zyklus der organismischen Selbstregulation** (Fritz Perls) genannt.

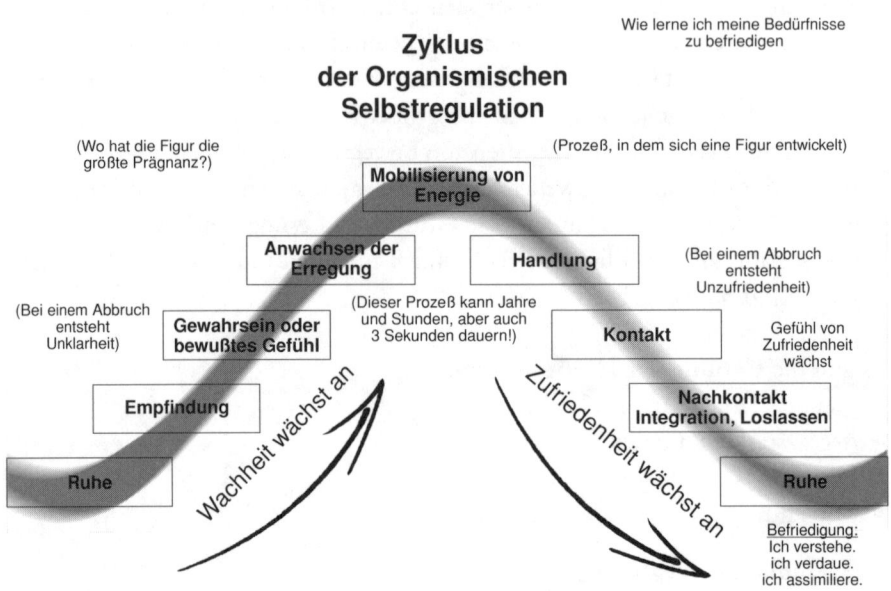

Diese Landkarte hilft, bei der Begleitung von Gefühlen zu erkennen, an welcher Stelle mein Gegenüber in seinem Gefühlsprozeß ist und was sein nächster Schritt sein könnte. Werden einzelne Schritte übersprungen, kann es nicht zu einem vollen Gefühlsausdruck und damit zur Zufriedenheit kommen. Dies ist auch ein Grund, warum es nicht sinnvoll ist, mit den in Kapitel 13 beschriebenen Übungen zu beginnen, da sie ohne gute Vorbereitung nicht zu den erwünschten Ergebnissen führen und flach werden.

Die Landkarte der Gefühle kann verfeinert werden, indem wir unterscheiden, welche Gefühle in welcher Situation nützen oder schaden können.

So nützt **Ärger oder Wut** z.B., um die Selbstachtung zu schützen. Wut kann Selbstsicherheit stützen und zu entschlossenem Handeln motivieren. Andererseits kann zu häufig und zu lange geäußerter oder festgehaltener Ärger zu Entfremdung führen, Vorurteile aufbauen und das In-Frage-stellen der eigenen Positionen behindern.

Bei der **Angst** ist gesteigerte Wachsamkeit verbunden mit Vorsicht und Umsicht, und bei mittlerer und geringer Angst ist Leistungssteigerung als nützlich zu nennen.

Schädlich ist Angst, wenn sie Gedanken und Handlungen lähmt, zu starke Anspannung erzeugt und somit komplexes Denken und Kreativität einschränkt. Angst kann Streß und Panik (als Angst vor der Angst) erzeugen und die Fähigkeit verringern, realistische von unrealistischen Bedrohungen zu unterscheiden.

Traurigkeit ist, solange sie im Fluß ist, positiv. Wir spüren uns und unseren Körper, die Schleusen öffnen sich, Wunden können heilen, Altes wird gewürdigt und losgelassen, und wir schöpfen Kraft für einen Neubeginn.

Erst wenn Traurigkeit ständig festgehalten wird und deshalb in Depression umschlägt, wird sie negativ. Wir hindern uns an realistischem und effektivem Handeln, und unser Immunsystem, unsere Sexualität und unsere Kreativität werden beeinträchtigt.

Selbst **Freude** kann problematisch sein: Wir werden unvorsichtiger, neigen im Zustand der Freude eher zu Projektionen und Ungenauigkeiten bis hin zur Euphorie. Freude kann unrealistische Erwartungen und unkluge Risikobereitschaft erzeugen.

Und schon ein kleines inneres oder äußeres Lächeln kann Freude erzeugen und Kontakt herstellen. **Freude** fördert unsere Beziehungen zu den Mitmenschen, weil sie positive Gefühle im anderen erzeugt und die Menschen von Freude angezogen werden. Freude fördert Abenteuerlust und Bereitschaft zur Erschließung neuer innerer und äußerer Kontinente (Seymour Epstein).

Die Landkarte der Gefühle wird schrittweise differenzierter: Wir arbeiten in unseren Seminaren auch den Unterschied zwischen **Grund-** und **Ersatzgefühlen** heraus. Ersatzgefühle sind Ausdrucksventile für Menschen, denen wirkliche Gefühle nicht erlaubt oder durch Mangel an Erfahrung nicht möglich sind.

Die Teilnehmer finden aufgrund ihrer eigenen Erfahrungen zu den Ersatzgefühlen die zugrundeliegenden Gefühle, die nicht ausgedrückt werden konnten oder durften. – Welche Grundgefühle stehen hinter:
➤ Neid
➤ Verzweiflung
➤ Angeberei
➤ Ironie
➤ Arroganz
➤ Schuldgefühlen
➤ Süchten
➤ Eifersucht
➤ Bewunderung

- Enttäuschung
- Haß
- Machthunger
- Stolz
- Überheblichkeit
- Pessimismus
- sich klein fühlen
- Coolness
- Ehrgeiz
- andere lächerlich machen
- psychosomatischen Reaktionen?

Das Gespräch über diese Landkarte der Gefühle eröffnet gute Möglichkeiten, Teamstrukturen, typische Kommunikationsverläufe und auch Situationen aus der Gesamtorganisation und dem Privatleben besser zu verstehen.

Da authentischer Ausdruck von Gefühlen für unsere Gesundheit so wichtig ist, ist die Kernfrage: Können meine echten Gefühle in diesem Team, in diesen Arbeitszusammenhängen leben, kann ich sie ausdrücken und werden sie so erwidert, daß ich sie entfalten kann?

Zur Förderung des Gefühlsausdrucks haben sich zahlreiche Übungen bewährt. Zuerst sind Übungen zum Themenbereich **„Kraft schöpfen"** zu empfehlen. Hierzu gehören alle Entspannungsmethoden, Imaginationen von Kraft im Körper, bestimmte langsame Atemtechniken und aktivierende Körperhaltungen.

> So z.B. die *Energiepumpe*. Dabei werden beide Arme in Schulterhöhe nach vorn gerichtet. Eine Handfläche zeigt nach oben, eine nach unten. Jetzt wird in langsamem Rhythmus jeweils die Faust geschlossen und geöffnet, danach die Richtung der Handflächen gewechselt. Nach einigen Minuten fühlt man sich wach und energiegeladen.

> Der **Expansionskreis** dient zum Wachmachen und um Kontakt herzustellen und Gefühle einzuladen:
>
> Die Teilnehmer stehen im Kreis, fassen sich gegenseitig an den Handgelenken und lassen die Arme entspannt hängen. Das Thema Halten und Gehaltenwerden wird eingeführt und Zeit für Entspannung gegeben. Nach einiger Zeit werden die Teilnehmer gebeten, einen kleinen Schritt zurückzutreten. Zeit zum Spüren.
>
> Die Schritte zurück werden immer kleiner, erfolgen nur noch zentimeterweise, bis eine zuerst angenehme Spannung in den Armen und dann auch im Brustraum entsteht. Die feine Verbindung von Loslassen und Spannung, leichtem Schmerz und Öffnung, Dehnung in der Atmung und Halten der Kreisenergie wird langsam gesteigert.
>
> Nach einiger Zeit können durch die Dehnung im Brustbereich alte Festhaltemuster aktiviert werden und es kann zu Gefühlen kommen, die dann erlaubt, ja sogar eingeladen und unterstützt werden. Freude, Trauer, Ärger können hochkommen und werden im Schutz des Kreises ausgedrückt.
>
> Wenn die Spannung dann unendlich langsam wieder gelöst wird, entsteht meist ein feines Schwingen der Energie in den Körpern, angenehme Empfindungen und Gefühle kommen hoch und dürfen ausgedrückt werden.

Je nach Gruppenentwicklung kann diese Übung vorsichtig oder sehr intensiv durchgeführt werden. Sie verlangt eine hohe Wachsamkeit der Trainer bezüglich der Grenzen und Möglichkeiten der Teilnehmer. Anschließende Aufarbeitung der Prozesse kann nötig werden, zumindest sollten die Erfahrungen in Partnergesprächen ausgetauscht werden.

Weitere Übungen, die den Gefühlsprozeß aktivieren, sind:

> **Zeichnen der beruflichen Entwicklungslinie oder der Lebenslinie**
> Die Teilnehmer zeichnen auf ein großes Blatt Papier ohne abzusetzen von links nach rechts eine Linie, die ihre berufliche Entwicklung oder ihr Leben überhaupt repräsentiert. An einem Punkt der Kurve markieren sie den Zeitpunkt Jetzt, links davon befindet sich das bisherige Leben, rechts davon das zukünftige, erwartete Leben in seiner Kurvenentwicklung.

An den Bögen, Tälern, Spitzen und Plateaus lassen sich dann Gefühle, Enttäuschungen, Knicke, Erfolge, Chancen und Visionen ablesen und besprechen. Da bei dieser Aufgabe tiefe Gefühle aufkommen können, müssen die Trainer über eine gute emotionale Stabilität verfügen, um den Prozeß unterstützen zu können.

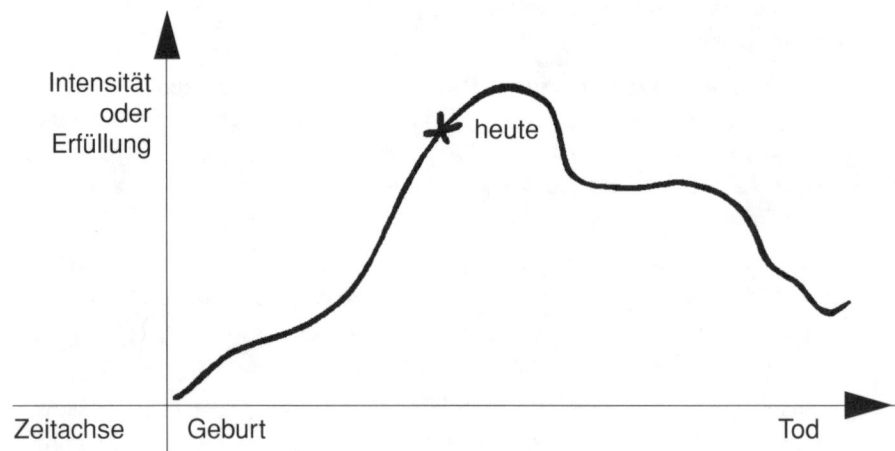

Autobiographie in sieben Sätzen

Eine ähnliche Thematik wird durch die Aufgabe angesprochen, das eigene Leben in nicht mehr als sieben Sätzen zusammenzufasssen, d.h. die wesentlichen Themen und Linien des eigenen Lebens in kurze prägnante Worte zu fassen.

Hören auf die eigene Stimme

Das bewußte Hören auf den Klang der eigenen Stimme über die Ohren und über den Körperinnenraum führt vom **Was** des Gesprochenen weg und hin zum **Wie**. Die Schwingungen, die Hoch- und Tieflagen werden (vielleicht zum ersten Mal) bewußt wahrgenommen, die Atmosphäre des eigenen Stimmausdrucks wird gespürt, die Stimme lockert sich hörbar. Wenn diese Übung sensibel angeleitet ist, kann sie zu einem tiefen Selbstempfinden führen, das die gesamte Gefühlspalette (von Abwehr über Angst und Ärger zu Trauer und Selbstannahme) durchlaufen kann.

Dialog mit den eigenen Stärken und Schwächen

Die eigenen Stärken und Schwächen werden auf verschiedene Stühle im Raum gesetzt. Zuerst spricht die Person mit den Eigenschaften und hört die jeweiligen Antworten. Später unterhalten sich die Stärken und Schwächen untereinander und die Person hört zu, was ihre Anteile sich zu sagen haben. Nach anfänglichem Kampf der Eigenschaften führt dieses Gespräch oftmals zu einem Verstehen der bisher widerstreitenden Aspekte der Person, führt zu einer Integration und Versöhnung mit den Polaritäten der Persönlichkeit.

Benennen der Versäumnisse/Wunden im eigenen Leben

Die Teilnehmer schreiben ohne zu werten alle Versäumnisse oder Wunden ihres Lebens auf, die ihnen einfallen. Sie werden angehalten, alles aufzuschreiben, auch wenn sie glauben, daß es vielleicht nicht wichtig oder vergangen ist. Die Listen werden später einer vertrauten Person in der Gruppe vorgelesen, die nichts anderes tut, als ruhig und verständnisvoll zuzuhören.

Nach einer Phase des Schmerzes und der Trauer erfahren die Teilnehmer durch das Mitteilen oftmals einen Zustand von Versöhnung und Einverstandensein. Dies aktiviert ihre Lebensfreude und Vitalität.

Die Geschichte meines Namens, was sagt er mir?

Die Teilnehmer erzählen, wo ihr Name herkommt, wie sie ihn in verschiedenen Lebensphasen empfunden haben, was er ihnen bedeutet und wie sie heute zu ihm stehen.

Die eigenen Kontaktstrategien erkennen

Zuerst werden die wesentlichen Kontaktunterbrechungen (Projektion, Introjektion, Retroflektion, Konfluenz) erklärt und an Beispielen erläutert (siehe von Bialy 1998). In Dialogübungen wird durch Feedback der Trainer die bei einzelnen Personen vorherrschende Kontaktunterbrechung herausgearbeitet und bewußt gemacht. Es werden berufliche und/oder private Beispielsituationen gefunden, in denen ähnliches Verhalten auftritt.

Ich schätze an mir

Die Teilnehmer werden aufgefordert, in einer Kleingruppe über ihre positiven Eigenschaften und Verhaltensweisen zu sprechen. Die Sätze beginnen jeweils mit: „Ich schätze an mir ..." Das Feedback der Zuhörer ergänzt das Selbstbild durch die Wahrnehmung der Außenwelt.

Du hast, was ich möchte

Bei dieser Übung werden die positiven Eigenschaften der Teammitglieder, die man gern selbst hätte, genannt.

Schieben oder Tauziehen

Durch körperliches Ausagieren von Abstoßung oder Konkurrenz (individuelle oder Gruppenkonkurrenz) können diese Gefühle lebendig und bewußt gemacht werden.

Collagen zu existentiellen Themen

Die thematische Vielfalt von existentiellen Themen (wie z.B. Leistung, Konkurrenz, Angst, Führung, Macht, Unterordnung, Solidarität, Privatleben) kann durch die Erstellung von Collagen deutlich werden. Aus Stapeln von Illustrierten, Zeitungen und Firmenprospekten werden Ausrisse oder Ausschnitte individuell oder in Teamarbeit zu einem thematischen Panorama zusammengestellt. Die Besprechung der Werke ermöglicht eine hilfreiche Unterstützung des Komplexitätsbewußtseins bezogen auf ein Thema.

Hier und Jetzt

Gedankenprozesse, Planungen und Erinnern sind die Hauptaktivitäten im alltäglichen Leben. Dadurch befinden wir uns meist in der Zukunft oder in der Vergangenheit, nicht jedoch in der Gegenwart. Dies raubt uns viel Energie, die im Hier-und-Jetzt-Erleben aktualisiert werden kann. Durch gezieltes und konsequentes Fragen: „Was ist jetzt?" werden den Teilnehmern in Partnerübungen Hier-und-Jetzt-Erfahrungen ermöglicht, und sie erleben, welche Steigerung von Energie und Wachheit im Jetzt möglich ist.

Weitere Gefühls- und Energetisierungsübungen sind in meinem Buch **„Rituale alltäglichen Glücks"** geschildert.

Wenn Sie sich nun am Ende dieses Kapitels die Frage stellen: **„Was bedeutet für mich Glück?"** – wie möchten Sie dann das nachfolgende Mind Map vervollständigen?

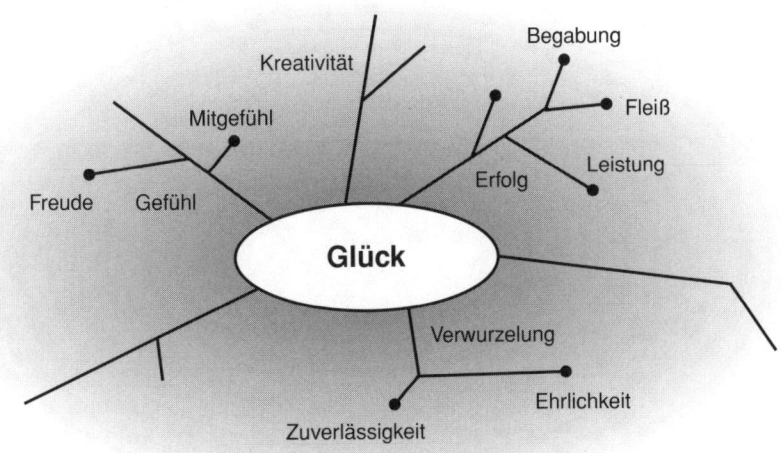

8. Visionsarbeit

Was macht ein Unternehmen erfolgreich? Untersuchungen (Kienbaum-Studie in: Berth 1990) zum Thema Unternehmensgewinne zeigen, daß der Erfolg eines Unternehmens im wesentlichen von folgenden Faktoren abhängt:
1. von der Effizienz der Zusammenarbeit der Mitarbeiter und Teams und der Qualität der sozialen und gruppendynamischen Prozesse (ergänzendes Aufeinander-zu-gehen);
2. vom Ausprägungsgrad der Vertrauenskultur bzw. wie sozial die Unternehmenskultur ist (Vertrauensorganisation mit wenig Kontrolle);
3. ob eine sinnstiftende Vision (Ethik) im Unternehmen besteht, die die Bedürfnisse aller MitarbeiterInnen widerspiegelt (gemeinsame Vision).

Neue Investmentfonds berücksichtigen genau diese Kriterien bei ihren Investmententscheidungen (z.B. Care Invest, siehe Anhang).

Bei Untersuchungen wurde herausgearbeitet, daß erfolgreiche Manager zwar sehr unterschiedliche Wege zur Entwicklung von Intuition gingen, in einem Merkmal aber übereinstimmten: der Fähigkeit, sich die Zukunft vorzustellen und sich verschiedene attraktive Szenarien auszumalen. Diese visionäre Fähigkeit ist für Führungskräfte unverzichtbar. Diese Erkenntnis wird ergänzt durch Untersuchungsergebnisse von Peters und Waterman, wonach sich die Grundwerte eines Unternehmens viel stärker auf dessen Leistungsfähigkeit auswirken als technische oder ökonomische Ressourcen.

Daß Übereinstimmung in den Grundwerten auch Voraussetzung für erfolgreiche, glückliche Liebesbeziehungen ist, habe ich in meinem Buch **„Rituale alltäglichen Glücks"** ausgeführt.

Die Arbeit an Werten und Visionen ist also unverzichtbarer Bestandteil jedes psycho-sozialen Wachstumsprozesses. In der Visionsarbeit können wir auf verschiedenen Tiefungsebenen arbeiten, die je nach Situation gewählt werden können:

1. Einfache Zielvorstellungen oder Wunschbild:
In Kleingruppen üben die Teammitglieder im Brainstorming, der Phantasie freien Lauf zu lassen. In entspannter Haltung werden die Teilnehmer eingeladen, den inneren Zensor nach Hause zu schicken, alle kritischen Gedanken über sich und ihre Visionen auf später zu vertagen und den Ideen allen Raum zu geben, den sie benötigen, um frei fließen zu können.

> Wir stellen die **Frage**: Wie wünschen Sie sich Ihr Team oder Ihr Unternehmen (oder Ihr Privatleben) in den nächsten Wochen, in den nächsten Monaten und in fünf oder zehn Jahren? Erlauben Sie sich eine Vision, wie Sie erfolgreich und zufrieden eine sinnerfüllte Tätigkeit in Zusammenarbeit mit Ihrem Team gestalten und genießen können …

Ziele, Wünsche und gelingende Situationen werden vorgestellt, gesammelt und gemeinsam ausgetauscht. Es können Kategorien angeboten werden wie z.B.:
- Produkte
- Qualität
- Absatz
- Vertriebsregionen
- Zielgruppe(n)
- Kommunikation innerbetrieblich
- Vernetzung mit anderen Organisationen
- Erfüllung, Sinn.

Im Austausch werden die Wunschbilder ausgeschmückt, gewichtet und für eine Präsentation optisch ansprechend mit Bildern und Symbolen am Flip dargestellt.

2. Tiefere Visionen:
Aufgrund angeleiteter Phantasiereisen mit Musikunterstützung werden tiefere Wünsche, weitreichendere Innovationsvisionen imaginiert. Es kann eine leise Musik im Hintergrund gespielt werden. Interessant ist hierbei die Erfahrung, daß bei unterschiedlichen Musiken auch die Qualitäten der Gedanken und Assoziationen sich ändern. Diesen Qualitätenwechsel steuern wir manchmal bewußt an, um das Spektrum der Ideen zu erhöhen. Angenehme Musik wechselt mit unangenehmer, dunkle mit heller. Harmonie und Konflikt werden in der Musik ebenso angeregt wie weite Landschaften und tiefe Erkenntnisdimensionen. Auch leichte, ja seichte Musik ist während der Imagination zu empfehlen, wenn sie im Wechsel mit gehaltvollen Klängen angeboten wird.

Nach der Sammelphase werden die Ideen gemeinsam auf ihre Realisierbarkeit hin überprüft und dann zu einem komplexen Zukunftsszenario zusammengefaßt.

Bei der Präsentation sollte darauf geachtet werden, daß die vortragende Kleingruppe mit Anschaulichkeit, Freude und Begeisterung die Zuhörer motiviert, erste Schritte in diese Richtung zu überlegen und, wenn möglich, sogar schon in Angriff zu nehmen. Verträge oder Wetten unter den Teammitgliedern können geschlossen werden, das Gesamtteam kann ein großes gemeinsames Bild malen etc.

3. Den bisherigen Horizont übersteigende Visionen:

Besonders tiefe und weitreichende, aber auch in ihrer Konkretheit und Operationalisiertheit beeindruckende Visionen können mit der im Kapitel 13 beschriebenen Atem- und Trancearbeit erreicht werden.

Wirksame Visionen sollten folgende Kriterien (vgl. Mann 1990, 34) erfüllen:
- Sie sind vom Gesamtteam entwickelt.
- Visionen sollen auch Gefühle beinhalten und die Kommunikation untereinander beschreiben.
- Sie haben eine Win-Win-Strategie (alle sind Gewinner) zur Grundlage.
- Sie werden in der Gegenwart und aktiv formuliert. Damit erhalten sie eine energetische Sogkraft.
- Sie gehen an die Grenzen des Möglichen und sorgen damit für eine kreative Spannung.
- Sie sind zugleich realistisch, d.h. zu verwirklichen.

Präsentationen der Visionen durch Kleingruppen weisen meist zwei Richtungen auf: Es ist einerseits amüsant und für den Gruppenzusammenhalt belebend und unterstützend, die Visionen auszutauschen, von den anderen zu hören und sich dadurch besser in den jeweiligen Arbeitsmotivationen kennenzulernen.

Andererseits merken die Teammitglieder, daß sie schon bei einfachen Visionen, z.B. für die Kommunikationsverbesserung, an ihre persönlichen Grenzen der Komplexitätsbewältigung stoßen.

Sie erkennen, daß sie mit den bisherigen Methoden der Krisenbewältigung hier nicht weiterkommen, daß sie mit ihren bisherigen Strategien zu langsam sind und immer notwendig zu spät kommen und daß deshalb außergewöhnliche Methoden gesucht werden müssen.

„Um zu außergewöhnlichen Ergebnissen zu kommen, bedarf es außergewöhnlicher Methoden." Dieser Merksatz leitet über zu einer neuen Phase des Komplexitätslernens und in der Teamentwicklung.

9. Verstehensgrundlagen von Komplexität

> „Komplexe Fähigkeiten werden
> durch komplexe Tätigkeiten
> erworben." – *Dudley Lynch*

Das Unbekannte riskieren.

Die Begegnung mit einem Kunden beginnt notwendig in der Ungewißheit: Wen treffe ich da? Was ist das für ein Mensch oder ein Team? Wie wird der Kontakt gelingen, welche konkreten Kontaktprozesse laufen im Team oder mit dem Auftraggeber ab?

Schon mit diesen Fragen beginnt die Diagnose, das offene Wahrnehmen der Ressourcen der Organisation im konkreten Prozeß.

Der Trainer oder Coach ist dabei sein eigenes „Meßinstrument". Die Geschultheit seiner Wahrnehmung – getragen von jahrelanger Erfahrung – nimmt die feinen Nuancen wahr, die Aufschluß darüber geben, wo die eigentlichen Probleme versteckt sein könnten, wo die Haupthindernisse liegen und welche Strategien bisher zu einem mangelnden Erfolg geführt haben.

Das Unbekannte riskieren heißt dabei, für einige Zeit das Risiko einzugehen und die Spannung auszuhalten, noch nicht zu wissen, noch nicht den Überblick zu haben, sondern geduldig zu schauen, bis die Wahrnehmung deutlich und klar wird.

Wie der Delphin verschiedene Frequenzen aussendet, um auf mehreren Wellenlängenbereichen das Wasser nach Beute abzutasten, so läßt der effektive Coach sich anfangs auf verschiedene Wahrnehmungsbereiche und Hypothesen ein, um das Thema zielsicher einkreisen zu können.

Nimmt der Berater zu schnell die Fragen und Hypothesen des Auftraggebers oder anderer Beteiligter in der Organisation als die relevanten auf, können beide sich in den alten, wenig effektiven Kreislauf des schon Bekannten verfangen, mit dem Ergebnis einer wirkungslosen Strategie des „Mehr-von-demselben", die dann erneut zu Enttäuschung und Verlusten führt.

Ein effektiver Prozeßbegleiter muß über ein großes Methodeninventar verfügen, das er jederzeit situationsadäquat einsetzen kann **und**: Er muß gleichzeitig bereit sein, auf jegliche Methoden zu verzichten, damit er das tun kann, was genau jetzt notwendig ist, d.h. die Not wendet. Die Methodik orientiert sich am Prozeß, nicht der Prozeß an der Methodik.

Die entscheidende Fähigkeit in Richtung auf neue Lösungen ist, Spannung auszuhalten. Diese kreative Spannung bereitet einen Durchbruch vor, schafft die Möglichkeit, das System der Organisation auf ein höheres Energie- und Komplexitätsniveau zu führen. Ohne Spannung und damit Energiezufuhr ist erfolgreicher Umgang mit Komplexität nicht möglich.

9.1 Was ist Komplexität?

Ein wesentliches Merkmal von Komplexität ist, daß wir sie nicht im üblichen Sinne managen können. Wir stehen nicht außerhalb des Prozesses, sondern befinden uns statt dessen inmitten des Gesamtsystems und sind zugleich ein Teil von ihm. Wir erfahren, daß wir die komplexe Situation nicht mehr „beherrschen", wir können nicht jede Problemlösung in der Praxis durchsetzen. Wir erleben eine Situation aus jeder Perspektive anders und neu, und keine Blickrichtung ist die allein gültige. Wir wissen nicht, wie die Entwicklung weitergeht, wir ahnen nur, daß sie sich in immer komplexeren Dimensionen entfalten wird.

Was aber ist es, das eine Situation, ein System, sei es technisch, ökonomisch, sozial oder psychisch oder gar alles zusammen, komplex erscheinen läßt? Wann empfinden wir eine bestimmte Situation als komplex? Die umfangreiche Literatur zur Komplexität beschreibt zur Zeit mindestens 30 ernstzunehmende Definitionsansätze. Daraus extrahiert ergeben sich nach Reither (1997) sechs wesentliche Merkmale:

1. Die Unüberschaubarkeit
Eine Situation oder ein System enthält mehr Aspekte als die **Informationsverarbeitungskapazität** des Handelnden fassen kann. Diese kann individuell unterschiedlich sein. So kann ein Experte für einen bestimmten Bereich deutlich mehr Aspekte erfassen als ein Laie. Irgendwann wird die Situation jedoch auch für den

Experten zu komplex. Im Sinne unserer Definition heißt dies: Komplex sind Situationen dann, wenn alleiniges Expertentum nicht ausreicht, um sie zu beherrschen.

2. Vernetztheit

Vernetztheit bedeutet, daß einzelne Aspekte einer Situation auf vielfältige Weise miteinander zusammenhängen, interdependent sind. Sie werden jeweils von vielen anderen beeinflußt und beeinflussen sich wiederum untereinander entweder in Ketten, Wirkungsnetzen oder Regelkreisen. Wenn wir uns ein überdimensional großes Schachbrett vorstellen, bei dem alle Figuren mit elastischen Bändern miteinander verbunden sind, bekommen wir eine Ahnung, wie komplex Vernetzungssysteme sein können.

3. Eigendynamik

Auch ohne anstoßende oder steuernde Eingriffe von außen entwickeln sich die Dinge selbständig. Deswegen führt die Dynamik von Komplexität oft dazu, daß Entscheidungen und Handlungen unter einem gewissen Zeitdruck stattfinden. Da Planungen sich auch auf die Zukunft beziehen müssen, können wir bisherige Handlungskonzepte nur beschränkt verwerten. Sie mögen sich in der Vergangenheit bewährt haben, für die Zukunft ist dies jedoch nicht garantiert.

4. Undurchsichtigkeit

Die Kenntnis der einzelnen Wirkfaktoren einer Situation ist oftmals nur unscharf. Häufig stehen für Entscheidungen wichtige Daten nur unvollständig zur Verfügung. Wir müssen oftmals Situationen beurteilen, ohne alle Aspekte der dahinterliegenden Wirklichkeit zu erfassen.

5. Wahrscheinlichkeitsabhängigkeit

Alle beobachtbaren Regelmäßigkeiten unterliegen einer sich verändernden Wahrscheinlichkeit. Es gibt keine direkten Ursachen- und Wirkungszusammenhänge im Sinne von Kausalität. Prognosen treffen selten ganz exakt zu.

6. Instabilität

Bereits geringe Veränderungen in einem System können große Wirkungen nach sich ziehen. Ein einzelner Tropfen kann das Faß zum Überlaufen bringen, wie z.B. in einer Gesprächsrunde, die lange Zeit relativ friedlich verlief, ein einziges Wort zu einer allgemeinen Eskalation führen kann (Reither 1997).

Es gibt also weder Ursache-Wirkungsrelationen, noch ist der Zeitpunkt des Eintreffens einer Wirkung direkt vorhersehbar. Komplexe Systeme sind außerordentlich empfindlich gegenüber kleinen Unterschieden am Anfang, die zu großen Unterschieden in der Gesamtentwicklung führen können. Schließlich sind komplexe Systeme sehr sensibel gegenüber Rückwirkungen aus der Umwelt, die von eigenen Impulsen in die Umwelt zurückkommen.

In komplexen Systemen können nicht nur geringe Wirkungen zu großen Veränderungen führen, sondern sie können auch umgekehrt trotz großer Einflüsse mit minimalen Veränderungen reagieren (Stabilität). Auch diese dynamische Anpassungsfähigkeit, die nicht unbedingt Starrheit ist, brauchen Menschen und Organisationen.

Die Erfahrung von Komplexität bestimmt in unserer Gesellschaft zunehmend unser Lebensgefühl. Wir erleben fast überall Komplexitätsspiralen, die durch unsere Strategie des **Mehr-von-demselben** in Gang gehalten werden. Wir können verschiedene Komplexitätsspiralen unterscheiden:

1. Die Beschleunigungsspirale

Die Informationsmenge, die wir verarbeiten müssen, nimmt ständig zu. Solange wir Informationen linear verarbeiten, erleben wir eine zunehmende Zeitverknappung. Dies setzt uns unter Druck, immer mehr in die knappere Zeit zu packen, wodurch diese noch knapper wird.

2. Die Vernetzungsspirale

Unsere gesamte Welt vernetzt sich immer enger. Wir denken immer vernetzter, handeln immer vernetzter und schaffen immer größere und komplexere vernetzte Strukturen auf lokaler bis internationaler Ebene.

3. Die Ausdifferenzierungsspirale

Die stets noch wachsende riesige Menge an Medien und Möglichkeiten produziert einen Zwang zur Entscheidung und Auswahl. Die Moden und Meinungen wechseln rascher; um überhaupt noch bemerkt zu werden, werden Worte wie Einzigartigkeit und Regionalität als Begriffe gegen die allgemeine Globalisierung formuliert.

4. Die Offenheitsspirale

Die altbekannten zentralistischen Methoden, um mit Komplexität umzugehen, erweisen sich als nicht praktikabel. Statt dessen beobachten wir zunehmend funktionierende Selbststeuerungsprozesse, in denen sich relativ kleine, autonome Einheiten auf unterer Ebene lose vernetzen. Diese Vernetzungsprozesse sind nicht zentral steuer- und beherrschbar. Sie entziehen sich den vorgegebenen Grenzziehungen zwischen Oben und Unten, Innen und Außen. Dies gilt für wirtschaftliche Unternehmungen ebenso wie für den Bereich Politik (Ahlemeier, Königswieser 1998).

Fassen wir zusammen:
- Der Begriff Komplexität ist relativ in bezug auf einen Beobachter. Komplex ist, was für eine spezielle Person oder Gruppe als komplex erlebt wird.
- Die Elemente einer komplexen Situation sind untereinander mit Rückkopplung verbunden und beeinflussen sich in ihrer Eigendynamik wechselseitig.
- Komplexe Systeme durchlaufen einen Zyklus. Wenn weiterhin Energie zugeführt wird, kommen sie zunächst auf einer höheren Komplexitätsstufe zu einer relativ stabilen neuen Phase, bevor nach einer gewissen Zeit die Beschleunigung erneut einsetzt.
- Die Situationen sind intransparent und niemals völlig durchschau- und in ihrer Entwicklung vorhersehbar. Besonders schwierig ist es, wenn komplexe Strategien zum Teil widersprüchlichen Zielsetzungen folgen sollen, wie soziale Werte, wirtschaftlicher Gewinn, persönlicher Sinn und ökologische Verträglichkeit.

Allgemeine Offenheit von Systemen birgt jedoch nicht nur Unsicherheit, sondern auch **Gestaltungschancen** in sich. Wenn noch nicht festliegt, welche Auswirkungen bestimmte Entscheidungen haben, wird vieles möglich, was bisher scheinbar undenkbar war. Wir hatten noch niemals solche Entfaltungsmöglichkeiten im persönlichen Bereich, in Organisationen und in der Gesellschaft.

Die Autoren, die zum komplexen Verhalten Aussagen gemacht haben, sind sich uneins, welche Persönlichkeitsmerkmale und Eigenschaften Voraussetzung sind, um Komplexität zu bewältigen. „Weder lassen sich aus der Kreativität, dem Neurotizismus, der Rigidität, der Extraversion, dem Machiavellismus, der Selbstsicherheit, der Leistungsorientierung, den Kontrollüberzeugungen, der Emotionalität, der Motivation noch aus allen weiteren Merkmalen der etablierten Testinventare eindeutige Rückschlüsse auf die Leistungen im Umgang mit Komplexität ableiten. Wohlgemerkt, diese Aussage bezieht sich auf die genannten Merkmale, soweit sie mit den zur Verfügung stehenden Meßinstrumenten erfaßt werden" (Reither 1997, 104).

Ebenso ließen sich von Hirndominanztheorien ableitbare Zusammenhänge im Hinblick auf strategisches Vorgehen empirisch nicht bestätigen. Auch konnten aus dem Führungsstil keine relevanten vorhersagbaren Effekte abgeleitet werden. Viel eher scheint es darauf anzukommen, „daß die Führungskraft sich insgesamt stimmig zu sich selbst verhält, unabhängig von dem jeweils damit verbundenen Stil der Führung" (Reither 1997, 106).

Auch geschlechtsspezifische Unterschiede hinsichtlich der Fähigkeiten zum erfolgreichen Komplexitätsmanagement konnten empirisch nicht belegt werden. Die Schlußfolgerung, daß Persönlichkeitsmerkmale keinen Einfluß auf die Ergebnisqualität haben, ist jedoch falsch. Sie sind durchaus wirksam, allerdings für die Erklärung des Ganzen nicht ausreichend. Der Erfolg im Umgang mit Komplexität ergibt sich aus einem Zusammenspiel vieler Komponenten, eben auch schwer meßbarer Persönlichkeitsvariablen und der unten beschriebenen Tiefendimensionen (siehe Kap. 11 bis 14).

Es gibt einen Zusasammenhang zwischen wachsender Kompetenz und durchgeführten Handlungsprozessen. Machen wir Erfahrungen mit unbekannten Situationen, steigert das unsere Möglichkeit, neue Situationen vorzustrukturieren. Das meist resultierende Erfolgserlebnis erhöht über ein gestiegenes Selbstbewußtsein unsere Problemlösefähigkeit. Hierdurch wiederum wächst unsere Neigung, sich erneut mit neuen Situationen auseinanderzusetzen, damit wächst die Chance, neue Erfahrungen zu machen und der Kreislauf ist als selbststabilisierender und sich spiralisch unterstützender Lernprozeß installiert. Auch Reither (1997, 113f) stellt fest, daß mit der Bereitschaft, sich auf neue Dinge einzulassen, auch die Möglichkeit wächst, wirklich neue Erfahrungen zu machen. Dies wiederum erweitert die Erfahrungen im Umgang mit unbekannten Situationen und damit die allgemeine Problemlösefähigkeit (heuristische Kompetenz).

Schaut man die umfangreiche Literatur zum Komplexitätsmanagement durch, kann man feststellen, daß hauptsächlich die Methode der **Simulationsverfahren** zur Förderung von Komplexitätsbewußtsein eingesetzt wird. Das Training mit Simulationsverfahren und deren Komplexitätsmerkmalen soll die Wahrnehmung für komplexe Situationen und deren Anforderungen schärfen. Es soll auch die eigenen Stärken und Schwächen im Umgang mit ihnen verdeutlichen.

Es wird in diesem Zusammenhang großer Wert auf eine aktive Auseinandersetzung mit ökonomischen, organisatorischen, personellen und sicherheitstechnischen, aber auch sozialen, psychischen, politischen, ökologischen und kulturellen Aspekten gelegt (Reither 1997, 125). Peter Senge nennt dieses Vorgehen das Training mit **Mikrowelten**.

Die Teilnehmer müssen stets die Situationen neu strukturieren, indem sie, auf den Ergebnissen ihrer eigenen Entscheidungen aufbauend, die Situationen über einen längeren Zeitraum gleichsam im Zeitraffer steuern. Diese Prozesse werden zumeist von Computerprogrammen unterstützt.

Die Trainings sind oft in mehreren aufeinander aufbauenden Stufen organisiert. Zu Beginn werden strukturelle Informationen über die komplexen ökologisch-ökonomischen und technischen Zusammenhänge vermittelt. Die Teilnehmer werden für die Problematik vernetzter Systeme sensibilisiert. Im zweiten Schritt üben sie spezielle strategische Techniken, wie z.B. den Umgang mit **Nebenwirkungen** und zeitverzögerten Reaktionen.

Im dritten Schritt erfahren sie, wie Denk- und Handlungsmuster bei der Problembearbeitung in emotionale und motivationale Prozesse eingebettet und damit erfahrungsresistent sind und welche Vor- und Nachteile aus dieser Art der Stabilität resultieren.

Die Ergebnisse dieser Trainings werden als durchaus ermutigend beschrieben, und es wird konstatiert, daß diese Simulationsstrategien nur einen möglichen Zugang von mehreren neuen Strategien darstellen. Auch die Vertreter derartiger mentaler Ansätze betonen deutlich, daß Entscheidungs- und Handlungsprozesse in einem Gesamtgefüge aus Denken, Wollen, Fühlen und Handeln und deren Wechselwirkungen trainiert werden müssen.

Es kann nicht nur darum gehen, Wissensstoff zu vermitteln, sondern er muß in einem stetigen dynamischen Erfahrungsprozeß integriert werden. **„Wer Komplexität bewältigen will, muß selbst komplex sein. Wer (mit) Unsicherheit umgehen will, muß sie zulassen können"** (Reither 1997).

Es geht also nicht um ein Management **der** Komplexität, sondern um ein Management durch Komplexität.

9.2 Delphinstrategien

Bereitschaft zum Sprung?

Die Spannung steigt, wenn Trainingsteilnehmer oder Kunden erkennen, daß mit altbewährten Denkstrategien kein Innovationspotential für den Markt zu gewinnen ist. Die Konkurrenzfirma blüht, Spitzenkräfte verlassen die eigene Firma, der Krankenstand steigt langsam aber stetig, und die eigene Lust und Motivation nimmt langsam ab. „Vielleicht sollte ich mal in Urlaub gehen, danach ist alles sicher besser." Doch das alte Vorgehen wird nach dem Urlaub nur zu oft wiederholt.

Was es in einer solchen Unternehmenssituation braucht, ist die Bereitschaft zum Sprung. Das Springen auf eine neue Welle des Erfolges, noch bevor die Energie der alten Welle völlig verbraucht ist, ist die entscheidende Strategie, um dauerhaft Erfolg zu gewährleisten.

- Aber wie gehe ich mit meiner Angst vor Neuem und Unbekanntem um?
- Wie gehe ich mit der mangelnden Risikobereitschaft meines Teilhabers oder meiner Mitarbeiter um?

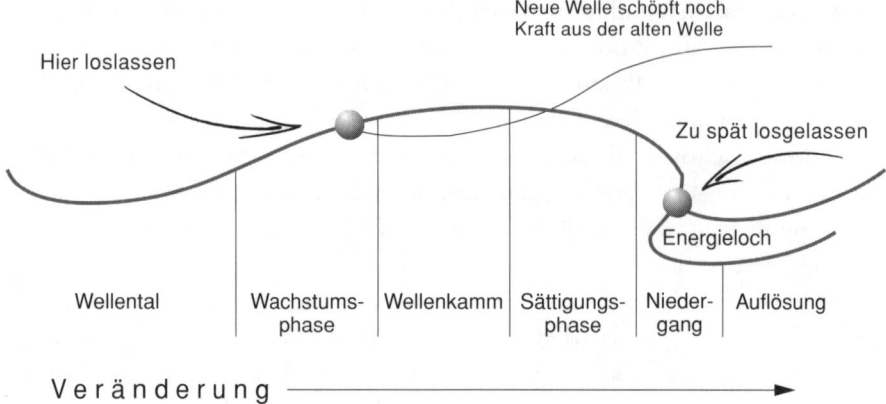

- Wie kann ich handeln, ohne alle notwendigen Informationen für eine Entscheidung zusammen zu haben?
- Wie kann ich von **einer** Antwort zu **vielen** Antworten kommen und die aus den vielen Möglichkeiten resultierende Spannung kreativ umsetzen?
- Wie kann ich es riskieren, vom einschränkenden Horizont dessen, was ich schon weiß, dahin vorzustoßen, was ich ahne und vermute?
- Wie komme ich vom Bildausschnitt zum Gesamtbild?
- Wie kann ich enge, starre und zahlreiche Grenzen in flexible und wenige Grenzen verwandeln?
- Wie komme ich von dem, was ich nicht will, zu dem, was ich will?
- Wie wandle ich langsame Informationsaufnahme und -weitergabe in schnelle Informationsprozesse in mir und in meinen Teams?

Zu diesen Fragen bieten die Delphinstrategien (Dudley Lynch) sehr effektive **Umstrukturierungen des Problemlöseprozesses**. Der effektive Trainer kennt eine Reihe von unterstützenden Methoden, diesen Sprung im Denken, Fühlen und Handeln zu ermöglichen.

Er vermittelt einsichtig die Dynamik von Risiko und Streß, sagt sich selbst und anderen kraftvoll die Wahrheit. Um erfolgreich und wahrhaftig zu sein, ist es für den Kunden und Trainer wichtig, das Ego von Fehlern und Erfolg abzukoppeln, damit eine klare Analyse der Situation möglich wird. Durch Entkoppelung vermeiden wir emotionale Dramen, verzichten auf Schuldzuweisungen und nutzen die Kraft des Flusses („Flow").

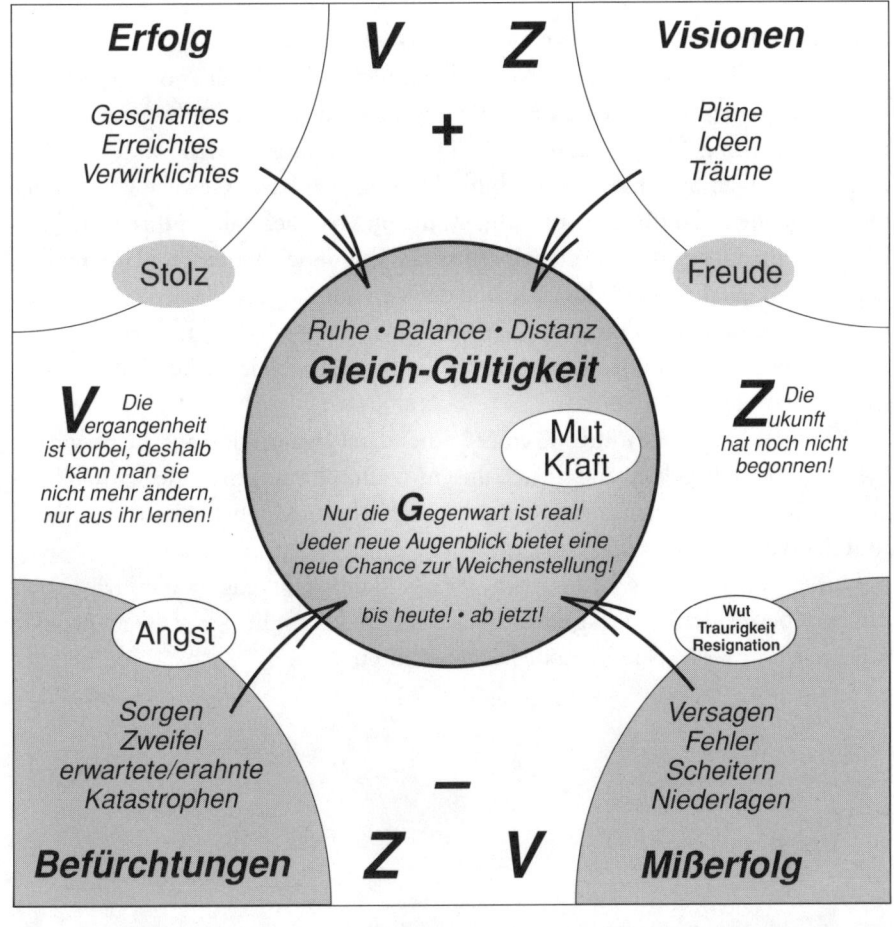

H. Volk-von Bialy 1998

Um diese Fließkraft zu erkennen, bedarf es des Einsatzes der intuitiven Fähigkeiten. Durch Intuition werden Wahlmöglichkeiten geschaffen und die Grundlage dafür gelegt, den Durchbruch auf eine höhere Ebene des Komplexitätsbewußtseins zu schaffen. Wir müssen uns mit der Tatsache konfrontieren, daß heutzutage die Entwicklung so schnell verläuft, daß ein Durchbruch dem nächsten folgen muß. Heute treten Veränderungen so schnell ein, daß **Erfolgsplateaus** praktisch nicht mehr vorhanden sind. Wir können uns nicht mehr auf einer Plateauphase ausruhen. Aber wir können lernen, den Wandlungsprozeß als unseren Normalzustand zu begreifen und den geistig-körperlich-seelischen Organismus, der wir sind, auf diesen hochkomplexen und spannenden Fließ-Prozeß vorzubereiten und ihn dazu zu befähigen.

Schönheits-Chirurgie oder systemisches Denken?

Traditionelle Trainings beschränken sich häufig auf den Erwerb von Fähigkeiten oder Fertigkeiten der einzelnen Mitarbeiter. Es wird etwas bewußt gemacht und manchmal auch geübt, was dann in der Praxis angewandt werden soll. Unternehmen sind jedoch Systeme: „Sie sind durch ein unsichtbares Gewebe von zusammenhängenden Handlungen verbunden, die oft erst nach Jahren ihre volle Wirkung aufeinander entfalten. Da wir selbst ein Teil dieses filigranen Musters sind, fällt es uns doppelt schwer, das volle Bild der Veränderung zu erfassen. Statt dessen neigen wir dazu, uns auf »Schnappschüsse« von isolierten Systemteilen zu konzentrieren, und wundern uns, warum unsere größeren Probleme scheinbar unlösbar sind" (Peter Senge).

Wenn wir uns zur Einführung einer Lernenden Organisation auf die Ebene des Systemdenkens begeben, ändert sich unsere Wahrnehmung grundlegend. Wir erkennen Muster, die Ereignisse steuern und erfahren Möglichkeiten, den Wald **und** die Bäume gleichzeitig zu sehen.

Durch Systemdenken bekommen wir ein Handwerkszeug in die Hände, das uns aus betrieblichen Sackgassen herausführen kann. Einige wenige Aspekte möchte ich hier zur Veranschaulichung anführen:

- Durch unser Denken und Handeln gestalten wir unsere Welt. Unsere Umwelt ist keine gegebene feste objektive Größe, sondern wird von unserer Wahrnehmung und unseren mentalen Modellen entscheidend mitgeprägt.
- Kleine Veränderungen können eine Riesenwirkung haben. Maßnahmen mit der stärksten Hebelwirkung sind häufig zugleich die unauffälligsten. Um schwierige Probleme zu lösen, müssen wir erkennen, wo die Hebelwirkung am größten ist, d.h. welche Veränderung mit einem Minimum an Anstrengung zu einer dauerhaften Verbesserung führt.
- Der bequemste Ausweg erweist sich oft als Drehtür.
- Wenn wir uns in eine unreflektierte Richtung mühen, wird alles noch schlimmer.
- Jede Entwicklung hat die ihr eigene Geschwindigkeit. Oft ist schneller langsamer, wenn wir die optimalen Wachstumsraten eines Prozesses nicht berücksichtigen.
- Oft braucht eine Intervention Zeit, bis sie die gewünschten Erfolge bringt. Sie zu früh wieder zu verwerfen kann fatal sein. Man sollte nicht von der irrigen Vorstellung ausgehen, daß Ursache und Wirkung räumlich und zeitlich dicht beieinander liegen (vgl. Peter Senge 1996).

Ich vermittle diese Zusammenhänge meinen Kunden oft mit folgendem Beispiel: Was ändert sich an Ihrer Beurteilung Ihrer betrieblichen Situation, wenn Sie:

- Ihren Betrieb als den Überlebenskampf von konkurrierenden Leistungsträgern ansehen?
- Ihre Produktivität als das Ergebnis von gruppendynamischen sozialen Prozessen sehen?
- die Kommunikation als von den Gefühlen der Mitarbeiter und ihrer Zufriedenheit her geprägt definieren?
- Ihren Betrieb als ein Reaktionsmuster auf die Gesetze des Marktes und der internationalen Entwicklungen betrachten?
- den Produktionsprozeß unter dem Gesichtspunkt der Qualifikation der Mitarbeiter und der Qualitätskontrolle bewerten?
- den Betrieb unter organisatorisch-technischen Aspekten analysieren (Vertriebsweg, Maschinenauslastung ...)?
- das betriebliche Handeln als von der gemeinsamen Vision getragen erleben? (usw.).

Sie werden feststellen: Das Wahrnehmungsergebnis ändert sich jeweils mit der unterschiedlichen Perspektive. Jede dieser Wahrnehmungen trägt einen wahren Kern in sich.

Und: Sie erfassen mit jeder Einzelperspektive nur einen Aspekt im Wechselwirkungsgesamt Ihres Unternehmens als Teil der wirtschaftlichen Gesamtentwicklung.

Mit Hilfe des systemischen Denkens kommen wir von zu kurz greifenden Teilkonzepten zu einer Gesamtschau, die auch die Gegenkräfte einbezieht. Wir können Rückkopplungsprozesse analysieren und verstehen. Nur so können wir komplexe Prozesse handhaben, ohne daß sie uns überrollen. Meine Erfahrung ist, daß diese Art zu denken lernbar ist und neue, effektive Wege ermöglicht.

Der Weg zum Landkartenbewußtsein
Im nächsten Schritt arbeiten wir uns auf ein Landkartenbewußtsein der Beteiligten zu, damit der Trainer langfristig überflüssig wird und die Belegschaft den Prozeß des Weiterlernens selbst in die Hand nehmen kann.

Erfahrungen zeigen, daß Teams nach einer gewissen Zeit „angenehme und sinnvolle Kulturen" übernehmen, so z.B. wenn ein Team erfährt, daß es langfristig befriedigender ist, bestimmte Formen und Inhalte der Interaktion und der Analyse von betrieblichen Prozessen regelmäßig durchzuführen.

Mit dieser Erfahrung setzt eine positive Rückkopplungsschleife ein. Es zeigte sich in unserer Praxis, daß Mitarbeiter ihren persönlichen Lernbestand auf einer komplexen, systemisch orientierten Landkarte einschätzen lernen können:

- Auf welcher Ebene liegen die Probleme und Chancen? (Ist es z.B. ein Kontakt- oder ein inhaltliches oder ein marktwirtschaftliches Problem?)
- Was ist der Symptomgewinn, d.h. der indirekte Gewinn durch den jeweiligen Verlust, Fehler, Mangel, Stillstand?
- Was ändert sich an der Sichtweise auf das Problem, wenn ich die Verschiedenheit der Menschen respektiere und ihre unterschiedliche Weise zu lernen als einen Gewinn betrachte?
- Ist die Lösung der aktuellen Krise eher in mentalen Modellen, persönlichen emotionalen Problemen, Gruppenstrukturen oder in Widersprüchen in der Vision zu suchen?
- Wo liegen Wechselwirkungen dieser Dynamiken?
- Wo liegen die inneren Widersprüche innerhalb einer Strategie?
- Wurden die systemischen Zusammenhänge und Wechselwirkungen der einzelnen Systemfaktoren beachtet?

Das heißt, wurde ausführlich bedacht und intuiert, welche möglichen indirekten Auswirkungen eine Einflußnahme auf einen Faktor auf andere Variablen des Prozesses hat und wie auch unbeabsichtigte Nebenwirkungen sich in einem Schaukelprozeß rückwirkend bemerkbar machen können?

Dudley Lynch entwirft in den **„DelphinStrategien"** ein Bild des kreativen, freien Menschen, der wie ein Delphin zwischen verschiedenen Welten und Komplexitätsebenen hin- und herspringt, mit Freude und Gelassenheit. Seine Vision handelt von unternehmerischen Menschen, Managern und Privatpersonen, die die Bedeutung ihres Lebens erkannt haben und auf eine neue Weise frei sind.

Sie sind nicht mehr nur am Überleben orientiert. Sie können sich ständig selbst beobachten und haben einen gewissen Abstand zu ihren persönlichen Launen. Sie sind wirklich frei im Denken und setzen sich Ziele, können abwägen, bevor sie handeln.

Grenzen scheinen die Delphinstrategen nicht zu stören. Sie schauen immer auf die Liste der großen Möglichkeiten. Die Grundhaltung dieses delphinischen Menschen für einen Umgang mit Komplexität ist, daß er akzeptiert, daß jederzeit fast alles geschehen könnte. Er oder sie weiß, daß die stabilen Zeiten vorüber sind, und erkennt, daß ein Fast-Chaos eigentlich normal ist. Er erkennt das kreative Potential des Chaos, das er in eine neue vorübergehende Ordnung überführen kann.

Hier nun einige Merksätze von Dudley Lynch für innovatives Management wie auch für erfüllende private Beziehungen:

Wenn wir im Fluß sind spüren wir, daß unser Leben einen Sinn hat.

Delphine verstehen, wie es ist, auf mehreren Ebenen gleichzeitig zu leben.

Nichts ist von zentralerer Bedeutung für das Meistern sich schnell verändernder Zeiten als Zusammenarbeit.

Sei bereit, unlogisch zu handeln.

Letztendlich wird aus dem Wandel selbst ein Fluß.

Suche das Unerwartete.

Nimm dir die Zeit, unbewußte Nachrichten aufzunehmen.

Delphine benutzen die Kraft der Welle, um die eigene Kraft zu vervielfachen.

Um auf eine höhere Ebene der Verarbeitung von Komplexität zu gelangen, braucht es einen Quantensprung der eingesetzten Energie.

Jede neue Entwicklungswelle erfordert neue Funktionen und Qualitäten des Gehirns.

Verantwortlich handeln kann ein Genuß sein.

Das wichtigste Organisationsprinzip dieser hochenergetischen Zeit ist „die Welle".

Lernen ist nach Dudley Lynch einfach die Art, wie diese Menschen leben. Zusammenbrüche mobilisieren sie und lähmen sie nicht. Sie lassen ständig neue Interpretationen von der Welt zu. Erklärungen sind wichtig, können aber wieder losgelassen werden. Aus neuen Erklärungen ergeben sich Fluten neuer Möglichkeiten und daraus wiederum eine Fülle neuer Strategien und Praktiken. Aus dem Handeln erwächst dann Stärke. Führung heißt in dem Sinne, neue Interpretationen zu entwerfen, die für alle neue Möglichkeiten eröffnen.

Allein der Entwurf dieses Menschenbildes ist ein innovativer Impuls. Er bleibt jedoch auf der Ebene mentaler Konzepte, Wünsche und Visionen stehen. Bereichert werden muß dieses mentale Konzept durch praktische Schritte, um das Beharrungsvermögen des Menschen vorsichtig und gründlich in Bewegung zu bringen. Weil uns Menschen der Konservatismus **eingefleischt** ist, reicht es nicht aus, diese neue kreative Haltung nur zu postulieren.

In unserer Arbeit mit einzelnen, Gruppen und Teams sowie ganzen Organisationen stellen wir fest, daß es nicht ausreicht, neue Werte zu formulieren, neue Visionen in bunten Farben an die Wand zu malen oder neue Lebensziele, Maximen und optimistische Win-Win-Ideologien zu verkaufen. Diese mentalen Konzepte klingen im ersten Moment schön und euphorisierend, bewirken jedoch in der alltäglichen Berufspraxis und auch im privaten Beziehungsalltag kaum Veränderungen.

Oftmals wird durch mentale Neuorientierung eine Beschleunigung der Entwicklung von Null auf Hundert erwartet, und die kleinen mühseligen, langsamen Schritte werden in einer Schnell- und Leicht-Strategie achtlos übergangen. Ernstzunehmende und verantwortungsbewußte Veränderungsstrategen wissen um die Notwendigkeit kleiner Schritte, die Wichtigkeit von Didaktisierung und verantwortlicher mittel- bis langfristiger Begleitung von Prozessen.

Der effektive Trainer oder Coach zeigt, wie man mit neuen Methodologien von den Rand- zu den Kernproblemen vorstoßen kann, wie die Kernproblematik zu einer **Kernenergie** gewandelt werden kann. Wir erfahren dabei das riesige ungenutzte Potential im Menschen. Beachtet der effektive Trainer die Regel, daß Lernen in einem realen Kontext erfolgen soll, wird die höhere Effektivität ganzheitlicher Strategien gegenüber traditionellen Trainings deutlich.

Dabei trägt uns die Erfahrung, daß durch Öffnung der Intuition der Beteiligten plötzlich – meist nur durch einen einzigen Durchbruchsgedanken – die Produktivität der einzelnen und des Gesamtunternehmens um ein Vielfaches gesteigert werden kann.

Nach anfänglichem langsamen Wachstum des Erfolgs gelingt irgendwann urplötzlich ein Sprung auf eine neue Ebene des Energieflusses. Die Beteiligten spüren, daß sie auf einer neuen Ebene der Produktivität angekommen sind.

Ich habe die hier skizzierte Methode der Prozeßbegleitung bei der Einführung einer effektiven Lernenden Organisation *CoreDynamik* genannt. Sie dient der Dynamisierung von Lebens- und Arbeitsprozessen, sie geht den Prozessen an den

Kern (Core) und den Problemen auf den Grund. **CoreDynamik** integriert die wirksamsten Prozeßsteuerungsmethoden, die in den unterschiedlichen Managementmethoden entwickelt wurden und ist damit methodenübergreifend.

9.3 Organismus und Organisation

Bedenken wir, daß erst seit 1983 mit dem Bestseller **„Auf der Suche nach Spitzenleistungen"** von T. Peters & R. Waterman die Beschäftigung mit der Unternehmenskultur in den Vordergrund trat und zum ersten Mal die kulturellen Aspekte einer Organisation voll anerkannt wurden, wird deutlich, wie neu das Forschungs- und Entwicklungsgebiet **Lernende Organisation** ist.

Leitgedanken zur Theoriebildung erwachsen verstärkt aus einer Beschäftigung mit der lebendigen Natur und weniger aus den verwaltenden und technischen Wissenschaften. Es wird erkannt, daß Unternehmen in Strategie und Struktur nicht einseitig von außen determiniert sind, sondern sich eigengesetzlich im Spannungsfeld von Innen und Außen definieren. Es wird erkannt, daß der **Dialog** entscheidend für Erfolg ist, indem jedes Unternehmen eine authentische Antwort geben muß, was seine Identität, seine Ideen und sein Wertverständnis beinhaltet.

Organisationen werden in den 90er Jahren zunehmend aus ganzheitlicher Sicht als lebensfähige Systeme betrachtet, die durch die Interaktion der Menschen im System zu originärer Selbstgestaltung, Selbstreflektion und Selbstorganisation fähig sind. Die Eigendynamik sozialer Systeme oder Organismen erlaubt nur noch ein beschränktes Konstruieren von Organisationen.

In den Vordergrund der Betrachtung tritt die Geschichte eines Systems, sein Sinn und Zweck, treten die darin lebenden und arbeitenden Menschen als natürliche Organismen. Immer mehr wird die Vorstellung absoluter und damit künstlicher Machbarkeit von Organisationen aufgegeben. Organisationen können sich entwickeln, nicht jedoch exakt geplant werden. Nur wenn man diese Entwicklungsgesetzmäßigkeiten versteht, kann man sinnvolle Maßnahmen in eine gewünschte Richtung in Gang setzen (Glasl, Lievegoed 1996).

Organisationen werden immer häufiger verglichen mit dem lebendigen Organismus eines menschlichen Körpers, einem Verbund von Organen und Zellen, die über ein Netzwerk von Nerven und Hormonen miteinander kommunizieren. „Jedes Organ arbeitet im Vertrauen darauf, daß die anderen ihren Job tun. Kein Organ fühlt sich einem anderen überlegen, keines ist wertvoller ... Keiner kann ohne den anderen existieren ... Jedes Organ ist für sich eine Einheit, aber gleichzeitig auch ein Teil des gesamten Körpers, und das Ganze ist mehr als die Summe der Teile ..." (Fuchs 1992, 16).

Es wäre naiv, in Entwicklungsprozessen nur das Wirken von Fortschrittskräften und nur einen Prozeß zum Guten, Nützlichen und Intelligenten zu sehen. In jedem Wachstumsprozeß gibt es fortschrittliche und konservative Kräfte, Haltendes und sich Entwickelndes, progressive und regressive Tendenzen. Erst die genaue Analyse dieser Spannung von Expansion und Kontraktion läßt uns eine Entwicklung auf individueller Ebene, bei Gruppen und Organisationen in der Tiefe verstehen.

Mehr und mehr wird erkannt, daß die Aufmerksamkeit der Mitarbeiterinnen und Mitarbeiter in erster Linie auf die externen und internen Kunden und Lieferanten und auf den Arbeitsfluß gerichtet ist und nicht auf den Vorgesetzten. Aufgabenerweiterung (**Job-Enrichment**) kann das Fähigkeitskapital eines Unternehmens steigern. Fortwährende Erneuerung von Produkten, Märkten, Strukturen, Abläufen usw. wird zur normalen Situation (Glasl, Lievegoed 1996, 71). Diese Art von Organisation ist ein lernendes System.

Auch die externe Beziehungspflege, das Marketing, wird unter neuen Gesichtspunkten gesehen. Es geht darum, Bedürfnisse bei Kunden zu erkennen und eine einleuchtende Antwort auf diese Bedürfnisse zu geben, indem man mit den eigenen Fähigkeiten Probleme anderer löst. Grundsätzlich ist die Frage zu stellen: Wer braucht welche Informationen in welcher Form und zu welchem Zeitpunkt, um seine Aufgabe zielbezogen und störungsfrei erfüllen zu können? Dabei wird die Steuerung einer Aufgabenerfüllung immer mehr denjenigen Menschen übertragen, die mit den erforderlichen Abläufen direkt ausführend zu tun haben.

Sprechen wir von Lernender Organisation und vom Umgang mit wachsender Komplexität darin, müssen wir zuerst analysieren, in welcher Entwicklungsphase sich die betreffende Organisation befindet.

Dadurch erkennen wir die notwendigen nächsten Schritte und das, was durch unsere Interventionen an vorher nicht bedachten Folgewirkungen ausgelöst werden kann. Denn das Lösen der jeweiligen Kernaufgabe einer Phase bewirkt für die Organisation Rand- und Nebenprobleme, die für die nächste Phase zur Hauptaufgabe werden können. So sind z.B. beim Aufbau eines steuerbaren, funktional ausgerichteten Systems menschliche Beziehungen zunächst Randprobleme und werden in der nächsten Phase zur Kernaufgabe.

In der **Gründungs- oder Pionierphase** eines Unternehmens können wir die Metapher der Familie oder des Stammes wählen. Eine informale Gemeinschaft wird rund um kreative Persönlichkeiten gebildet. Die Organisationskomplexität ist noch relativ gering. In der nächsten Phase (**Differenzierungsphase**) wird häufig das Unternehmen als konstruierter Apparat aufgebaut, der steuerbar ist und einigen notwendigen betriebswirtschaftlichen Kriterien zu entsprechen beginnt. Mit weiterem Wachsen des Unternehmens erkennen die Beteiligten, daß das Modell des konstruierten Apparates nicht mehr hinreicht. Sie erkennen ihr Unternehmen als lebendigen Organismus und führen die notwendigen zwischenmenschlichen Beziehungsklärungen und Verbesserungen durch. Dies beschreibt die Phase, in der die meisten psychologischen Trainings in den letzten Jahrzehnten steckengeblieben sind (**Integrationsphase**).

Heute entwickeln sich jedoch die meisten Unternehmenskulturen in der vierten Phase, der **Assoziationsphase**. Die Unternehmen werden als Glied im gesamten **gesellschaftlichen Biotop** gesehen. Die Betriebe müssen assoziativ Vernetzungen mit vielen Umwelten herstellen, die Komplexität wächst und der Trainingsbedarf kann nicht mehr mit einfachen psychologischen und kommunikationsoptimierenden Maßnahmen bewerkstelligt werden.

In dieser Phase besteht die Kernaufgabe darin, das Unternehmen mit den Umwelten so zu verbinden, daß es sich vorausschauend und partnerschaftlich-dialogisch mit seinen verschiedenen Umwelten auseinandersetzen kann und Spannungsfelder erkennt und einbezieht. Informationsaustausch und Vernetzung innen wie außen werden zu Kernaufgaben der Führung und Organisation. Anstelle der Dominanz eines Unternehmens müssen Mittel und Wege gefunden werden, wie mit gegenseitiger Abhängigkeit aller Beteiligten konstruktiv umgegangen werden kann. Dadurch entstehen weitläufig miteinander vernetzte Unternehmensgruppen, die Glasl und Lievegoed **„Unternehmens-Biotope"** nennen (S. 103).

Wie in der organischen Natur Lebewesen einander bedingen und erhalten, so schließen sich nun Unternehmen als selbständige Organismen zu lockeren sozial-ökologischen Gebilden zusammen. Das bisherige Kampfesdenken ist in der Wirtschaft langfristig gesehen dysfunktional.

Die in verschiedenen Modewellen aufgetretenen „Management by-Techniken" waren in ihrem Ansatz oft viel zu beschränkt. Führung ist naturgemäß immer vielschichtig, und Patentlösungen kann es einfach nicht geben. Deswegen bringen Schulungen in Führungstechniken oft Enttäuschungen mit sich. Die Mitarbeiter kommen zurück in die unveränderte Organisation. Es wird dort weiter ihr bisheriges Verhalten erwartet, und so werden sie leicht in die ausgefahrenen Bahnen des gewohnten Verhaltens zurückgeworfen. Die alten Strukturen, Denk- und Handlungsgewohnheiten stehen einer Veränderung im Wege. Deswegen ist es notwendig, daß bei jeder Änderung von Führungsmodellen gleichzeitig eine Strategie der Organisationsentwicklung den Lernschritten einzelner Teams folgt.

Wenn sich die Organisation verändern und entwickeln will, dann muß sich auch die Führung entwickeln und umgekehrt. Beides muß zueinander passen wie in einem lebendigen Organismus.

Wichtig ist in solchen Wachstumsprozessen eine hohe Durchlässigkeit der Managementteams. Schulung und Weiterbildung haben für alle Mitarbeiterinnen und Mitarbeiter entscheidende Priorität als Voraussetzung für permanente Verbesserungen und Entwicklungen. Eine Lernende Organisation funktioniert nur mit kooperativen und autonomen Teams, bei denen Arbeiten und Lernen on the job integriert sind. Erforderlich ist ein großer Zeithorizont, d.h. ein über 10 und 20 Jahre hinreichendes Denken, damit ein weitreichendes Planen und Handeln auch in ökologischen Fragen ermöglicht wird.

Um diese langfristigen Prozesse zu initiieren und zu begleiten, brauchen wir innere Toleranz, um auch für **widersprüchliche Ideen** und Interessen offen zu bleiben. Wir benötigen die Fähigkeit, immer wieder Strukturen aufzulösen und nicht an alten Methoden kleben zu bleiben. Schließlich brauchen wir für diesen Prozeß einen weiteren Komplexitätshorizont, um die vielen globalen Vernetzungen im Überblick erfassen zu können. Gomez und Probst haben zahlreiche Instrumente zur Erfassung und Visualisierung komplexer Vernetzungen entwickelt. Diese besitzen jedoch vor allem analytischen Wert. „Für die Intervention zur Gestaltung komplexer Situationen und Prozesse müßten jedoch zusätzlich noch imaginative, inspirative und intuitive Methoden genutzt werden" (Glasl, Lievegoed 1996, 191).

Dieser Herausforderung an die Menschen in Organisationen, in Training und Beratung stellt sich das vorliegende Buch in den kommenden Abschnitten.

In jeder Phase einer Unternehmensentwicklung müssen unterschiedliche Strategien konzipiert werden. Die Pionierphase ist geprägt durch direktes Führen, die Persönlichkeit des Gründers steht im Vordergrund.

In der Differenzierungsphase wird ein rationales Denksystem eingeführt, Standardprozeduren, Führen durch Systemsteuerung und Delegieren sind angesagt.

In der Integrationsphase kommen kooperative Führungsstile auf, verstärktes Delegieren, Selbstkontrolle und Teamtechniken werden erprobt und eingeführt.

Schließlich wird in der Assoziationsphase (viele Großunternehmen sind heute in dieser Phase) ein erweiterter Identifikationshorizont über Unternehmensgrenzen hinweg notwendig, Kooperation statt Konkurrenz, Vertrauen statt Machtausübung wird wichtig. Konfliktfähigkeit und Komplexitätsbewußtsein ist gefordert. Die Führungstechniken sind im wesentlichen „Vernetzungsmethoden, interorganisatorisches und integratives Verhandeln sowie imaginative, inspirative, intuitive Methoden" (Glasl/Lievegoed 1996,193).

Letztlich brauchen wir eine Doppelstrategie. Einerseits geht es um die Lösung der dringlichsten Probleme des Überlebens (in Zeiten knapper Ressourcen und enger Zeitreserven) und andererseits um weitere Entwicklungen des Gesamtsystems in größeren Zeiträumen. Wir müssen also das **Konzept des Veränderns**

verändern, um neue Wirklichkeiten zu generieren. Glasl und Lievegoed nennen dies das Prinzip der Entsprechung von Ziel und Weg. „Die Veränderungsstrategie kann nur wirksam sein, wenn sie schon ein Vorgriff auf die künftigen Qualitäten der angestrebten Zielsituation ist" (S. 201). Wir verbinden hierbei Planen und Begleiten kleiner Schritte mit der Gestaltung längerer Abschnitte des ganzen Veränderungsprozesses (S. 202).

Fünf Basisprozesse müssen sich dabei gegenseitig unterstützen:
1. Diagnoseprozesse,
2. Soll-Entwurf-Prozesse,
3. psychosoziale Prozesse,
4. Lernprozesse (im intuitiven Bereich),
5. Implementationsprozesse (Handlung und Umsetzung).

9.4 Detailkomplexität und dynamische Komplexität

Im Systemdenken wird von zwei Arten von Komplexität ausgegangen, der Detailkomplexität (viele verschiedene Variablen) und der dynamischen Komplexität, bei der Ursache und Wirkung räumlich und zeitlich weit auseinander liegen und bei der normalerweise klare Interventionen nicht unbedingt zu den gewünschten Ergebnissen führen.

In der Analyse der dynamischen Komplexität können wir die grundlegenden Strukturen erkennen, die in größeren Systemen und Organisationen zu beobachten sind.

Auf einer subtileren Ebene liegt die Detailkomplexität. Sie konfrontiert uns damit, daß alle rationalen Erklärungen notgedrungen unvollständig sind. Menschliche Systeme sind unendlich komplex. Wir können dennoch etwas tun, um mit der Komplexität angemessener umzugehen.

Menschen haben kognitive Grenzen. Sie können nur eine begrenzte Zahl von Faktoren gleichzeitig berücksichtigen und bewältigen. Unsere inneren Schaltkreise werden sehr schnell von der Menge der Details überlastet, was uns dann dazu bringt, zu einfachen Modellen zu greifen, um einen scheinbaren Überblick zu behalten. Es gibt jedoch einen menschlichen Bereich, der sehr gut mit Vielfalt umgehen kann und der vielleicht sogar für diese Aufgabe bestimmt ist. Wir können ihn das Unbewußte nennen oder auch **Intuition** oder das **unmittelbare Gewahrsein**. Auf unserer unbewußten Ebene schlummern ungeheure Kapazitäten für den Umgang mit Komplexität, die auf der alltäglichen Bewußtseinsebene nur mangelhaft vorhanden sind.

Die Fähigkeiten dieses Unbewußten, der Intuition oder des Gewahrseins **können geübt werden**. Dazu müssen wir erkennen, wie unser Unterbewußtsein programmiert ist: Es wird durch Überzeugungen, Haltungen und gesellschaftliche Erwartungen geprägt und damit häufig eines Teils seiner Kraft beraubt. Am deutlichsten jedoch wird es durch Sprache programmiert. „Die Auswirkungen von Sprache sind besonderes subtil, weil Sprache nicht so sehr den Inhalt des Unterbewußtseins beeinflußt, vielmehr die Art und Weise, wie das Unterbewußtsein seine Inhalte ordnet" (Senge 1996, 442).

So ist es z.B. äußerst schwierig, kreisförmige Feedback-Prozesse in unserer normalen Alltagssprache zu beschreiben. Im allgemeinen geben wir den Versuch auf und landen im Endeffekt bei einer Aussage wie: A verursachte B, was C verursachte. Aber diese angenehme Kurzschrift suggeriert dem Unterbewußtsein: A war die Ursache von B. Wenn wir nur eine lineare Sprache haben, dann denken wir linear und nehmen die Welt linear wahr, d.h. als Kette von Ereignissen.

Wollen wir die Welt systemisch wahrnehmen, müssen wir zu einer systemischen Sprache finden, die entsprechende Metaphern, Bilder, Symbole und Kreisprozeßdarstellungen verwendet. Wir brauchen eine Sprache, die uns Kontakt ermöglicht zu unserem Unterbewußtsein. Dieses unterliegt nämlich nicht der Beschränkung, daß es nur eine begrenzte Zahl von Feedback-Prozessen wahrnehmen kann. Es kann eine weitaus kompliziertere dynamische Komplexität bewältigen als unsere Ratio. Unser Unterbewußtsein verknüpft Detail- und dynamische Komplexität, während es Hunderte von Feedback-Beziehungen gleichzeitig bearbeitet (Senge 1996, 443). In unseren Trainings und Seminaren stellten wir fest, daß Menschen mit einer hohen Komplexitätsfähigkeit einen guten Grad an Kontakt zwischen ihrem „normalen" rationalen Bewußtsein und ihrem eher intuitiven Unbewußten haben.

Viele führende Manager, so z.B. Mori, der Leiter von Kyocera, oder auch Bill O'Brian von Hanover Insurance, halten die Entwicklung von bislang vernachlässigten geistig-seelischen Begabungen für entscheidend, wenn wir neue effektivere Organisationsformen schaffen wollen: „Das größte unerforschte Terrain der Welt ist der Raum zwischen unseren Ohren. Ernsthaft, ich bin sicher, daß Lernende Organisationen Wege finden werden, um die Begabungen, die wir heute als »außergewöhnlich« bezeichnen, in allen Menschen zu fördern."

Dieses Außergewöhnliche ist in Wirklichkeit ganz normal. Wir alle gehen ständig mit intuitivem, unbewußtem Wissen um. Wir sind uns dessen nur nicht voll bewußt, haben den Zugang dazu verloren und haben diese Art zu denken nicht voll entfaltet. Im normalen alltäglichen Gemütszustand wird das Unbewußte von einem wilden Chaos widersprüchlicher Gedanken und Gefühle überschwemmt. Erfolgreiche Menschen trainieren die Verbindung von Intuition und Alltagsbewußtsein. Unsere Intuition ist fähig, uns mehr und mehr Informationen zu geben, wenn wir unsere Aufmerksamkeit auf sie richten und sie durch Wachheit, Stille und die unten genannten Übungen aktivieren.

Durch Stille und Konzentration können wir Klarheit und Informationen gewinnen. Dabei ist eine gute Methode, sich auf das erwünschte Ergebnis selbst und nicht auf den Prozeß oder die Mittel zu konzentrieren, die zur Erreichung dieses Zieles erforderlich sein könnten (Senge 1996, 202). Wenn wir an ein Ziel oder an eine Vision denken, können wir uns vorstellen, daß sie voll verwirklicht ist. Dann fragen wir uns: Wenn ich das tatsächlich erreicht hätte, was würde es mir bringen?

Dabei können wir oft feststellen, daß die Antwort auf diese Frage noch tiefere Wünsche offenbart, die sich hinter dem vordergründigen Ziel verbergen. Oftmals sind Ziele Zwischenschritte, um ein tieferes und wichtigeres Ergebnis zu erzielen.

Ich habe diesen Erkundungsprozeß in meinem Buch **„Rituale alltäglichen Glücks"** (S. 163 ff.) genauer beschrieben.

Wenn wir mit dieser vertiefenden Nachfrage weit genug vorangehen, kommen wir zu einem Punkt von hoher emotionaler und geistiger Energie. Dieses Ziel, das hinter den anderen Zielen steht, wirkt sich wie eine starke Kraft auf unsere Handlungen aus. Wenn wir spüren, was wir in Wahrheit anstreben, können wir unseren Handlungen weit mehr Effektivität und Klarheit geben. Wenn die Richtung geklärt ist, vermehren sich die Kräfte des Unbewußten um ein Vielfaches.

Weitere Methoden zur Stärkung unseres Unbewußten liegen in der Verwendung von geistigen Bildern, Metaphern. Es wurde festgestellt, daß Schwimmer deutlich schneller schwimmen, wenn sie sich vorstellen, daß ihre Hände größer sind und ihre Füße Schwimmhäute haben (Senge 1996, 204).

Entscheidend bei allem ist die tiefe Überzeugung, daß wir das richtige Ziel anstreben, das im Einklang mit unseren tiefsten Wertvorstellungen und Sehnsüchten steht. Unsere tiefe Sehnsucht fließt direkt in unser Unbewußtes ein und öffnet dort wichtige Kanäle.

10. Psyche, Körper und Organisation

10.1 Weniger, langsamer, einfacher?

Eines der schmerzhaftesten Themen im menschlichen Leben ist unsere Beschränktheit und letztlich unsere Endlichkeit. Wir vermeiden gerne den Blick auf unsere Grenzen, auf unsere Schwächen und darauf, daß wir und alle anderen Produktionsprozesse auch einmal ausruhen müssen.

Von den Grenzen des Wachstums, den Grenzen der Produktivität oder des Fortschritts gerade auch in der Wirtschaft zu sprechen, klingt einigen Wachstumsversessenen wie Verrat. Es fällt vielen schwer einzusehen, daß es sich bei dem Rhythmus von Wachstum und Begrenzung um ein unumgängliches Naturgesetz handelt.

Die Welt, alle organischen und auch anorganischen Prozesse unterliegen den Gesetzen der Pulsation. Schon von den kleinsten Bausteinen her sind alle Lebensvorgänge aus Schwingungen aufgebaut. So ist es nur folgerichtig, daß auch größere Prozesse schwingen, pulsieren zwischen Expansion und Kontraktion – von einem Zustand in den anderen.

Als deutlichste Beispiele sind die Rhythmen von Tag und Nacht zu nennen, von Ebbe und Flut, von Sommer und Winter, von Wachen und Schlafen, Nähe und Distanz, Krankheit und Gesundheit, Kraft und Erschöpfung. Alle Lebensvorgänge sind diesem Gesetz unterworfen, und nur unser auf Wunschdenken basierendes alltägliches Denken ermöglicht die Vorstellung von linearem Wachstum, permanenter Expansion, stetiger Produktionssteigerung etc.

Diese Position organismischer Prozeßbetrachtung, die bisher den Ökologiebewußten, den Grünen und scheinbar Weltfremden vorbehalten war, wird zunehmend mehr in Kreisen von Wirtschaftsexperten, Betriebs- und Volkswirten akzeptiert und genutzt. Die Prinzipien nichtlinearen Wachstums und pulsierenden Verhaltens makroökonomischer Zustände findet man in vielen Publikationen von Wirtschaftsexperten ebenso wie bei Technikern (vice versa findet man auch bei Grünen verdächtig viel lineares Denken). Und so soll auch in diesem Buch, das von wachsender Komplexität und Beschleunigung handelt, der Aspekt der Beschränkung und der Langsamkeit seinen angemessenen Stellenwert erhalten.

Ein Grund für die Erhöhung der Geschwindigkeit in allen Lebensbereichen liegt unter anderem – neben technischen Entwicklungen – auch in der Kopplung von Zeit und Geld („Zeit ist Geld"). Neben der Pausenlosigkeit des **Immer** ist die ständig wachsende räumliche Mobilität des **Überall** Ausdruck des Prinzips verlorengegangener Pausen. Diese permanente Beschleunigung hat ihren Preis: Das Hetzen und Nie-zu-Ende-kommen sorgt für einen psychischen Druck, dem ohne Begleitung und Training bald niemand mehr wirklich standhalten kann, ohne sein Organsystem zu überfordern.

Erforderlich ist ein neuer Umgang mit Zeit. Die Begriffe Nachhaltigkeit, Vorsorge und Zukunftsverträglichkeit rufen nach einer Vielfalt von Zeitformen. Der Rhythmus von Arbeit und Ruhe, von Beginnen und Beenden muß beachtet werden. Die Systemzeiten der verschiedenen Organe und Ökosysteme, der Bezug auf die unzähligen Eigenzeiten des Daseins geben uns die notwendige Grundlage zu einem gesunden und langfristig wachsenden Lebens**zyklus**.

10.2 Entwicklung geschieht langsam *und* in Sprüngen

Wenn wir Lern- und Wachstumsprozesse planen, steuern und durchführen, müssen wir die Dialektik von Beschränkung und Expansion beachten. Weder ständige Unter- noch Überforderung sind für den Menschen gut.

In der Psychologie spricht man von **Diskrepanzerlebnissen**, die **dosiert** werden müssen, um gute und langfristig stabile Lernergebnisse zu erreichen, d.h., daß der angesteuerte Lernschritt ein wenig über dem bestehenden Lernniveau liegen sollte. Fordere ich von einer Grundschülerin die Integralrechnung, wird sie nichts lernen können; will ich einer begabten Physikerin das Addieren beibringen, wird sie sich nicht ernstgenommen fühlen und gelangweilt abschalten. Lob oder Kritik wird in beiden Beispielen nicht registriert oder ernstgenommen. Die Grundlage jeder lernprozeßorientierten Arbeit ist also eine saubere Erhebung des Lernbestands der Beteiligten zu Beginn und in jedem Stadium des Prozesses. Durch dieses lernbestandsorientierte Vorgehen unterscheidet sich *CoreDynamik* wesentlich von anderen Trainingskonzeptionen.

Gezielte Anspannung (sogenannter Eustreß) und Entspannung müssen wechseln. Ständige Anspannung führt zum Zusammenbruch, ständige Unterforderung zur Demotivierung und mangelnder Energetisierung.

Nur ca. Dreiviertel der maximalen Leistungsfähigkeit sind beim Menschen durch normalen Willenseinsatz nutzbar. Bis zu diesem Punkt fühlen wir so etwas wie ein Gleichgewicht. Wir können dieses individuell gespürte Gleichgewicht unseres Leistungsverhaltens nicht ungestraft über einen längeren Zeitraum stören. Das letzte Viertel unserer Leistungsfähigkeit befindet sich außerhalb unserer willentlichen Verfügung und wird „autonom geschützte Reserve" genannt. Erst in Extremsituationen (Lebensgefahr, Wut, Angst) sind diese Reserven zugänglich (Sprenger 1998a, 113).

Unser Körper schützt sich vor dem Aufbrauchen dieser Zusatzreserven durch Gefühle wie Müdigkeit, Erschöpfung oder Unlust. Durch Aufputschmittel verschiedener Art können wir diese Barrieren zur autonom geschützten Reserve durchbrechen. Wenn wir jedoch diese Ermüdungsgrenze zu häufig und zu lange herausschieben, können Erschöpfungszustände, Kreislaufzusammenbrüche und schwere Krankheiten die Folge sein. „Dopingmittel wie Prämien, Incentives, Lob und Boni machen eine Leistungsreserve verfügbar, die unter normalen Umständen vom Schmerz geschützt ist" (Sprenger 1998a, 114).

Wenn wir zu häufig diese psychosomatischen Warnsignale übersehen, kommen wir in den Burn-out-Bereich. Die Gesundheit leidet, die Leistung wird weniger hochwertig und die Fähigkeit für komplexe und kreative Lösungen nimmt rapide ab. Das Burn-out-Syndrom ist jedoch nicht im wesentlichen eine Folge hoher quantitativer Arbeitsbelastung, es resultiert vielmehr aus der inhaltlichen, qualitativen Belastung durch Arbeit, nämlich **wie** man den Streß erlebt. Ist eine Idee, ein Projekt, eine Arbeit mit unseren eigenen tiefsten Ziel- und Wertvorstellungen verbunden, brauchen wir nicht so viel äußere Impulse, müssen wir uns nicht so sehr zwingen, und die Verrichtung der Tätigkeit selbst ist in sich schon Belohnung genug.

Wir beobachten in unseren Seminaren häufig, wie Führungskräfte sich durch Kaffee, Nikotin, ständiges Handy-Bedienen, Fax-Empfangen und Hin- und Herlaufen hochpuschen und ihren inneren Ermüdungssignalen keine Aufmerksamkeit schenken. Abends, beim lockeren Zusammensein, hören wir dann, wie viele Kollegen heimlich Drogen konsumieren, kaum mehr Kontakte zu ihren Ehefrauen oder Familien pflegen, oftmals erst zwischen 22.00 Uhr und 24.00 Uhr nach Hause kommen und in ständiger Angst vor Krankheit, Herzinfarkt oder Schlimmerem leben.

Es ist unübersehbar: Permanenter Anreiz macht überreizt. Das ständige Rennen hinter Verkaufszahlen und Profitmargen macht uns krank. Unsere Aufwärtskurve, was Produktivität, Gewinn und zunehmende Komplexität betrifft, läßt sich also nicht beliebig schnell und endlos hochschrauben. Erforderlich ist vielmehr eine sinnvolle Beschränkung in der Menge, damit wir eine Steigerung in der Qualität unserer geistigen Leistung erreichen können. Qualität ist in sich sinngebend und befriedigend und von dorther weniger anstrengend als Quantität.

Qualität von Denken und Leistung wird nur durch Pausen, Rückzug, Stille und die übrigen unten genannten intuitionsfördernden Methoden möglich. So führt sich die Hetzjagd nach Quantität selbst ad absurdum. Wir können das Geschenk der Natur genießen, daß nur in der Entspannung die wirklichen, der realen Komplexität angemessenen Werte und Qualitäten geschaffen werden.

Bill Gates nennt als wesentlichen persönlichen Erfolgsfaktor seine Konsequenz darin, daß er regelmäßig Pausen einlegt und sich zweimal pro Jahr für eine ganze Denkwoche zurückzieht, Zeiten, in denen er ein tieferes Verständnis für die Zusammenhänge entwickelt. Täglich prüft er, was er aus seinem Tagesplan herausstreichen kann, um Zeit für Wesentliches zu gewinnen. Seine Strategie, mindestens immer zwei Tätigkeiten gleichzeitig zu tun, werde ich in Kapitel 12 erläutern.

Zuerst erfolgt der Lernprozeß in einem personalen oder sozialen System langsam und stetig. Es werden Grundlagen für den Wachstumsprozeß gelegt, der Organismus übt sozusagen die Grundrechenarten, übt „zusammenzählen und abziehen", bevor er seine Kontrolle der Details aufgeben kann und zur „Eponentialrechnung" bereit ist. Der psychische und physische Organismus schafft sich Sicherheiten, um dann in die notwendigen Unsicherheiten springen zu können. Er läuft sich warm, bereitet sich vor, sammelt kinetische Energie, akkumuliert Undefinierbares in der Ruhe, um dann wie Phönix aus der Asche zu steigen.

Die Natur ist voll von Symbolen für diesen Geburtsprozeß als Metamorphose:
- die Raupe, die sich verpuppt, bevor sie zum Schmetterling wird;
- das Ei, das ausgebrütet wird, bevor das Küken schlüpft;
- der Hochleistungssportler, der ein Formtief durchläuft, bevor er den neuen Rekord erreicht;
- der Künstler, der scheinbar endlose Momente vor dem Papier sitzt, bevor ein neues, kraftvolles Werk entsteht;
- Liebespaare, die durch einen schwierigen Konflikt gehen, bevor ihre Liebe noch tiefer und erfüllender wird.

Wir erfahren auch immer wieder Rückschläge. Entwicklung geht durch spiralische Bewegungen immer wieder zu einem Punkt, an dem wir glauben, nicht weitergekommen zu sein. Es kann Schmerzen geben und Widerstände. Wir erfahren unsere Grenzen und erleben, wie wir an alten Strukturen festhalten. Und irgendwann stehen wir vor der Möglichkeit zu einem Sprung in eine neue Dimension unserer Denk- und Lebensmöglichkeiten.

Um diesen Prozeß des Wachstums zu verdeutlichen, möchte ich Sie zu einem Ausflug in die moderne Entwicklungspsychologie einladen. Alle ernstzunehmenden Entwicklungspsychologien sind heutzutage – quer durch die verschiedenen Schulen – hierarchische Stufenmodelle, d.h. sie gehen von aufeinander aufbauenden Fähigkeiten aus. Kein späterer Lernschritt kann erreicht werden, wenn die vorhergehenden nicht durchschritten sind. Ich orientiere mich im folgenden am Modell von Jean Piaget, das von Ken Wilber erweitert und zu einem umfassenden Entwicklungsmodell von Menschsein und Evolution ausgearbeitet wurde.

1. Die senso-motorische Entwicklungsstufe mit Bedürfnissen, Empfindungen und Wahrnehmung bildet sich in den ersten Lebensmonaten aus.

2. Dem folgt die phantasmisch-emotionale oder emotional-sexuelle Stufe, in der sich der bildliche Verstand, die einfachste Form geistigen Abbildens, die nur Bilder benutzt, entwickelt.

3. Die nächste Stufe ist die des repräsentierenden Geistes oder des präoperationalen Denkens:
   a) Denken mit Symbolen (2-4 Jahre). Ein Symbol geht über ein Bild hinaus,
   b) Denken mit Konzepten (4-7 Jahre). Konzepte gehen über Symbole hinaus.

4. In der konkret-operationalen Phase entwickeln sich die Regeln und Rollen. Nun werden wir zu Operationen wie Multiplikation, Division, Klasseneinteilung und Hierarchisierung fähig.

5. Schließlich entwickelt sich in der formal-operationalen Phase der formal-reflexive Geist. Dies ist die erste Struktur, die nicht nur über die Welt nachdenken kann, sondern auch über das Denken selbst. Jetzt entsteht die Fähigkeit zur Introspektion und Selbstreflektion. Der Geist kommt in die Lage, Beziehungen (die keine Dinge sind) einzuschätzen und zu verarbeiten. Es ist die Stufe, in der der größte Teil des alltäglichen Erwachsenenlebens vollzogen wird: Logik, Verknüpfungen, Rationalität

6. Zahlreiche Psychologen sprechen von einer ganzheitlich-kognitiven Struktur, die über die Stufe formal-operationalen Denkens hinausgeht. Sie wird als integrativ oder kreativ-synthetisch bezeichnet. Wilber nennt sie die visionäre Logik. Beziehungen und Wahrheiten werden als ein integrales Ganzes gesehen.

In unserem Konzept ist dies die erste Stufe des räumlich-ganzheitlichen Wahrnehmens und Gewahrseins (siehe Kap. 12).

Sich der Rationalität bewußt zu sein, bedeutet, daß man nicht nur Rationalität besitzt. Die formal-operationale Stufe ist die Problemlösungsebene. Aber jenseits dieser Ebene gibt es wahrhaft kreative Menschen, die wichtige Probleme überhaupt erst entdecken, artikulieren und wesentliche Fragen stellen. Die alltägliche gebundene Rationalität beschreibt die Welt, als wenn sie vorgegeben wäre für das ebenfalls vorgegebene Subjekt. Sie reicht aus, um alltägliche Probleme zu lösen, nicht aber, um die anstehenden Fragen der Weltentwicklung zu beantworten.

7. Wilber nennt eine weitere, über die sechste Stufe hinausweisende Stufe: die psychische Ebene. Die kognitiven und wahrnehmenden Fähigkeiten werden so pluralistisch und universal, daß sie über alle engen persönlichen Anliegen hinausreichen.

Dies ist in der CoreDynamik die Stufe des intuitiven Erfassens, der Aktivierung der nicht-sinnlichen Antennen und des unmittelbaren Gewahrseins (Kap. 12-13).

8. Wilber benennt darüber hinaus die subtile oder feinstoffliche Ebene der menschlichen Entwicklung.

9. Schließlich können Menschen die kausale Ebene als Quelle aller anderen Strukturen erreichen.

10. Die zehnte Stufe ist in der Entwicklungspsychologie von Wilber **das absolute Bewußtsein an sich**.

Diese letzten drei Stufen nenne ich die CORE- oder Wesensebene, in der das Denken seine Getrenntheit und Partikularität aufgibt.

Es wird deutlich, daß auch in der empirischen Psychologie Stufen der Entwicklung des Denkens, Fühlens, Erkennens und Intuierens anerkannt werden, die über unsere alltäglich-logische Intelligenz hinausgehen. Wir nennen dies mit Wilber **integrales Denken** (Kap. 14). Dies ist in Wilbers Buch **„Eros, Logos, Kosmos"** ausführlich geschildert und soll später an anderer Stelle differenziert behandelt werden.

10.3 Körperlich und geistig fit

Wie gewinnen wir die nötige geistige, seelische und körperliche Energie, um wachsende Komplexität meistern zu können? Ohne Übung kommen wir nicht dahin. Beruhigend mag die Erkenntnis sein, daß der Mensch die Art von „Maschine" ist, die eher verschleißt, wenn sie nicht benutzt wird. Natürlich stoßen wir als organische Wesen immer wieder an Grenzen und müssen wir uns ausruhen. **Aber zu-**

meist gewinnen wir Energie, wenn wir unsere Energie auf eine gute Weise verausgaben. Das beste Mittel gegen körperliche Erschöpfung ist Körpertraining. Geistige Schlaffheit kann dadurch geheilt werden, daß wir einen festen Vorsatz fassen und entschlossen handeln.

Mit George Leonard (Der längere Atem) bin ich aus eigener Erfahrung von folgenden **Energiegebern** überzeugt:

1. Bleiben Sie körperlich fit

Es gibt unzählige Tips für körperliche Fitneß. Doch klar ist: Jeder und jede muß sich ihr eigenes Fitneßprogramm zusammenstellen. Nur eine **Grundregel** ist klar: Ohne regelmäßige, die Beweglichkeit fördernde und den Kreislauf stimulierende Bewegung entsteht keine Fitneß. Schwitzen ist noch besser. Am besten bewegen Sie sich solange, bis ein Gefühl von Beweglichkeit, Freiheit und Glück in Ihnen entsteht. Auch wenn es am Anfang schwer ist, in Bewegung zu kommen, irgendwann kommt die Lust, sich körperlich zu bewegen und fit zu halten. Bewegung wirkt sich übrigens auch positiv aus auf die geistige und sexuelle Potenz, auf **Sinnerfassungskapazität** und auf die Fähigkeit zu komplexem Denken und Handeln.

Es geht mir jedoch nicht um körperliche Höchstleistungen, sondern um eine Fitneß, die aus dem Inneren wächst. Die mentale Vorstellung von Beweglichkeit, Gesundheit und Aufrichtung ist der erste Schritt. Das zweite Geheimnis ist Atembewußtheit.

Charisma ist aufgerichtete Beweglichkeit gepaart mit Atembewußtheit und Stimmigkeit.

Die Frage ist, ob und wie wohl wir uns in unserer Haut fühlen. Wenn wir uns wohl fühlen, strahlen wir Zufriedenheit und Zuversicht aus und wirken wohltuend auf andere Menschen.

Wählen Sie die Bewegungsform (und die Ernährung), die Ihnen wirklich entspricht, die Sie, ohne sich zu quälen, mit Freude regelmäßig durchführen können. Sie können die Weisheit Ihres Körperbewußtseins fragen, um herauszufinden, was Ihr körperlich-seelischer Organismus braucht, um fit, beweglich, empfangsbereit und glücksfähig zu sein.

2. Das Negative nicht leugnen, das Positive betonen

Ein weiterer Energiegeber besteht darin, daß Sie positiv denken und das Schwierige, Dunkle **nicht** vermeiden. Ausschließlich positiv Denken zu wollen ist eine sehr gefährliche Grundhaltung. Das verdrängte Negative kommt dann mit um so größerer Gewalt auf uns zu und überrollt uns. Das Negative will gewürdigt werden, dann erst entfaltet das Positive seine heilende Wirkung. Allgemein kann man sagen, daß Leugnen Energie unterdrückt, während realistisches Anerkennen der Wahrheit Energie freisetzt.

Die Wahrheit zu sagen kann zwar zuerst weh tun. Anerkennen, was wirklich ist, gibt Ihnen, der Familie oder der Firma jedoch mehr Energie. Sitzungen dauern weniger lang. Es wird weniger Energie damit vertan, etwas **nicht** zu sagen. Geheimnisse und Indirektheiten, Lügen und negative Kritik wirken sich zwischen Menschen und Abteilungen wie Gift aus.

Wirklich kreative Menschen lassen alle Gefühle zu, auch die dunklen. Wut z.B. enthält ein hohes Maß an kreativer Energie. Die damit freigelegte Empörung kann Ihre Energie in positive, aufbauende Richtungen lenken.

3. Prioritäten setzen

Eines der schwierigsten Dinge im Leben ist Entscheidung, der Verzicht auf Möglichkeiten. Bei Entscheidungen stehen wir oft in einem Dilemma: Wenn wir in eine Richtung gehen wollen, müssen wir auf andere Möglichkeiten verzichten.

Dieser Verzicht fällt besonders Menschen schwer, die zu den Grundhaltungen 2, 4 und 7 (Maßlosigkeit, Verführung, fehlende Grenzen; vgl. Kap. 5) neigen. Grenzen, Beschränkungen oder auch nur normales Mittelmaß sind für diese Menschen schwer zu ertragen. Deswegen setzen sie oft keine Prioritäten in ihrem Leben und bleiben dadurch letztlich ohne wirklichen Erfolg, ohne wirkliches Ankommen. Wenn wir alles wollen, bleiben wir schließlich ohne etwas zurück.

Nur das **Akzeptieren von Grenzen** schenkt uns Befreiung (Leonard). Lebens- und Berufsziele sollten sehr konkret aufgeschrieben und nach Wichtigkeit geordnet werden.

4. Eine Verpflichtung ist die halbe Miete. Und dann handeln!

Der erste Schritt besteht darin, sich überhaupt auf die Reise zu machen. Wenn ich Redner, Autoren oder Künstler berate, die unter einem Kreativitätsblock leiden, stelle ich oft fest, daß sie sich hemmen, den ersten Schritt zu tun, das erste Wort niederzuschreiben. Oft liegt dem ein Perfektionszwang zugrunde, die Angst, einen Fehler zu machen.

Wenn diese Menschen beginnen, die Energie zu genießen, die daraus erwächst, daß sie sich zur ersten Seite, zum ersten Schritt, zum ersten Bild oder Musikstück verpflichtet haben, dann entsteht der kreative Fluß (Flow), und das Ergebnis läßt nicht lange auf sich warten.

5. Der Weg ist das Ziel

Kontinuierliche Übungspraxis ist das Geheimnis. Wenn wir beginnen, jedes Tun als eine Übung zu begreifen, nicht als Ernstfall, sondern als Übung auf dem Weg zur Selbsterkenntnis, kehrt **Gelassenheit** in uns ein, die eine wichtige Bedingung für Komplexitätsbewältigung ist. Der Überblick wächst, die Energie wächst, indem wir sie ständig verbrauchen, verschenken. Wenn wir dann noch lernen, unsere Ruhepausen mit positiven Handlungen zu gestalten, wird sich unser Energieniveau deutlich erhöhen.

Ebenso wie die obere Grenze von Glück erfahrbar und ausdehnbar ist, so ist unsere obere Grenze von Intensität und Energie bestimmbar und ausdehnbar, wenn wir ein Bewußtsein dafür entwickeln.

Wenn ich in unseren Seminaren

o.G.I. = o.G.G.

(die obere Grenze aushaltbarer Intensität entspricht der oberen Grenze von Glück) an das Flip-Chart schreibe, können viele Teilnehmer aus eigenen Erfahrungen zu dieser Gleichung berichten. Der Übergang zur Körperarbeit, die die Intensitätsgrenze ausdehnt (siehe Kap. 12 /13), ist dann oft leicht.

10.4 Spannung halten – Richtung geben

Wesentliche Übungen sollen Spaß machen, die Aufgabe soll anschaulich, in ihrem Sinn erkennbar und wiederholbar sein und eine gewisse geistige und körperliche Herausforderung darstellen. Diese Kriterien erfüllt die Übung des Bogenschießens. Wenn wir das Ziel gesteigerter Konzentration, Aufmerksamkeit, das Prinzip von Spannung halten und Spannung lösen sowie Zielorientierung gemeinsam angehen wollen, ist das Bogenschießen eine geeignete Möglichkeit.

Zu dieser Übung brauchen wir die Teilnehmer niemals zu motivieren. Die kunstvollen Sportbögen sind in sich schon Reiz genug, das innere Kind und den inneren Meister zur Übung herauszulocken.

Das Entscheidende an der Art, wie wir das Bogenschießen üben, liegt darin, daß es nicht darauf ankommt, möglichst schnell ein Ziel zu erreichen, also in diesem Fall das Zentrum der Scheibe zu treffen. Es kommt vielmehr darauf an, eine bestimmte innere Haltung zu erlernen, die die Voraussetzung für ein entspanntes Treffen des Zieles ist. In der Übung verwandelt der Übende sich auf eine Weise, die es ihm ermöglicht, die Leistung leicht und mühelos zu erzielen.

Der Japaner versteht unter der Kunst des Bogenschießens ein Können, dessen Ursprung in geistigen Übungen und dessen Ziel in einem geistigen Treffen besteht. Es handelt sich um eine Auseinandersetzung des Schützen mit sich selbst. Es ist wie ein Durchstoß durch die Zerstreutheit des Alltags zu einem tiefen Kontakt mit sich selbst.

Zunächst geht es um eine Lockerung der Muskeln und des Geistes. Beides wird im **absichtslosen Zielen** mit äußerster Wachheit des Geistes verbunden. Es sind Schritte, um von sich selbst loszukommen, konzentriert und absichtslos zugleich zu werden, unbetroffen zu verweilen, bis der Übende nicht mehr selbst als „Ich" schießt, sondern „es" schießt. Wenn dies zum ersten Mal gelingt, ist es mit einem starken Glücksgefühl verbunden. Der Schießende wird eins mit dem Ziel und der Schuß löst sich wie von selbst, um mit Sicherheit das Ziel zu erreichen.

Um diese Grundhaltung der entspannten Konzentration zu erreichen, gestalten wir das Bogenschießen als eine Zeremonie. Schon bei der Vorbereitung wird eine gewisse feierliche Haltung angestrebt, die Wahl des Platzes, der erste Kontakt mit Bogen und Pfeil wird langsam und würdevoll gestaltet.

Wir achten auf einen guten Kontakt des Übenden zum Boden: Wie ist seine Standfestigkeit, seine innere und äußere Haltung, nimmt er einen Standpunkt ein?

Der Vorgang des Spannens wird analysiert hinsichtlich Tempo, Krafteinteilung, Spannung aushalten, Überspannen und spürbarem Potential.

Das Zielen kann untersucht werden auf die innere Gelassenheit, Konzentration, Dauer (zu kurz/zu lang), und die Haltung wird wieder als Ausstrahlung verstanden.

Beim Loslassen kann erfahren werden, wie der Übende mit dem „entscheidenden Moment" umgeht, welche Verbindung von Mut und geschehen lassen, beobachten oder tun gegeben ist.

Beim Treffen sehen wir ein konkretes Ergebnis und reflektieren den Vorgang mit Erfolg oder Mißerfolg.

Es wird leicht deutlich, wo in diesem Prozeßgeschehen der eigene „Engpaß" liegt und wo die Potentiale schlummern.

Wir beobachten oft eine Verwandlung der inneren Haltung der Menschen durch dieses Üben. Die innere Distanz zu Hektik, Enge und Druck kann als Voraussetzung zu einer erfüllenden Leistung und gleichzeitig als schon erreichtes Ziel erfahren werden. Diese Verbindung gibt dem Training des Bogenschießens seine Ganzheitlichkeit und Übertragbarkeit auf den beruflichen und privaten Alltag.

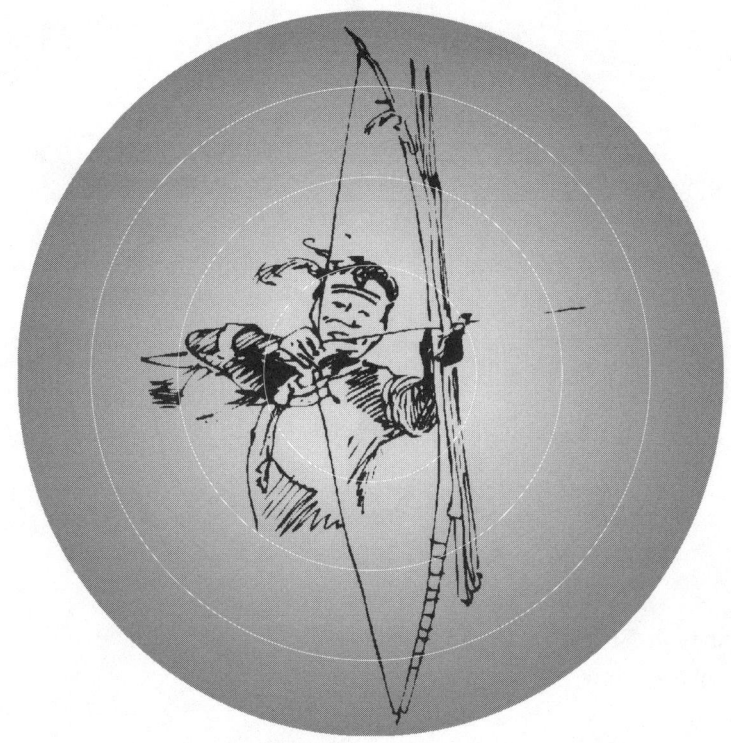

Eine vergleichbare innere Haltung streben wir bei der Arbeit mit dem Stock oder Schwert an. Die Themen:
➤ Richtung
➤ Zielerreichung
➤ Kraftkonzentration in der Körpermitte
➤ Ausstrahlung der eigenen Energie über den Körper hinaus
➤ Konfrontation mit einem Gegenüber
➤ Klarheit des Augenkontakts
➤ Charisma (nichtbedrohliche Ausstrahlung in größter Präsenz)
werden beim übenden Umgehen mit dem Stock erarbeitet.

Arbeit mit dem Stock oder einem vorgestellten Schwert:
„Was sagt mir mein Stab, mein Schwert? Was löst die Empfindung von Richtung und »nach vorn« in mir aus? Was bedeutet Aufrichtung, Senkrechte, Ziel für mich?"

Beide Übungen erfüllen Kriterien für erfolgreiches Üben:
➤ sie machen Freude,
➤ üben Genauigkeit,
➤ üben innere Gelassenheit,
➤ erzielen innere Freiheit,
➤ vermitteln ein Gefühl von Befriedigung,
➤ können in kleine Teilschritte zerlegt werden,
➤ sind mit einem ästhetischen Gefühl und mit Heiterkeit verbunden,
➤ trotz klarer Anweisungen ist ein Raum der Freiheit gegeben,
➤ sie werden in einem feierlichen, zeremoniellen Rahmen geübt, was für die Integration von Körper, Geist und Seele eine wichtige Unterstützung darstellt.

Es gibt weitere Techniken der Energiekonzentration, die in betrieblichen und privaten Situationen gefahrlos angewendet werden können:

Die Technik des **unbeugbaren Arms**:
Die Übenden stehen entspannt mit gutem Bodenkontakt. Ein Bein wird etwas nach vorn gestellt. Der hintere Fuß wird so gedreht, daß eine T-Stellung entsteht. Die Arme schwingen leicht vor und zurück, und irgendwann wird ein Arm nach vorn gehalten. Die mentale Konzentration wird nach vorn gerichtet. Der Partner streicht den Arm zur Hand hin aus. Die übende Person stellt sich einen Energiefluß vor von ihrer Bauchmitte durch den Oberkörper bis in die Fingerspitzen und darüber hinaus auf einen Punkt an der gegenüberliegenden Wand.

Unterstützend zum Aufbau des Energieflusses ist die Empfindung eines Wasserschlauchs, eines Stromkreislaufs, einer Lichtquelle oder was auch immer die Konzentration im Arm, durch die Handgelenke bis über den Körper hinaus fördert.

Die Person, die den Arm ausstreckt (A), stellt sich vor, daß durch den Fluß der Energie ihr Arm unbeugbar wird und schickt alle Kraft nach vorn, jedoch ganz entspannt und ohne Muskelkraft. Der Zeigefinger ist entspannt nach vorn gestreckt, in Richtung Zielpunkt oder darüber hinaus. Den Zeigefinger zu strecken ist nur zu Anfang wichtig. Nach einiger Übung ist es egal, wie wir den Arm halten. Die mentale Kraft wächst so schnell, daß niemand mehr den Arm beugen kann. A kann seinen Arm auf die Schulter von B legen oder ihn frei halten. Der Partner (B) beginnt ganz vorsichtig den Arm zu beugen und verstärkt den Druck immer mehr bis zu einem Höchstmaß.

Solange A die Vorstellung des Fließens aufrechterhält, kann B mit aller Kraft versuchen, diesen Arm zu beugen – es ist nicht möglich.

Auch bei zarten und schwachen Personen kann dieser Effekt gezeigt werden, und es ist immer wieder eindrucksvoll, die Kraft mentaler Bündelung, Ausrichtung oder Konzentration zu erleben.

Was hier im einzelnen wirklich geschieht, kann wohl niemand sagen. Wahrscheinlich entsteht dieses Kraftphänomen aus einer Kombination von Entspannung, realem Energiefluß im Arm, mentaler Richtungskraft, Autosuggestionsfolge (es geschieht, was man denkt) und Fremdhypnose.

Den gleichen Effekt kann man mit Experimenten zum Heben und Schieben zeigen. Nach einiger Vorbereitung kann eine Person von zwei anderen nicht mehr oder kaum noch gehoben oder geschoben werden. Als ich 1978 zum ersten Mal mit dieser Übung in Kontakt kam, sollte ich zusammen mit einem ebenso starken Mann (186, 90 kg) einen schmächtigen Japaner (ca. 55 kg) heben. Es war uns ein Leichtes, ihn anzuheben. Im zweiten Teil der Übung, nachdem er sich nach unten konzentriert hatte, war er bei äußerster Kraftanstrengung und mit allen Tricks keinen Millimeter mehr zu bewegen. Nach diesem Erlebnis widmete ich mich für viele Jahre dem Aikido-Training. Die Erfahrungen aus diesem Training helfen mir heute in vielen alltäglichen Situationen. Weitere Übungsmöglichkeiten finden Sie in dem empfehlenswerten Buch **„Die lernende Intelligenz – Denken mit dem Körper"** von Andy Bryner und Dawna Markova (Junfermann ^{2}1998).

Wenn wir Führungstrainings durchführen, ändern diese Energieexperimente nach einiger Übung die Ausstrahlungskraft der Teilnehmer und ihre Einstellungen zur Bedeutung mentaler Entscheidungen in bemerkenswerter Weise.

11. Die Kraft der Intuition

Erfolg basiert auf Information
und Energie.

„Nichtwissenschaftler denken oft, Wissenschaft gehe deduktiv vor.
Aber eigentlich arbeitet sie vor allem mit Bildern.
Jetzt ändern sich die Bilder in den Köpfen der Menschen."
– *Waldrop* 1993, 423

Intuitives Handeln im Management erfährt seit einiger Zeit immer mehr Würdigung. Studien zeigen, daß erfahrene und erfolgreiche Manager und Führungskräfte sich weitgehend auf ihre Intuition verlassen und „komplexe Probleme nicht nur rational angehen. Sie verlassen sich auf Ahnungen, kennen Muster und ziehen intuitiv Analogien und Parallelen" (Senge 1996, 206).

Obwohl rationales und intuitives Wissen sich häufig auf der logischen Ebene zu widersprechen scheinen, können wir erfahren, daß sie sich auf einer tieferen Ebene dennoch so ergänzen, wie das linke und das rechte Bein und andere polare Ausprägungen unseres Menschseins. Intuitionen ergeben oftmals keinen logischen Sinn. Schauen wir aber tiefer, erkennen wir die öffnende Qualität dieser Information.

Einstein sagte: „Ich habe nie etwas durch rationale Überlegungen entdeckt." Ebenso sah es der Chemiker Kekule, der Erfinder der Strukturtheorie und des Benzolrings. Er beschreibt, wie er diese bahnbrechenden Entdeckungen gemacht hat: „Ich versank in Träumereien. Da gaukelten vor meinen Augen die Atome. Ich habe sie immer in Bewegung gesehen, jene kleinen Wesen, aber es war mir nie gelungen, die Art ihrer Bewegung zu erlauschen. Heute sah ich, wie vielfach zwei kleinere sich zu Pärchen zusammenfügten; wie größere zwei kleinere umfaßten, noch größere drei und selbst vier der kleinen festhielten, und wie sich alles in wirbelndem Reigen drehte. Ich sah, wie größere eine Reihe bildeten und nur am Ende der Kette noch kleinere mitschleppten. Ich verbrachte einen Teil der Nacht, um diese Traumgebilde zu Papier zu bringen. So entstand die Strukturtheorie ... Ähnlich ging es mit der Benzoltheorie ... Wieder gaukelten die Atome vor meinen Augen. Ich versank in Halbschlaf. Lange Reihen von Atomketten ... alles in Bewegung, schlangenartig sich windend und drehend. Und was war das? Eine der Schlangen erfaßte den eigenen Schwanz und das Gebilde wirbelte vor meinen Augen. Wie durch einen Blitzstrahl erwachte ich ..." Der Benzolring war gefunden.

Auch der Mathematiker Henri Poincare berichtet, wie mathematische Begriffe „in Wolken" vor ihm aufstiegen, herumtanzten und sich dann schließlich zur ersten mathematischen, automorphen Funktion vereinigten, während er im Bett lag und auf den Schlaf wartete. Erwin Schrödinger, der die Grundzüge der Wellenmechanik entwickelte, erfaßte sie in einem Trancemoment tiefer Intuition, als er am Strand an der Ostsee lag. Ähnliches beschreiben Friedrich Gauß und der Nobelpreisträger Georges Köhler (Erfinder der monoklonalen Antikörper): Alle machten sie ihre wesentlichen Entdeckungen in der Übergangsphase zwischen Schlafen und Wachen, also in einer Trancesituation.

Von den Komponisten Beethoven, Mozart und Wagner ist ähnliches bekannt. Brahms erzählt: Beim Komponieren „spüre ich Schwingungen, die mich ganz durchdringen ... Diese Schwingungen nehmen die Form bestimmter geistiger Bilder an. Wenn ich den Wunsch geäußert habe, daß mir eine Inspiration gegeben wird, strömen die Ideen auf mich ein. Ich sehe nicht nur bestimmte Themen vor meinem geistigen Auge, sondern auch die richtige Form, die Harmonien und die Orchestrierung. Takt für Takt wird mir das fertige Werk offenbart, wenn ich mich in dieser inspirierten Gefühlslage befinde."

Brahms beschreibt das blitzartig-ganzheitliche, d.h. intuitive Erfassen von neuen Zusammenhängen. „Einige Ideen strömten mit solcher Geschwindigkeit auf mich ein, daß ich nur ein paar fassen und greifen konnte. Ich muß sie dann schnell notieren."

Aber nicht nur Genies haben diese spontane Möglichkeit, in einer Ganzheitserfahrung mit der Ebene der intuitiven Kreativität in bewußte Verbindung zu treten. Auch ganz normale Durchschnittsmenschen können mit diesem Bereich des Wissens Kontakt aufnehmen und intuitives Wissen erlangen.

Intuitives Wissen bildet die Grundlage erfolgreichen Managements und erfüllender persönlicher Beziehungen. Wir wenden in unserer coredynamischen Seminararbeit verschiedene Methoden an, um dieses Wissen zu wecken und an die Oberfläche unseres Bewußtseins zu bringen. Solches Wissen kann aber auch plötzlich und spontan entstehen, wie ein Blitz der Erkenntnis. Es erscheint uns in solchen Momenten so, als würden wir für einen Augenblick auf einem hohen Aussichtsturm stehen und einen weiten erhellenden Ausblick haben. Dieser Augenblick ist im allgemeinen so kurz, daß wir ihn nicht bewußt wahrnehmen, sondern nur eine Spur, eine Ahnung im Bewußtsein zurückbleibt.

Unser Wachbewußtsein ist untrainiert zu langsam, um diesen Augenblick ganz erfassen zu können. Wir müssen also unsere Wahrnehmungsfrequenz erhöhen, um solche Augenblicke der Intuition besser erfassen zu können.

Diese Beschleunigung ist nicht gleichbedeutend mit höherem Tempo, mit mehr Eile oder mehr Streß. Vielmehr ist es so, daß wir uns weniger beeilen müssen, wenn wir unser inneres Schwingungstempo erhöhen. Dies läßt sich üben, indem wir in die Stille kommen, still sitzen und den Strom der Ereignisse quasi gleichzeitig vor unserem inneren Auge vorbeiziehen lassen. Wir erhöhen die Atemfrequenz ein wenig (ca. fünf bis zehn Prozent), vergrößern unser Raumbewußtsein (Kap. 12.2) und stellen uns vor, wie wir in diesem Strom der Ereignisse mitfließen.

Zudem können wir intuitive Informationen besser wahrnehmen, wenn wir unser Handeln in aller Ruhe beschleunigen: Wir nutzen hierzu eine allseits beliebte sogenannte Impulsübung, die Spaß macht, die Gruppe energetisiert und leicht über Handlungsblockaden hinweghilft.

Übung:
Ein Teammitglied steht in der Mitte der Gruppe, entspannt sich und schließt seine Augen leicht, bis er den weichen Blick ganzheitlicher Wahrnehmung spürt. Danach geben die Umstehenden schnelle Handlungsanweisungen an das Teammitglied in der Mitte, wie z.B.:
- schnelles Herumlaufen,
- Armausstrecken,
- zackige Bewegungen vollführen,
- drei Farben nennen,
- einfache Rechenaufgaben lösen,
- dem Teilnehmer X ein kurzes Feedback geben,
- spontan einen Gedanken äußern,
- dem Teilnehmer Y die Hand geben,
- die Namen seiner Kinder nennen,
- usw.

Einzige Bedingung für diese Impulse ist, daß sie nicht die Würde und Integrität der Beteiligten angreifen oder in Frage stellen. Die Anweisungen werden so schnell hintereinander gegeben, daß die Person in der Mitte keine Zeit hat, sie zu kontrollieren, zu überprüfen und zu bewerten. Sie führt sie einfach in dem Moment, in dem das akustische Signal kommt, ohne Zögern aus.

Ist sie nach wenigen Minuten so in Fluß gekommen, daß sie nicht mehr nachdenkt, sondern spontan reagiert, gleichsam ohne Zeitverzögerung, ruft der Trainer „Wechsel", und sofort folgt die Person in der Mitte ihren eigenen Impulsen:

> ▶ Teilnehmer Z am Ohr ziehen,
> ▶ Teilnehmer A ein Feedback geben,
> ▶ Teilnehmer B eine Frage stellen,
> ▶ ein Lied singen,
> ▶ einen Verbesserungsvorschlag für die Abteilung oder die Beziehung machen etc.
>
> Nacheinander kommen alle Teammitglieder in die Mitte.

Nach dieser Spontaneitätsübung kann ein Planungsgespräch sehr viel effektiver verlaufen als aus der bekannten trägen Haltung des Sitzens. Aus gutem Grund gab es bei den alten Griechen und Römern die Wandelgänge ...

Intuition allein reicht jedoch nicht aus, um Herausforderungen erfolgreich zu begegnen. Inneres Wissen muß verbunden werden mit äußerem Wissen. Insofern ist eine inhaltliche Vorbereitung auf eine Teamsitzung, ein Gespräch mit Kunden oder mit Kollegen unerläßlich.

- Zuerst geht es darum, sich alle wichtigen Daten, Sachkenntnisse zum Thema zu erarbeiten. Als erste Orientierungslandkarte dafür hilft das Verfahren des Mind-Mapping (s.o.).
- Sodann ist es wichtig zu klären, mit welcher Motivation und Zielsetzung man in das Gespräch geht. Was will ich erreichen?
- Ferner ist eine körperliche Vorbereitung sehr bedeutsam: Still werden, eine kleine Pause machen, sich besinnen auf die Mitte des Körpers, um die persönliche Kraft zu aktivieren und schließlich die Atmung bewußt machen, damit die Körperantennen und Energiezentren aktiviert werden.
- Nach dieser Vorbereitung sollte man alle Planungen loslassen, sich frei und leer machen und wie unvorbereitet (obwohl präzise vorbereitet) in den Kontakt gehen. Durch das Loslassen der Konzepte werden wir offen für Unvorhergesehenes, für Neues und Ungeahntes. Wir können durch dieses Verfahren ein Vertrauen entwickeln, daß uns im rechten Augenblick schon das Richtige einfällt.

Ich gehe in meine Trainings und Coachings genau mit dieser inneren Einstellung: Einerseits weiß ich, daß ich mich jetzt auf dieses Treffen gut vorbereitet habe, alles mögliche Notwendige in Erfahrung gebracht habe. Dennoch gehe ich ohne Vorkonzept, ohne enge Richtung in den Kontakt.

Wenn ich dabei häufiger die Technik des weichen Blicks anwende und die Atmung im Bauch verstärke, ermöglicht dies mir ein Bewußtsein von Gleichzeitigkeit von Wissen und Nichtwissen, Lösungsorientiertheit und Offenheit für neue Wege.

Wie aber können wir aus der Vielzahl von Gedanken und Eingebungen, die wir täglich empfangen, die herausfiltern, die von intuitiver Qualität sind? Wie unterscheiden sich echte Intuitionen von Selbsttäuschungen, Wunschdenken und Bewußtseinstäuschungen?

Die jeweilige Qualität der intuitiven Information ist nicht notwendigerweise gegeben. Wir Menschen können uns täuschen in bezug auf Intuition, speziell, wenn wir dazu neigen, zu phantasieren, und wenn wir Projektion, Bild und Wünsche, Wahrnehmung und Vermutung, Eigenes und Fremdes nicht unterscheiden können.

Deswegen ist die in den ersten Abschnitten beschriebene Vorbereitung so wichtig, damit wir über eine Landkarte verfügen, wie wir Intuition und Phantasie, Gefühle und Wünsche unterscheiden können. Das sozial-emotionale Handwerkszeug, wie es in den ersten Lernschritten der CoreDynamik-Trainings vermittelt wird, ist hier ein gutes Regulativ.

Wenn wir unsere Verbundenheit mit der Welt erkennen und erleben, können wir Mitgefühl und Engagement für das Ganze entwickeln. In den erfolgreichen Bereichen der Wirtschaft wird die Zeit bald vorbei sein, in der die bestbezahlten Leute nur einen Teil ihrer Kompetenzen und Kreativität benutzen, nämlich nur ihre Rationalität. Über unsere bisher anerkannten Sinneskanäle Sehen und Hören nehmen wir nur ca. 8% des gesamten physikalisch nachweisbaren Wellenspektrums wahr. Die übrigen 92% der Information sind uns teils nicht zugänglich, teils verschenken wir sie, da wir gelernt haben, die unterschwelligen Informationen auszublenden oder zu unterdrücken.

Unsere Erfahrungen in den Trainings zeigen, daß nach anfänglichen Widerständen und Skepsis eine Phase des Ausprobierens und dann des sich Einlassens und schließlich engagierten, erstaunten und erfreuten Forschens in Sachen Intuition erfolgt.

In der Intuition wissen wir, ohne genau zu wissen, warum wir etwas wissen. Es handelt sich um einen komplexen Prozeß, der sehr schnell abläuft und sich vom schrittweisen Denken unterscheidet. Das Gehirn fügt in diesem Blitz schlagartig eine Vielzahl von sinnlich aufgenommenen Detailinformationen zu einem ganzen Bild zusammen.

Auch die Wissenschaft basiert auf intuitiven Erkenntnissen. Einstein stellt fest: „Die Lösungen kommen zu dir und du weißt nicht, wie und warum." Neugier ist ein Botschafter der Intuition. Sie will uns neue Horizonte eröffnen.

Wir stehen vor der Möglichkeit, mehr als die altbekannten rationalen Vorgehensweisen der Informationsgewinnung zu nutzen. Es gibt inzwischen viele Methoden, die – zugeschnitten auf die Zielgruppe – die Fühl- und Denkfähigkeit sowie Kreativität von Mitarbeitern, Führungskräften und Liebespartnern erhöhen können.

Effektive Trainer arbeiten hierfür mit Methoden der Entspannung, der Hypnose in verschiedenen Tiefungsebenen, der Phantasieöffnung, der Körperaktivierung und mit zahlreichen Techniken, beide Hirnhemisphären zu aktivieren. Was auf diesem Übungsweg möglich wird, erscheint zunächst schier unglaublich: Wir kommen auf Ideen, die vorher undenkbar schienen. Wir entwickeln Handlungsalternativen, die vorher außerhalb unseres Vorstellungshorizonts lagen.

Ein gutes Kriterium für die Prüfung intuitiver Informationen ist, ob man sich mit dem Ergebnis schwach oder stark fühlt. Ebenso, ob ein innerer Zwiespalt bleibt oder ob eine innere Klarheit entsteht, die ein klares Gefühl von Richtung mit sich bringt. Wichtig ist, die leisesten Zweifel sehr bewußt zu hören und die Regel der „ersten Wahrnehmung" ernstzunehmen, also das anzuschauen, was als erstes im Inneren hochgestiegen ist.

Albert Einstein hat die Physik des 20. Jahrhunderts entscheidend verändert. Er fuhr Fahrrad, spielte Geige, lachte viel und liebte Umwege und Vieldeutigkeiten. Ich zitiere ihn mehrmals, weil unser ängstliches Kopfwissen die Erlaubnis von Autoritäten braucht, die 92% ungenutzten Potentials anzuzapfen, da wir dafür alte Grenzen und Gewohnheiten sprengen müssen: „Was wirklich zählt, ist Intuition."

Was ist Intuition und wie läßt sie sich entwickeln?

Intuition ist eine reale Möglichkeit des Menschen, in Kontakt zu kommen mit tieferem Wissen und speziellen Informationen, die uns das Alltagsbewußtsein verstellt. Es ist jedoch problematisch, wie selbstverständlich anzunehmen, daß jede scheinbare Intuition notwendig richtig ist. Wir können Hoffnungen, Ängste oder Wunschdenken mit Intuition verwechseln und dem Irrglauben verfallen, jeder Traum, jedes Gefühl, jede gezogene Tarotkarte sei eine Botschaft einer höheren Weisheit. Die unterentwickelte Intuition kann launisch und verworren, irreführend und fehlerhaft sein. Echte Intuition ist jedoch jedem Menschen möglich. Wir können lernen, unsere Intuition zu schulen und die Merkmale einer echten Intuition von einer Projektion oder anderen Phantasien zu unterscheiden.

Wir fördern intuitive Erkenntnis in unseren Trainings, indem wir den Teilnehmern folgende Aufgabe stellen:

> Vier Gruppenmitglieder sitzen zusammen, zwei übernehmen die Aufgabe, alles, was gesagt wird, wortwörtlich zu protokollieren. Die zwei übrigen teilen sich auf in die Rollen des Senders und des Empfängers.
>
> Der Sender beginnt mit einer einfachen Assoziationsübung:
> „Ich sehe dich an und stelle mir dabei einen Baum (eine Blume, oder ein Tier) vor. Dieser Baum ist ..." Es folgen alle Eigenschaften des Baumes, die im Sender aufsteigen, wie z.B. verwurzelt, stabil, schief im Wind stehend, krank, traurig, uralt und vielen Stürmen trotzend.
> Oder beim Bild einer Blume: langsam sich öffnend, duftig riechend ...
> Oder für ein Tier: wild, gefährlich, schmusig, hungrig, weise ...
>
> Die Protokollanten schreiben abwechselnd mit, so daß Informationen vollständig festgehalten werden können. Nach ca. zehn Minuten erzählt die Empfängerperson, was sie fühlt, was sie erreicht oder berührt hat, wo sie sich gesehen fühlt und wo nicht.
>
> Dann stellt sich der Sender vier Fragen:
> 1. Welche der Assoziationen spiegeln einen Teil von mir und auch von dir (Ähnlichkeitserkennung über Gemeinsamkeiten)?
> 2. Welche der inneren Bilder spiegeln wirklich etwas von dir und nicht von mir (also real wahrgenommene Anteile des Gegenüber)?
> 3. Was ist meines und nicht das des Empfängers (also Projektionen)?
> 4. Was sind psychologische Allgemeinplätze, d.h. Aussagen, die in ihrer Allgemeinheit immer stimmen oder sonstwie gern gehört werden, so daß die Eigenwahrnehmung sie als stimmig empfindet?

Mit dieser Unterscheidungsübung kann einerseits erfahren werden, wie schnell wir projizieren, wie sehr wir eigene Bilder auf ein Gegenüber draufpacken, und daß wir andererseits richtige Wahrnehmungen vom Gegenüber empfangen können und daß wir uns drittens leicht in Allgemeinplätze flüchten, die den Anschein intuitiver Erkenntnis erwecken.

Daß wir spontan auch in einem ersten Kontakt mit anderen Menschen einige ihrer wesentlichen Eigenschaften und Verhaltensmerkmale erkennen können, ohne uns dessen voll bewußt zu sein, zeigt ein anderes Experiment, das wir in Seminaren oft zu Anfang machen, um zu intuitivem Wahrnehmen zu ermutigen:

Jeweils drei bis vier Leute äußern spontan ihr inneres Bild eines Tieres zu einem Gruppenteilnehmer, das am ehesten dessen Eigenschaften verkörpern könnte.

Auf diesem Weg kann einerseits die Wahrnehmungsfähigkeit geübt werden, andererseits stellt er eine schnelle und frühe Abklärungsmöglichkeit für Selbst-

und Fremdbildwahrnehmungen dar. Der Unterschied zwischen Beobachtung und Projektion wird im Laufe des weiteren Prozesses herausgearbeitet.

Ob sich eine echte, wegweisende Intuition entwickelt, hängt u.a. davon ab, inwieweit wir uns der Störungen und Hindernisse bewußt werden, die ihre Klarheit beeinträchtigen. Intuition gibt uns eine Richtung, zeigt uns gangbare Wege, sie entbindet uns aber nicht der Vorbereitung und der verstandesmäßigen Durcharbeitung der Informationen, die wir durch sie erhalten.

Intuitive Botschaften werden meist symbolisch verschlüsselt gegeben, so daß wir sie zuerst entschlüsseln müssen. Im Deutungsvorgang können sich Übersetzungsfehler einschleichen. Es ist wichtig, daß wir uns selbst gut prüfen und kennen, um eine Vermengung unserer Deutungen mit Wünschen und Zielen, Projektionen und Ängsten oder einfach Einbildungen zu verhindern.

So schleichen sich insbesondere dort Wahrnehmungsfehler ein, wo das Gegenüber indirekt eine andere Grundhaltung zum Leben ausdrückt, als es die meine ist. Vom Standpunkt des „Perfektionisten" ist z.B. die kritische Frage dessen, der nach Existenzberechtigung sucht, eher ein böser Angriff, von der Seite des Senders jedoch eher als angstreduzierende Sicherungsmaßnahme gedacht.

Unsere inneren Bilder, Erfahrungen und Wünsche prägen unsere Weltwahrnehmung. Die Welt ist dann so für uns und nicht anders.

Weltbilder entstehen im Kopf. Nein, wir müssen korrigierend hinzufügen: Sie entstehen im gesamten psychophysischen Organismus. Gefühle, Stimmungen und vor allem Ziele prägen unsere Wahrnehmungen.

Wenn ein Vorgesetzter sich als führungsschwach erlebt, wird er den Führungsstil des langen Zügels leicht zur „besten Konzeption" erheben. Wenn wir schlecht zuhören können, werden wir Zuhören als „Weichei-Verhalten" empfinden.

Wenn unser Vorurteil ist, daß Computerspezialisten keine Gefühle zeigen können, werden wir das auch so erleben und vielleicht sogar von uns selbst unbemerkt versuchen, diese „Wirklichkeit" herzustellen (self-fullfilling-prophecy).

Wir können Intuition nicht erzwingen. Wir können uns nur auf dieses Geschenk vorbereiten, die Informationen einladen und gute **Empfangsbedingungen** in uns schaffen. Solche guten Empfangsbedingungen sind z.B.:

➤ Entspannung,
➤ achten auf Körperempfindungen,
➤ üben in Geduld,
➤ üben von innerer Stille,
➤ loslassen der festen Absicht, eine bestimmte Information zu bekommen,
➤ offen sein für Überraschungen (das Unbekannte riskieren),
➤ wahrnehmen kurzer, blitzartiger Offenbarungen,
➤ offen sein für ein Gespür für das Ganze,

- spielen mit verschiedenen Möglichkeiten,
- spielen mit verschiedenen kreativen Medien (Bild, Ton, Bewegung, Laute, Gedichte),
- eine realistische Selbsteinschätzung entwickeln, um persönliche Fehlerquellen kennenzulernen, die eine Intuition verfälschen können.

Hirnforscher haben inzwischen die alte Hypothese fallengelassen, daß Intuition und Kreativität hauptsächlich mit den Funktionen der rechten Gehirnhälfte zu tun haben. Vielmehr glaubt man heute zu wissen, daß diese kreativen Prozesse eher mit einem rechts-linkshirnigen Austausch, mit der **Beweglichkeit des Gehirns** und des übrigen Körpers sowie mit Entspannung und dem Zulassen zarter innerer Impulse zu tun haben. Wenn wir uns entspannen, können leichter **Verbindungen** zwischen verschiedenen Hirnregionen geknüpft werden, die durch Integration unterschiedlichster Informationsarten solche intuitiven Botschaften ermöglichen, die wir als klar, wegweisend und kreativ empfinden.

Eine hilfreiche Metapher zu dem, was im kreativ-intuitiven Prozeß eigentlich geschieht, ist das holographische Konzept vom Universum. Es geht davon aus, daß der Kosmos ein hochdifferenziertes Gewebe von Informationen ist, die als Wellenmuster aufgefaßt werden. Als Menschen sind wir mit unserem Empfangsorgan Körper (also nicht nur mit dem Gehirn) Teil dieses riesigen Netzes. Wir können in diesem Interferenzmuster von Wellen und Schwingungen alle Informationen aufnehmen, für die wir unsere Kanäle öffnen. Derartige Empfänglichkeit scheint eine Frage von Begabung **und** von beharrlicher Übung zu sein.

Ein „höherer Bewußtseinszustand" könnte folglich umschrieben werden als die Fähigkeit, mit diesen im Universum vorhandenen Informationen Kontakt aufzunehmen.

Die meisten Weisheitslehren der Welt nennen als Grundbedingung für Bewußtseinsentwicklung die **Stille**. Stille kann jedoch nur entstehen, wenn wir zu hohe Spannung und Streß abbauen, uns Zeit nehmen, in diese inneren Räume vorzudringen. Kreativität oder Intuition scheint sehr viel mit dem Faktor Zeit zu tun zu haben. **Die Seele scheint ein Raumwesen zu sein**. In ihre Tiefen vorzustoßen erfordert **Weg-Zeit**, braucht Ruhe und Wachheit.

Empfänglichkeit für Intuition entsteht daraus,
- daß man sich in einen scheinbar paradoxen Zustand, den Zwischenbereich von Konzentration und Entspannung begibt,
- daß man nichts erwartet und ganz empfänglich ist,
- daß man in einen Zustand der schöpferischen Indifferenz gelangt.

Empfangen werden entweder systematisch geordnete Informationen oder ganzheitlich-symbolische Formen. Erste Impulse sind oftmals nur subliminal, d.h. sie liegen unterhalb der Schwelle unseres Alltags- oder Normalbewußtseins. Es scheint jedoch ein gewisses intuitives Wellenband zu geben (sowie es auch Schallwellen, Farbwellen und elektrische Wellen gibt). Der Impuls ist zunächst winzig klein und wächst im Körper und Gehirn, bis er sich schließlich zu einer erkennbaren Gestalt, einem Bild, einem Gefühl oder einem Gedanken verdichtet. Wir empfangen also auch dann schon, wenn wir diese Tatsache noch nicht bewußt registrieren.

Gehirn und Körper sind also nicht Quellen der intuitiven Information, sondern deren Verstärker. Ist die Information aufgenommen und lange genug – über eine halbe Sekunde – deutlich geworden, dann analysiert der Kopf das Wissen wie gewohnt.

Erkenntnis-Geschenke kommen in diese wache Entspannung hinein, wenn wir bereit sind, über das Naheliegende hinauszusehen, Ungewöhnliches zuzulassen und die Zensur, den inneren Kritiker, vorerst in den Warteraum zu setzen. Jegliche Beurteilung der Botschaften zurückzustellen ist sehr wichtig, um Offenheit für **Empfang** möglichst lange aufrechtzuerhalten. Auch die Qualität unseres Ausdrucks, unserer Bilder, Gedichte und Figuren, die wir in diesem kreativen Prozeß gestalten, darf nicht vorschnell beurteilt werden. Dies ist der Rohstoff, den wir sammeln und zu einem späteren Zeitpunkt auswerten. „Man sollte eine Intuition als ein vom Winde herangewehtes Samenkorn betrachten, das man erst mal am besten sich selbst überläßt, um zu sehen, ob es Wurzeln schlägt" (Goldberg 1993, 219).

Wir behindern unsere intuitiven Fähigkeiten durch Streß. Füllt sich ein Körper mit negativem Streß, dann ist das Nervensystem so damit ausgelastet, diese Störung in den Griff zu bekommen, daß seine Möglichkeiten begrenzt werden, weitere Bewußtseinszustände zu erreichen. Dann ist die Aktivität des „Nach-draußen-Sehens" zu stark, wird das Rauschen im System zu groß, um feinere Informationen zu erhalten.

Die beste Möglichkeit, wie wir negativen Streß abbauen und umwandeln können, ist die Bewegung unserer Muskulatur. Auch in der stillen Meditation können leichte oder heftige körperliche Abreaktionen stattfinden bis hin zu einem Schütteln oder Zittern des ganzen Körpers. Je stärker der negative Streß ist, der sich entlädt, desto heftiger können solche Bewegungen sein.

Streß kann sich auch dadurch entladen, daß Gefühle frei werden. Am einfachsten geschieht dies durch die Kraft der eigenen Stimme, durch Tönen, Rufen, Singen, Schreien und auch durch einfaches Benennen der Streßfaktoren, verbunden mit Bewegungen des Körpers.

Wenn wir uns erschöpft fühlen, wenn wir gereizt sind oder uns geistig träge fühlen, kann unser Nervensystem nicht wirklich gut empfangen oder verarbeiten. Wir brauchen dann Ruhe. Diesen Kurzurlaub als kreative Inkubationszeit zu empfinden und zu gestalten, fördert die Intuition. Ein bewußtes Loslassen des Nachdenkens über ein Problem, innerliches oder äußerliches Verreisen, ausreichende Bewegung der Muskulatur, gute Ernährung und frische Luft sind die organismischen Grundlagen für tiefes Erkennen.

Letztlich geht es darum, in einen Zustand der Ruhe zu gelangen, in dem das Begehren, das Habenwollen und allgemein das „Machen" in Urlaub geschickt sind. Dieser Zustand kann eingeladen werden, indem wir uns auf eine innere Reise zu einem stillen Ort, einer Quelle der Weisheit, einem Tempel der Stille oder des Lichts, in eine Höhle oder auf einen hohen Berg begeben.

Wir können die Empfindung eines „heiligen Ortes" einladen, um Offenheit oder auch Mut bitten. Denn in Momenten eines kreativen Durchbruchs kann auch eine Erschütterung geschehen, kann anfangs unsere Existenzgrundlage in Frage gestellt werden, bevor sich eine neue Richtung, ein neuer tragender Horizont zeigt. Geschieht dies, fühlen wir uns urplötzlich wirklicher und können Kontakt zu einer inneren übergeordneten Instanz finden. Wir können für einen Moment fühlen, daß unser Körper nur ein kleiner Teil von uns ist, daß wir weit mehr sind als der begrenzte Raum, den wir körperlich einnehmen, und erleben dann tiefes Vertrauen.

Das Gehirn **produziert** Wahrnehmungsstrukturen **und** es **empfängt** Informationen (vgl. Radioempfänger). Um zwei- und mehrgleisiges Denken, das die Wahrnehmung und Speicherung intuitiver Informationen erleichtert, zu üben, bieten wir verschiedene komplexe Symbolstrukturen an, die miteinander verbunden werden können und sollen (Medien wie Bewegung, Bild, Wort, Graphik und Zielkonzept, Körperskulptur).

Diese vernetzen sich im menschlichen Bewußtsein auf eine nicht kontrollierbare, aber höchst kreative und effektive Weise und bringen wesentliche Erkenntnisse über Handlungsalternativen und Möglichkeiten.

So kann zum Beispiel die Vision eines kooperierenden Teams als Bild gemalt, die tragenden Leitsätze als Gedicht geschrieben und die eigene körperliche Unterstützung dafür als Geste gespürt und in Ton geformt werden. Die Präsentation unterschiedlicher Sinnesebenen in einem **Gesamtmedium** oder auch Gesamt-„Kunstwerk" hat entscheidend nachhaltigere Auswirkungen auf die Umsetzungsbereitschaft als eine rein verbale Proklamation von Zielen.

Zum Beispiel arbeitete ich einmal mehrere Tage mit einem Hotelteam (vom Geschäftsführer bis zum Koch). Alle formten am dritten Tag ihre geplanten Beiträge zur Innovation und Verbesserung des Arbeitsablaufs in symbolischer Form in Ton und gestalteten zusammen auf einem Tisch die Tonteile zu einem Gesamtkunstwerk mit anderen Naturmaterialien als Landschaft. Dieses Werk wurde in die Eingangshalle gestellt.

Als ich vier Monate später zur Nachbesprechung kam, stand das Werk immer noch da, war Gesprächsanlaß für Gäste und Lieferanten und diente täglich den Hereinkommenden als sinnlich-konkrete Erinnerung an Kooperation, Intensität und Kreativität. Das Gemeinschaftskunstwerk wurde fotografiert, und einige Mitarbeiter hatten das Bild über ihrem Schreibtisch hängen.

Die eigenen Anteile von Motivation für ein Projekt, aber auch die Boykottierung des Projektes können körperlich als zwei verschiedene Gesten oder Bewegungen ausgedrückt und so im Team bewußt- und transparent gemacht werden.

Durch die Gesamtheit vielfältiger kreativer Medien entsteht ein komplexer Eindruck und Ausdruck, der nur mit Worten nicht darstellbar gewesen wäre. Scheinbare verbale Eindeutigkeit oder Klarheit (also Scheinlogik) ist jedoch ein starker Hinderungsfaktor für Kreativität und Produktivität. Nur wenn wir die Ambivalenzen und Widersprüche schon im Modell integriert haben, können wir Erfolg haben, Entwicklungsziele auch zu verwirklichen.

Bei allem ist entscheidend, daß wir uns wach und aufmerksam begleiten, indem wir eine zweite oder dritte Ebene des Bewußtseins „mitlaufen lassen", in der wir uns als Erlebende und Beobachtende wahrnehmen und unserer selbst bewußt werden. Wir nehmen in diesem Zustand wahr, **daß** und wie wir gerade wahrnehmen.

Vergangenheit und Zukunft treten in den Hintergrund, die wache Gegenwart erleuchtet den Vordergrund. Diese innere Aufmerksamkeit nenne ich **unmittelbares Gewahrsein oder Präsenz**.

Viele Seminarteilnehmer, die ich begleiten durfte, kennen solche Momente von Präsenz, in denen kein Wollen da ist, in denen wir im Inneren still geworden sind. In diesem Zustand können wir auch die Ambivalenz von Gefühlen und Gedanken akzeptieren, da ist dieses **und** jenes. Wir befinden uns im Zustand des „Und", der **Integration**. Wir erleben uns so, als blickten wir aus hohem, weisheitserfülltem Alter auf diesen Moment unseres Lebens.

Die Techniken, um Präsenz zu üben, sind zahlreich. Wir sammeln mit den Teilnehmern Situationen aus ihrem Leben, in denen sie sich richtig entschieden haben, und lassen sie die Erlebnisqualitäten in diesen Situationen beschreiben: Wie habe ich es schon erreicht, intuitives Wissen zu erlangen und mich richtig zu entscheiden?

Wir fragen, auf welche Weise sich jeweils die Intuition bemerkbar gemacht hat: als Bild, in Worten oder als Stimme, als Bewegungsqualität, als Geruch oder Geschmack. Es ist hilfreich, den persönlichen „starken Empfangskanal" zu kennen, teils auf diesen besonders zu achten und auch manchmal bewußt einen anderen Sinneskanal zu befragen.

Als zentrale Merkmale guter Entscheidungen werden Abwesenheit von Angst, ein Gefühl von Klarheit und Vertrauen sowie ein geerdeter Enthusiasmus für die Entscheidung genannt. Große Angst ist kein guter Ratgeber. Jedoch eine aus geringer Angst erwachsene Vorsicht hilft, die begleitende Vernunft ins unmittelbare Gewahrsein einzuladen.

Weitere **Öffner** von **Intuition** sind:

- Die Jonglage. Wir haben gute Erfahrungen gemacht mit dem Jonglieren von Tüchern. Dies ist ein leicht zu erlernender, vergnüglicher Weg, den Verstand für kurze Momente oder auch für längere Zeit auszuschalten, da wir in der Konzentration auf die drei fliegenden Tücher ganz wach im Hier-und-Jetzt sein müssen, damit die Jonglage gelingt.
- Dinge auf ungewöhnliche Weise tun, z.B. die Türen mit der linken Hand öffnen, statt mit der gewohnten rechten, den Schlips mal ohne Spiegel zu binden, etwas blind ertasten, einen anderen Weg zur Arbeit fahren als üblich ... (Seitdem ich meine Computermaus mit der linken, zuerst unbeholfenen Hand bediene, hat sich meine Schreibgeschwindigkeit und Ideenmenge deutlich erhöht.)

> - Mit Vorahnungen spielen: Was sind die Schlagzeilen morgen in der Zeitung? Wie sind die Aktienkurse heute? Wer wird mich demnächst anrufen? Wer wird mir schreiben oder mich besuchen? ...
> - In Gesprächen vermuten, was als nächstes gesagt werden wird.
> - Bei unwichtigen Dingen schnelle Entscheidungen treffen.
> - Unsere Intuition ist sprachlich und vorsprachlich zugleich. Wenn wir uns zu starr an vorgegebene Grammatiken halten, bleiben wir zu sehr in eingefahrenen Bahnen. Ich ermuntere die Menschen, mit denen ich arbeite, bei wichtigen Themen die Grammatik und den üblichen Wortgebrauch vorerst mal beiseite zu lassen. Niemand beschimpft sie für ungenaues Deutsch.
> - Es ist hilfreich, in allen erdenklichen Situationen Wortspiele, Reime, Umdrehungen, Abkürzungen zu erfinden, die als Symbolstrukturen vom Gehirn leichter modulierbar und abzuspeichern sind.

So beschäftige ich meinen Organismus in Gesprächen oder Seminaren damit, daß ich innerhalb von Sekunden für komplexe Sachverhalte, lange Sätze oder Konfliktthemen die Anfangsbuchstaben aller Worte sage. Das ist reine Übungssache und läuft gleichzeitig ab, während ich voll auf den inhaltlichen und beziehungsdynamischen Prozeß konzentriert bin.

Der nachfolgende **V**erblüffungseffekt für die Zuhörer ist immer auch ein **W**achwerde- und **E**rinnerungsmoment, ein **VWE**. Der meist resultierende **L**acheffekt **a**ktiviert **Z**werchfell **u**nd **K**reislauf und **l**öst **e**ingefahrene **D**enkmuster (**LAZUKLED**) in Sekunden auf. Diesen Kreationen ist keine Grenze gesetzt, wenn das **VUSMAG-Prinzip** beachtet wird. Sie wollen wissen was VUSMAG ist? **V**erunsicherung **u**nd **S**tabilisierung **m**üssen **a**usgewogen **g**eschehen.

Unser Verstand funktioniert so gut, weil wir ihn ständig trainieren. Wenn wir unsere Intuition ebenso wachsam und beharrlich fördern, wird sie deutlich klarer und intensiver genutzt werden können.

Der Empfangsbereich für Intuition liegt im gesamten Körper. Manche Menschen können intuitive Informationen am deutlichsten in der Mitte ihrer Stirn oder direkt über dem Kopf empfangen. Wenn wir unsere Wahrnehmung über den Kopf verlagern, direkt über den Scheitelpunkt (die Fontanelle), werden unsere Gedanken stiller, die Raumwahrnehmung vergrößert, erweitert sich, und wir können uns in den sogenannten Alpha-Zustand einschwingen. Dies ist eine Hirnstromfrequenz von 7-14 Hertz, bei der wir besonders offen und empfänglich für Informationen aus tieferen/höheren Bewußtseinsbereichen sind.

Eine weitere Methode zur Intuitionssteigerung ist die Induktion eines kreativen Erlebniszustands, von dem alle berühmten und einflußreichen Forscher und Erfinder berichten, daß sie ihre entscheidenden Erkenntnisse in diesem Zustand entdeckt hätten: die **Trance** oder die Tiefenentspannung, oder wie immer sie diesen angenehmen Zustand des Kontakts mit der „großen Tankstelle für Ideen und Energie" nennen wollen.

Der effektive Trainer kann zwischen verschiedenen Intensitätsgraden von Trance unterscheiden und bietet sie situationsgemäß an. Manchmal bedarf es nur einer kleinen Körperbewegung, um auf eine neue Idee oder in einen Zustand von Energie und Selbstvertrauen („Moment of Excellence") zu kommen. Die Techniken des NLP (Neurolinguistisches Programmieren) sind hierfür sehr effektiv. Manchmal bedarf es einer ausführlichen sprachlichen Induktion, begleitet von gezielter Körperarbeit.

Nun könnten Sie fragen: Was hat denn der Körper der Mitarbeiter mit der Einführung von Lernender Organisation zu tun?

Der Körper ist unsere Sende- und Empfangsstation, er verarbeitet alle Informationen, die wir benötigen. Ohne Sinne, Nervenbahnen, ohne vitale Körperenergie und Offenheit für Neuverknüpfungen von Informationen (und nichts anderes ist kreatives Denken) kann es nicht zu wirklich neuartigen und brauchbaren Lösungen kommen.

Spitzenmanager joggen nicht nur deswegen, um körperlich fit zu bleiben, sondern auch und vor allem, um durch Bewegung und verstärkten Atem im Körper die für die Nerven-Synapsen notwendigen Botenstoffe (Transmittersubstanzen) auszuschütten, die innovatives Denken überhaupt erst ermöglichen. Beim Sport, in Entspannung, in Trance kommen die besten Ideen. Ein effektives Training verbindet diese Vorgehensweisen zu einem ganzheitlichen Konzept und schneidet es konkret auf die Möglichkeiten der Zielgruppe oder der Zielperson zu.

In der Regel entfaltet sich ein Lernsystem so, daß es mit einfachen Kommunikationsübungen und -verbesserungen beginnt, dann die gruppendynamische Energie eines Teams nutzt, wirksames Energie- und Konfliktmanagement vermittelt, die einzelnen Teilnehmer zuerst individuell auf eine komplexere Bewußtseinsebene führt, danach die Teameffektivität reflektiert und schließlich die Ebene des Gesamtunternehmens in den Blick nimmt.

Ich bin immer wieder erstaunt und begeistert, wenn Mitarbeiter, die bisher nur rational gedacht, geplant und entschieden haben, sich auf eine komplexere Wahrnehmungsperspektive einlassen und dabei das Risiko eingehen, anfangs verunsichert und durcheinandergewirbelt zu werden.

In der Regel gehen sie jedoch nach dem Seminar erfrischt und geklärt in die alltägliche Arbeit zurück. Daß hierbei auch sehr ungewöhnliche Methoden wie verschiedene Atemtechniken (u.a. Intensivatmung – Kap. 13.5), Musik, Rhythmus, Öffnung der Stimme und Körperbewegungen eingesetzt werden, wundert die Teilnehmer meist nur in den ersten Minuten, bis sie den Gewinn aus dieser Arbeit unmittelbar erfahren.

Wir Menschen sind Ausdruckswesen und auf der Suche nach Möglichkeiten, unsere verschiedenen Lebensbereiche befriedigend und erfüllend zu gestalten. Auch unsere Beziehungen und unsere berufliche Produktivität schaffen und prägen wir durch unsere Ausdrucksmöglichkeiten.

Deshalb ist ein Teil des Weges zu einer Lernenden Organisation immer auch die Schulung der Ausdrucksmöglichkeiten der Mitarbeiter auf den unterschiedlichen Kommunikationsebenen. Daß dies in der Regel mit großer Freude und Spaß in den Trainings geschieht, ist ein guter Motivator für die Beteiligten, dabei auch an die Lösung persönlicher Schwierigkeiten heranzugehen.

Die Schulung der Ausdrucksmöglichkeiten wirkt sich direkt als Steigerung der Kreativität aus. Ausdruckslernen ist unabhängig vom Alter, im Gegenteil: Es hält jung. Wir beginnen meist damit, daß wir die Umgebung ändern, in der wir arbeiten. Kreatives und anregendes Umgestalten des Raumes ist der erste Schritt, um aus eingefahrenen Mustern auszusteigen.

Weitere, die Kreativität fördernde Haltungen sind:
- Mehr Ideen produzieren, als wir benötigen.
- Absurde Ideen sind besser als gar keine.
- Ein kreativer Gedanke löst eine Reihe weiterer aus.
- Unproduktive Ideen aufgeben.
- Kreativität nicht mit Ehrgeiz verwechseln.
- Abwechslung ist heilsam.
- Fehlende Informationen durch Intuition ersetzen.
- Aktivität ist gut – Kreativität ist besser.
- Komik, Witz, Spiel, Humor sind kreativ.
- Beweglichkeit ist das kreativste Prinzip.
- Sich Pausen gönnen – mindestens alle 90 Minuten.
- Die Arbeit darf leicht und angenehm sein.
- Mehrere Sinne bei der Arbeit beteiligen.

Als Intuitionsspezialist ist der Trainer, der eine Lernende Organisation effektiv einführen will, auch ein Kreativitäts- und Körperspezialist, ein Fitneß- und Bewegungsspezialist. Dies alles sind Grundlagen für ein Mentaltraining, ohne das ein

Boris Becker oder eine Steffi Graf niemals ein Match, geschweige denn ein Turnier hätten gewinnen können. Und auch diese beiden haben für ihr geistiges Fitneßtraining einen speziellen Begleiter, einen Coach, der sie darin unterstützt und sein Angebot immer wieder neu auf ihre sich stets verändernde Situation zuschneidet.

Wenn der Kunde dieses Anzapfen eines größeren Wissenspools häufig genug als wirkungsvoll erfahren hat, findet er diese Art zu lernen keinesfalls mehr merkwürdig oder absonderlich, sondern sie wird für ihn so natürlich wie die Erfahrung, daß man sich nach einem ausführlichen Duschbad schlichtweg besser fühlt.

12. Mehrdimensionales Denken und Raum-Zeitbewußtsein

> Erfolg ist ein inneres Erleben von Ausdehnung, ein Synonym ist Glücklichsein.

12.1 Die wesentlichen Raumdimensionen

An dieser Stelle des Buches hatte ich meine erste Schreibblockade. Vielleicht, weil mir das Kapitel über die Raumarbeit so wichtig ist und ich es besonders gut machen wollte, oder wer weiß warum. Ich verließ also mein Arbeitszimmer, um mich in Richtung „nach vorn" zu bewegen, um in Bewegung zu kommen. Ich ging ins Institutsbüro, um die E-mails zu lesen, in der Hoffnung, einen neuen Impuls zu bekommen.

Und richtig, ein Freund hatte mir aus Amerika nachfolgende Geschichte geschickt: Vor dem Konzert eines berühmten Pianisten schleicht sich ein kleiner Junge auf die Bühne, und als der Vorhang aufgeht, sitzt er am großen Stainwayflügel. Die Scheinwerfer sind auf ihn gerichtet. Er spielt das Kinderlied „Twinkel, twinkel in the sky". In diesem Moment kommt der große Meister herein, er geht direkt auf den kleinen Jungen zu und flüstert ihm ins Ohr: „Don't quit. Keep on playing." („Gib nicht auf. Spiel einfach weiter.") Mit der linken Hand spielt er einen Baßlauf zu dem Kinderlied, mit dem rechten Arm umfaßt er den Jungen und umspielt mit der rechten Hand die Melodie des Kleinen. Zusammen hatten sie eine schwierige Situation in einen kreativen Akt gemeinsamer Erfahrung gewandelt, schufen sie eine musikalische Synergie. Das Publikum war begeistert.

Also, wenn wir uns in Bewegung setzen, gibt es immer irgendeine kreative Lösung. „Don't quit. Keep moving and playing." Das Unvorhergesehene ist das Kreative.

Wenn ich in einer Organisation alles beim alten lassen will, dann sollten wir weiterhin auf unseren Stühlen hinter den Tischen sitzenbleiben und uns dort verbarrikadieren. Wollen wir wirkliche Innovationen und Fortschritt, dann müssen wir unser Gesäß von den Stühlen erheben, die Tische beiseite rücken und die Grundlagen des Denkens und Handelns in unserem Körper und in unseren Bewegungen untersuchen. Denken, das in produktives Handeln münden soll, braucht den Support des Körpers aus der Bewegung im Raum.

Unser Gehirn ist eine der komplexesten und differenziertesten Schaltzentralen unseres Organismus. Wir können das Gehirn jedoch nicht direkt massieren, kneten, vergrößern oder auf andere Weise durch direkten Eingriff funktionstüchtiger machen.

Nur durch Training des gesamten Körpers können wir indirekt auf Hirnfunktionen einwirken, deren Verbesserung wiederum auf unsere Leistungsfähigkeit im allgemeinen und auf unsere Fähigkeit zu Komplexitätsmanagement im besonderen zurückwirken.

Verschiedene Techniken wie Brain Gym, Aktivierung des Gehirns durch Brainbrillen (Mind Machines), computergestützte Entspannungsverfahren sind hilfreiche Wege, das Gehirn etwas aufzulockern und zu aktivieren.

Tiefgreifende Veränderungen der Hirnfunktionsweise lassen sich jedoch auf eine bewußt gesteuerte und nachvollziehbare Weise nur mit einem gezielten Training des Bewegungsapparats – der Beine, Arme, Hände –, der Bewegungen im dreidimensionalen Raum und mit Sensory-Awareness-Training erzielen.

Schon beim Kleinkind entspricht der Zuwachs an motorischen Fertigkeiten einem Zuwachs an Erleben und Erfahren. Wir streben in unseren Trainings also ein Raumbewußtsein an, das komplexe Verstehens- und Handlungsvollzüge ermöglicht, unterstützt und ganzkörperlich erfahrbar macht. Der bewußte, der gestaltete und erweiterte innere Wahrnehmungsraum öffnet und vergrößert die Funktionen des Selbst, sorgt für ein angenehmes Gefühl und erlaubt die Entwicklung hilfreicher innerer Landkarten.

Ich arbeite mit diesen Techniken seit nunmehr fast 20 Jahren und habe dabei unsere Methoden zunehmend erweitert und verfeinert. Wer sich für die historischen Hintergründe dieser Arbeit interessiert, sei auf das Buch „Bewegt sein" von Hausmann/Neddermeyer verwiesen. Auch Charles Brooks Buch „Erleben durch die Sinne" ist seit den achtziger Jahren ein Standardwerk, das häufige Überprüfung und Anerkennung fand.

Ich habe die genannten Verfahren inzwischen mit über tausend Seminarteilnehmern erprobt, ausdifferenziert und ein lernprozeßorientiertes systematisches Aufbauprinzip entwickelt.

Es ist nicht leicht, Raumarbeit in Worten zu beschreiben. Man muß sie erfahren, um sie wirklich in ihrer Wirkung und Bedeutung als Denktraining beurteilen zu können. Auch innerhalb des Erlernens von Raumbewußtheit gibt es eine lernprozeßorientierte Entwicklung:
- Raum wird zuerst als persönlicher Erlebnisraum im Innerkörperlichen erfahren,
- dann als außerhalb des Körpers real vorhandener Lebensraum erkundet, der eng in Beziehung steht mit dem Innenraum,
- schließlich werden innere emotionale, mentale und intuitive Konzepte als im Raum lokalisierbar erlebt.

Raumdimensionen werden als Ausprägungen von Lebensorientierungen gesehen. Alle Themen des Lebens, soweit sie sich in irgendeiner Weise auf Handlung beziehen, lassen sich in Begriffen des Raumes beschreiben.

Hinwendung, Abwendung, Grenze, Ausdehnung

Auch die Grundlagen des geometrischen Denkens entstanden aus einfachen Raumorientierungen. Die Landvermesser im alten Ägypten hießen Harpenodapten, d.h. Künstler des Seils. Alle Berechnungen wurden mit einfachen Teilungen, Verdopplungen und Diagonalführungen des Meßseiles durchgeführt. Die Bewegung der Meßhand, die Bewegung des messenden Landvermessers bildeten die Grundlagen der entstehenden Geometrie, der Baukunst und der Himmelskunde. Die großen Pyramiden wurden nur mit der Geometrie einfacher Seilbewegungen berechnet.

Wir benutzen unsere Raumvorstellung zur Unterstützung von Denk- und Erlebensprozessen in dem Wissen, daß die **Raummetapher** dem sensori-physischen, dem konkret-operationalen Denken und dem formal-operationalen Denken zugehörig ist.

In höheren Entwicklungsstufen des Denkens, die ich in Kapitel 14 beschreiben werde (Chaosforschung, paradoxes Denken, Nichtlinearität), greift die Raummetapher nicht mehr und ein Festhalten an ihr könnte sogar zu einer Behinderung des Bewußtseinsprozesses führen. Raumbewußtsein bleibt jedoch immer eine Stabilitätssäule für Komplexitätsverarbeitung, insofern als es dem Organismus die notwendige Verankerung in einer konkret-operationalen Welt der Raumdimensionen gibt und damit eine Landkartenstruktur, auf die sich der Mensch im Handeln beziehen kann.

In der CoreDynamik geht es uns darum, die wesentlichen Raumdimensionen zu erfahren und herauszuarbeiten, daß die Raumbewußtheit eine wesentliche Grundlage ganzheitlicher Entwicklung ist und wichtige Schritte in Richtung Intuition und unmittelbares Gewahrsein ermöglicht.

Raum wird dabei als realer Bewegungsraum **und** als innere Metapher gesehen. Zwar sind Geist, Vorstellung, Seele und Selbst nach unserem Verständnis unräumliche Phänomene und auch der Bereich des Mentalen ist kein Sache, die vollständig mit räumlichen Begriffen beschrieben werden könnte. Wir lokalisieren unsere Denk- und Fühlvorgänge, unsere Phantasien und intuitiven Erkenntnisse dennoch auf eine eigentümlich räumliche Weise in unserem Bewußtsein, so daß die Raummetapher sehr hilfreich ist, um klarere begriffliche Strukturen zu ermöglichen.

„Wir können sagen, daß die Lokalisierung von mentalen Ereignissen, wie wir sie in der tatsächlichen Welt vornehmen, bloß »theoretisch« ist – eine Form von Höflichkeitslokalisierung. Wenn wir mentale Zustände an sich selbst ... betrachten, sehen wir sie nicht als etwas an, das einen Ort hat" (McGinn in: Metzinger 1996, 186).

Dennoch ist die Lokalisierung von mentalen Ereignissen hilfreich. Denn „kognitiv wie auch physikalisch sind wir räumliche Wesen par excellence. Unser gesamtes Begriffssystem ist mit räumlichen Begriffen durchsetzt, die das allgemeine Skelett unseres Denkens bilden. Das Erleben selbst, die Grundlage des Denkens, ist durch und durch räumlich. Die Welt, wie wir sie vorfinden, ist in erster Linie eine räumliche Welt" (ebenda, S. 197).

Nicht nur in der CoreDynamik steht die Entwicklung von Raumbewußtheit im Vordergrund der Konzeption. Der Zusammenhang von Raumempfindung und Entwicklung von Bewußtsein und Persönlichkeit wird von mehreren Entwicklungsansätzen herausgearbeitet (vgl. Almaas 1992).

Bezugnehmend auf die Ich- und Tiefenpsychologie und die jahrzehntelange Erfahrung mit Tausenden von Wachstumsprozessen läßt sich zeigen, daß unser ursprünglicher Zustand – als Kleinkind – der von Raumempfindung ist. Wir kommen ohne Grenzen innerhalb unseres geistigen Raumes auf die Welt. Mit zunehmender Entwicklung bilden wir Selbstkonzepte und -bilder heraus, die den ursprünglich leeren Raum strukturieren. Wenn wir diese Selbstbilder mehr und mehr verinnerlichen, ordnen wir sie in unserem Innenraum an und bilden um die jeweiligen Selbstkonzepte Grenzen. Selbstkonzepte und innere Grenzen sind synonyme Begriffe. Aus dem zunehmenden Aufbau von Innengrenzen entwickelt sich das, was wir die Persönlichkeit nennen. Persönlichkeit gibt dem Raum Struktur und reduziert unsere Existenzangst. Persönlichkeit dient uns hauptsächlich zur Vermeidung von Angst, sie ermöglicht uns das Erleben von Einzigartigkeit und Abgesondertheit von anderen. Mit der Einzigartigkeit kommt aber auch die Getrenntheit mit ins Spiel. Das, was wir aufbauen, um Angst zu vermeiden, ist genau auch das, was uns schließlich Angst macht: die Empfindung von Getrenntsein. Umgekehrt empfinden wir bei der Erfahrung von Raum eine Signalangst: Raum fordert unsere Selbstgrenzen heraus, wir ahnen, daß irgend etwas in uns in Bewegung kommt, daß sich etwas entwickeln will.

Gehen wir tiefer, entsteht Objektangst: Wir fürchten uns davor, das Gefühl für die eigene Identität zu verlieren, da die Erfahrung von Raum die Grenzen auflöst. Raum kann also als Bedrohung des Ichs erlebt werden. Dies ist wichtig, im Bewußtsein zu haben, wenn wir mit Raum und Raumerweiterung arbeiten.

Durch die zunehmende Verinnerlichung von Selbstkonzepten wachsen die Innengrenzen und damit die Persönlichkeit. Die Folge ist, daß der Innenraum enger und enger wird. Der Handlungsspielraum wird eingeschränkt. Die Entstehung des Selbstbildes repräsentiert die allmähliche Strukturierung von Grenzen im geistigen Raum.

Umgekehrt können wir erleben, daß wir eine Ausdehnung empfinden können, wenn wir Selbstbegrenzungen auflösen. Wir erleben uns dann ausgeweiteter. Auf diese Ausweitung reagieren wir meist zuerst mit Angst, weil Ausdehnung auch einen Verlust, nämlich den von alten Grenzen und damit Sicherheit (vermeintliche Ich-Identität) bedeutet.

Wenn wir alte Selbstkonzepte loslassen, fühlt sich auch unser Körper geräumiger an und unser Geist ist nicht mehr so vollgestopft. Er ist offener. „Das Gefühl von Weite ist direkt proportional zur Ausdehnung der Selbstgrenzen" (Almaas

1992, 25). Je weiter wir unsere Grenzen nach außen verschieben, um so stärker entwickelt sich unser Gefühl von weitem Raum in uns. „Tatsächlich ist die Erfahrung der Weite nichts anderes als die direkte innere Erfahrung dessen, was im allgemeinen Ausdehnung des Selbst genannt wird. Die Expansion kann zu einem besseren Gespür für die eigene Tiefe, den eigenen Reichtum, die eigenen Feinheiten führen" (ebenda).

Die Erfahrung von Raum ist angenehm, befreiend und bringt eine klare Freude mit sich. Wir können geistige Klarheit empfinden. Unser Körper kann sich leicht, entspannt und beweglich anfühlen. Wir werden zu dieser Weite. „Raum ist die innige Erfahrung der Natur unseres eigenen Geistes" (Almaas 1992, 28).

Raum erweitert die Qualitäten unserer Sinne, unserer Empfindungen und unserer geistigen Qualitäten und unserer Intuition. In der Raumempfindung können wir Dimensionen von uns selbst wahrnehmen, von denen wir niemals geglaubt hätten, daß sie existieren.

Raum hat noch eine weitere und für den Wachstumsprozeß bedeutende Eigenschaft, nämlich sich selbst auszudehnen. Während er sich ausdehnt, schmilzt er Grenzen im Ich. Das Ich weitet sich aus und ermöglicht weitere Raumausdehnung. Es ist wie eine positive Rückkopplung, eine spiralische Entwicklung: Raum schmilzt Grenzen und die Auflösung von Grenzen erlaubt Raum. Wenn Raum im Bewußtsein erscheint, findet Veränderung statt. Die Rolle des Raumes und der Raumerfahrung hat in der CoreDynamik eine besondere Bedeutung:

In der Tiefenpsychologie interessiert uns der Trieb und die resultierende Psychodynamik, in der Verhaltenstherapie sprechen wir von Reiz-Reaktionsmustern (Stimulus-Respons), in der Gesprächstherapie geht es um Gefühle und deren Versprachlichung, in der Gestalttherapie wird der gesamte psycho-physische Organismus in den Blick genommen. Die Körpertherapien sprechen von der Arbeit mit Energien, und in der Logotherapie wird der Sinn-Entwurf von Lebensläufen in den Blick genommen.

In der CoreDynamik liegen alle diese Konzepte als mögliche Landkarten zugrunde und sie werden wesentlich ergänzt von der konstitutionellen Dimension des Raumes, und zwar des Innenraums in seiner Beziehung zum Außenraum und umgekehrt. Raum ist die grundlegende Veränderungsdimension: Es gibt keine wirklichen Veränderungen ohne die Veränderung von Selbstbildern. Es gibt keine Veränderung im Selbstbild ohne die Auflösung von Selbstgrenzen. Es gibt keine Auflösung von Selbstgrenzen ohne die Tätigkeit von Raum (vgl. Almaas).

Da also unsere Gedankenstruktur auf einer Konzeption des Raumes beruht, in dem Objekte an verschiedenen Plätzen angeordnet sind, ist es hilfreich, das Hilfsmittel des Raumes zur Verbesserung unseres Denkens, Fühlens und Intuierens zu nutzen. Wir setzen dabei auf räumliche Metaphern und benutzen Beziehungen zum Körper, um gedanklichen und emotionalen Eindrücken einen Ort und einen Sinn zu geben, um sie besser handhaben, ordnen und erinnern zu können.

Wir wissen zwar, daß Bewußtseinsakte vom Raum unabhängig sind, daß das Bewußtsein größer ist als der Raum, aber wir gönnen uns zur Vereinfachung diesen räumlichen Fehler (spatial bias), um unser Denken zu erleichtern, um Denkprozesse besser strukturieren, vermitteln und erinnern zu können. Im Raum sind Fülle, Bewegung, Körperlichkeit und operationales Denken angeordnet. Das abstrakt-logische Denken oder Denken in Symbolen ist auch ohne räumliche Kategorien vorstellbar. Denken, das in Handeln münden soll, jedoch nicht. Beim Handeln geht es immer um ein Nach-Vorn, Zurück, Daneben, Dazwischen und um alle weiteren relationalen Begriffe.

Da unsere Körper dreidimensional ausgedehnte Objekte im Raum sind, brauchen wir ein Leitsystem in unseren Köpfen, das es uns ermöglicht, uns auf der richtigen Route durch den Raum zu bewegen. Dieses Leitsystem sind die einfachen und komplexen geometrischen Dimensionen des Raumes. Zu erwähnen ist noch, daß Objekte im Raum – speziell gedankliche Objekte – wie auch auf dem Bildschirm eines Computers **übereinander** gelagert werden können. Überschaubarer ist jedoch ein klares Nebeneinander, um Bezüge für das Bewußtsein leichter herstellen und ordnen zu können.

Die Korrelation von Innen und Außen macht es sinnvoll, konkret und symbolisch mit Räumen zu arbeiten und zu spielen. Indem wir uns die verschiedenen Raumdimensionen durch Bewegungsübungen oder Imaginationen erschließen, in Korrespondenz mit ihnen treten, geschieht ein Aneignungsprozeß von Welt und damit von Komplexität. „In Wechselwirkung damit verstärkt sich in der Innenwelt das Gefühl, in der Welt um sich her zu Hause zu sein. Und in diesem Gefühl wird der Lebensraum zum Spielraum" (Hausmann, Neddermeyer 1996, 98).

12.2 Orientierung im Raum

Wir sind fähig, Raum direkt und unmittelbar zu erleben. Wenn uns das nicht spontan gelingt, können wir es lernen. Die Erfahrung von Raum kann unser gestörtes Körperbild korrigieren und einen ganzheitlichen Lern- und Heilungsprozeß in Gang setzen. Wir schauen uns auf diesem Weg unsere alten Selbstbilder an und vergleichen sie mit neuen gewünschten Selbstkonzepten. Der Kontrast oder Gegensatz zwischen verschiedenen Selbstbildern läßt in unserem Inneren Raum entstehen. Dieser führt wieder zur gewünschten inneren Weite und die Grenzen des alten Selbstbildes schmelzen dahin.

Grundlage der Körperarbeit mit Raum ist das Stehen in der Aufrichtung. Wenn wir von Charisma, von Ausstrahlung oder starker Persönlichkeit sprechen, hat dies wesentlich etwas zu tun mit innerer Aufrichtung, die sich in äußerer Aufrichtung ausdrückt: das Stehen als Zu-etwas-Stehen, Zu-mir-Stehen, Zu-einer-Überzeugung-Stehen, das Verwurzelt-Sein am Boden und in meiner persönlichen Geschichte.

Die Wirbelsäule bezeichnen wir als den Sitz der Würde, das Würdeorgan. Das Atmen in der Aufrichtung, das Empfinden von Verbindung von unten nach oben, das Getragenwerden von der Wirbelsäule, das entspannte Ruhenlassen des Kopfes auf dem obersten Halswirbel – all dies sind essentielle Übungen auf dem Weg zu innerer Klarheit, Abgegrenztheit und Prägnanz.

Wenn wir in diesem Zusammenhang von Würde sprechen, sind die Teilnehmer oft emotional bewegt:
- Wieviel tue ich in meinem Leben mit oder ohne Würde?
- Wer würdigt mich?
- Wen oder was würdige ich?
- Wie würdige ich mich?

Ein weiteres Würdezentrum im Körper ist der Bereich um das Brustbein, der sogenannte Königsplatz. Den inneren König, die innere Königin zu spüren und ausstrahlen zu lassen ist für Führungskräfte, Mitarbeiter, Liebende und Eltern in jeder Lebenssituation eine wichtige Dimension von Erfolg und Erfüllung.

Wir arbeiten auch mit dem Punkt eine Handbreit unterhalb des Bauchnabels, der sogenannten Körpermitte, auch Hara genannt, dem Platz des Kämpfers oder der Kämpferin. Den Kämpfer wachrufen oder loslassen zu können formt wichtige Stützfunktionen im Alltag.

Wenn wir bewußt schreiten, Schritte tun, gewinnen wir Orientierung im Raum, durchschauen wir die Struktur des Raumes. Durch Bewegungsübungen des einfachen Gehens im Raum vermitteln wir die Dimensionen vorwärts, rückwärts, seitwärts und diagonal, oben und unten.

Durch langsames Gehen und Wiederholungen werden diese Richtungsdimensionen dem Körperempfinden nahegebracht.

Die Qualität im Erleben, den ersten Schritt nach vorne zu gehen, wird herausgearbeitet:
- Wo beginnt die Bewegung in meinem Körper?
- Wie spüre ich die Qualität von **Nach-vorn**?
- Darf ich nach vorn gehen?
- Nach vorn gehen kann viele Bedeutungen haben. Was bedeutet es für mich?
- Womit in meinem Körper gehe ich nach vorn?
- Spüre ich die Mitte meines Körpers?
- Was alles nehme ich mit, wenn ich nach vorn gehe? Diese Frage stelle ich mir auch für **rückwärts, seitwärts, diagonal**.

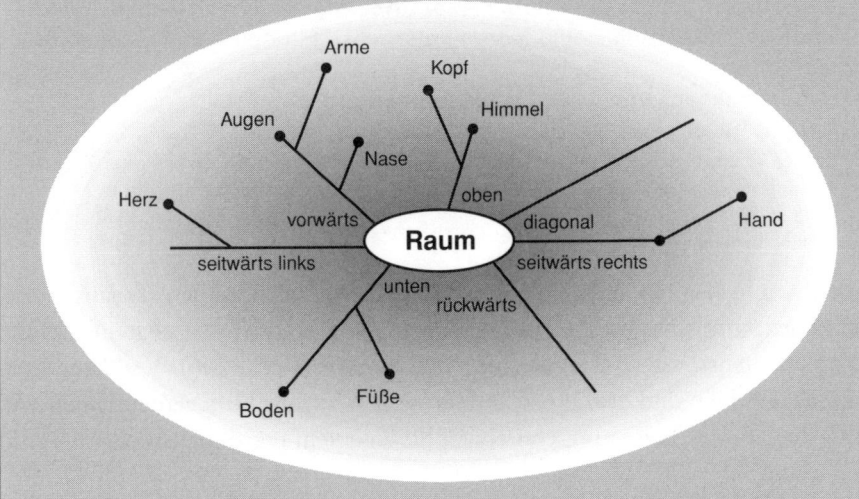

- Was geschieht, wenn ich das Tempo beschleunige?
- Was ändert sich, wenn ich die Dimensionen **eng** und **weit** dazunehme?
- Was spüre ich in meiner Wirbelsäule?
- Sind **Würde und Aufrichtung** erlaubt für mich?
- Wie dehnt sich mein Raumbewußtsein in der Bewegung aus?

- Was ändert sich in meiner Stimmung, in meiner inneren Haltung:
- Wenn ich von vorwärts auf rückwärts wechsle?
- Wenn ich jetzt seitwärts spüre und vergleiche?
- Was ist der Unterschied zwischen **links** und **rechts**?
- Was spüre ich bei der Drehung?
- Was geschieht beim **Öffnen**?
- Wie erlebe ich das **Schließen**?

- Wie erlebe ich die **Raumdimensionen**:
- Wenn ich nach **oben** spüre?
- Wenn ich den inneren Raum nach oben öffne?
- Wie ist mein Bodenkontakt, wenn ich nach oben denke, nach oben öffne?
- Wie ist mein Bodenkontakt, wenn ich mich nach **unten** öffne, nach unten denke?

- Experimentieren mit Kombinationen von Bewegung – ich verbinde:
- vorwärts mit seitwärts
- rückwärts mit Drehung
- vorwärts mit Boden oder Himmel
- Welche Orientierung im Raum kann ich in der Drehung halten?
- Was von mir und in mir richtet sich nach vorn?

- Wie ändert sich meine innere Perspektive, wie ändern sich meine Bilder und wie ändert sich meine innere Räumlichkeit in den verschiedenen Bewegungen?
- Wie komme ich von einer Bewegung zur anderen?
- Wie ist es, die Konzentration nach vorn zu schicken?
- Spüre ich meine Körpermitte als Zentrum und damit als Dreh- und Angelpunkt all meiner Bewegungen?

„Jede Räumlichkeit ist auch ein Lebensraum. So wahrgenommen aktualisiert sie im Leibgedächtnis eingeprägte Raumerfahrungen und als Antwort darauf entwickelte Verhaltensmuster" (Hausmann, Neddermeyer 1996, 106). Verhalten und Raumbewußtheit sind also direkt aufeinander bezogen. Dies verdeutlichen wir durch die Übung „Bewegungschoreographie zu einem persönlichen oder beruflichen Thema":

> Wähle ein dir wichtiges berufliches oder privates Thema aus. Beschreibe deine innere Haltung zu diesem Thema. Drücke dieses Thema und dein Verhalten darin durch eine wiederholbare Schrittfolge aus:
> - Wie bewege ich mich bei diesem Thema, Konflikt oder dieser Fragestellung durch den Raum?
> - Wie ist meine Schrittfolge vorwärts – seitwärts – rückwärts – bei der Drehung?
>
> Wenn die Teilnehmer eine befriedigende Bewegungsfolge gefunden haben, die das Thema stimmig ausdrückt, können sie die Bewegung immer kleiner werden lassen, bis sie nur noch energetisch im Bewußtsein vollzogen wird. Das Raumbewußtsein bleibt – die Bewegungen werden nach innen genommen.

Während der Auswertung der Bewegungschoreographie können wesentliche Fühl- und Denkmuster der Beteiligten deutlich werden. Diese Übung kann im Alltag bei jeder Gelegenheit geübt werden, und es ist spürbar, wie sich unsere Reaktion auf andere Menschen verändert, wenn wir in diesen unterschiedlichen Bewegungsmustern in Kontakt mit anderen treten.

In der Arbeit mit dem Raum wird unser Kontakt mit der Umwelt klarer und sachlicher. Wenn wir die Erfahrung von Raum zulassen, entsteht in uns eine deutliche Präsenz, eine Wachheit und ein unmittelbares Gewahrsein. Diese Präsenz übernimmt – ohne die rigiden Grenzen des Ichs – neue, kreativere Ich-Funktionen, die reifer, erfüllender und objektiver sind. Raum ermöglicht uns zuerst die Erfahrung von Weite und Leere und dann den Genuß von Fülle, jedoch einer neuen und kreativeren Fülle als mit den alten Mustern. Viele Übende fühlen sich nach der Raumerfahrung auch körperlich größer und erfüllter. Dieser neue innere Raum fühlt sich leer und leicht an, aber auch voll und dicht. Raum ist nun nicht mehr Abwesenheit, sondern Anwesenheit.

Wir arbeiten mit dem gefüllten Raum, einem Raum, den wir durch die Dimensionen der Richtung strukturieren, füllen, ordnen und in dem Komplexität seine vielschichtigen Anordnungen erhält. Und wir arbeiten mit dem leeren Raum, in dem wir über das Loslassen unserer Persönlichkeitsmuster Öffnung und Weite ermöglichen. Der gefüllte Raum führt zur Komplexität, der leere Raum führt zum Sein. Beides bedingt sich auf dem Weg einer grundlegenden Transformation.

12.3 Gleichzeitigkeitserfahrung und Beschleunigung

Die Arbeit mit dem inneren und äußeren Raum ist ebenso wie das Gesamtkonzept ein systematisch und schrittweise aufgebauter Lernprozeß. Die Erfahrung von Raum wird weiter vertieft durch die Erfahrung von Gleichzeitigkeit und Beschleunigung.

Freude an Komplexität und die Erfahrung, daß unsere Möglichkeiten weitaus größer sind als im Alltag angenommen, kann die folgende Übung vermitteln:

> Wieder wird eine Aufwärmphase mit den verschiedenen Richtungsdimensionen vorangestellt. Dann werden die im Teamprozeß z.Zt. wichtigen Themen, verschiedene Marketingkonzepte oder psychologische Modelle, Gefühle oder Denkmöglichkeiten im Raum an unterschiedlichen Plätzen verteilt, eigene Fragestellungen oder die Themen der Gruppe werden nach eigener Wahl im Raum plaziert (vgl. 5.4).
>
> Die Teilnehmer gehen nun von einem Punkt zum nächsten, mal direkt, mal über die Mitte des Raumes, die die eigene Körpermitte symbolisiert. Sie spüren, was die Wege und die unterschiedlichen Plätze in ihnen auslösen. Sie spüren, wie sie in die unterschiedlichen Qualitäten der Denkweisen, Modelle und Gefühle hineingehen können oder nicht und wie die entsprechenden Gedanken und Gefühle in ihnen entstehen. Sie empfinden, wo es leicht, wo es schwer ist, die Qualitäten wahrzunehmen und zu unterscheiden.
>
> Die Frage ist: Wie komme ich innerlich von einem Thema zum nächsten? Dies wird zuerst Schritt für Schritt untersucht, dann im fließenden freien Wechsel von Thema zu Thema.
>
> Die Aufgabe ist, im inneren Körperraum eine Entsprechung für die äußeren Plätze zu suchen. Wie fühlen sich diese unterschiedlichen Körperregionen oder -räume an? Dabei werden die äußeren Raumempfindungen mit der inneren Raumempfindung verbunden. Langsam wird das Tempo erhöht. Was macht die erhöhte Geschwindigkeit mit meinem Raumbewußtsein?
>
> Nach der Tempoerhöhung wird die Geschwindigkeit jedem freigestellt. Impulse können sein:
> - Gehe dein eigenes Tempo und verbinde in dir räumlich die verschiedenen Aspekte der Modelle, Gefühle oder Themen.
> - Nimm die Arme und die gesamte Körperbewegung mit hinzu.

> - Probiere aus: Mit welchen Bewegungen kannst du Raumbewußtsein in dir aktivieren?
> - Beschleunige wieder das Tempo, bis du eine Ahnung von gleichzeitiger Anwesenheit der Raumdimensionen hast.
>
> **Laß immer mehr Komplexitätsbewußtsein und -empfinden in dir zu. Vielleicht kannst du es genießen, daß dein Bewußtsein sich weitet, daß Gleichzeitigkeit in dir entsteht.**
>
> Spüre deine Atmung und ankere die verschiedenen Raumempfindungen entweder mit Bildern, Bewegungen, Worten oder Klängen.
>
> Du kannst die entstehende Weite in dir genießen. Nach der Beschleunigung der Bewegung kannst du wieder langsamer werden, bis du zum Stehen kommst. Frage dich:
> - Wie ist es zu stehen?
> - Wozu stehe ich im Leben?
> - Wo fließt es in mir, wo erlaube ich Durchlässigkeit?
> - Wie spüre ich die Räumlichkeit meines Körpers ... jetzt?

Die Teilnehmer werden aufgefordert, in der Auswertung in einer Kleingruppe über ihre Körperempfindungen während der Übung und jetzt zu sprechen.

Durch diese Übungen ist mehrspuriges Denken schon gut geübt worden. Eine weitere Methode ist noch spielerischer und kann immer in den Seminarverlauf eingebaut werden, als Training, zur Auflockerung und zur Einleitung einer neuen Phase erhöhter Produktivität.

Wir alle besitzen die Fähigkeit des mehrspurigen Denkens. Wir können komplizierte Muster und wechselnde Perspektiven erkennen und damit arbeiten und gleichzeitig schöpferische Einsichten daraus gewinnen. Wir wissen, daß wir gleichzeitig hören, riechen, sehen, fühlen und schmecken können. Es ist uns oft nur nicht bewußt. Es geschieht automatisch. Wenn wir Gleichzeitigkeit üben, kommt meist zuerst eine Blockierung auf, die nach einiger Zeit der Lockerung wieder verschwindet. Alles läuft wie von alleine.

Als meine Tochter einmal eine hochkomplizierte Gleichzeitigkeitsübung spielerisch meisterte, mit der ich noch Schwierigkeiten hatte, sagte die 17jährige: „Das ist nur eine mentale Blockade bei dir, daß du glaubst, du kannst das nicht gleichzeitig."

Den autonomen Funktionen des Nervengeflechts im Gehirn wäre es möglich, in vollem Bewußtsein Dutzende verschiedener Aufgaben und Gedanken voneinander zu trennen und auch zusammenzufügen. Bei der folgenden Übung werden Sie wirkliche neurophysiologische Arbeit verrichten, indem Sie schlafende Funktionen des Gehirns aktivieren und andere neu ordnen. Allmählich werden Sie eine Verbesserung der Funktionen bemerken und die Erfahrung machen, daß Sie viele verschiedene Aufgaben gleichzeitig bewältigen können.

Nehmen Sie die Anleitung mehr spielerisch und nicht wörtlich genau, damit sie keinen negativen Streß erzeugt:

> Schwingen Sie Ihren Körper von den Hüften aus. Beide Arme schwingen locker von rechts nach links. Während Ihre Arme nach links schwingen, dreht sich Ihr Kopf nach rechts und umgekehrt.
>
> Machen Sie sich bewußt, daß Sie jetzt schon zwei Ebenen gleichzeitig koordinieren. Jetzt fügen Sie ein kleines Lied dazu. Dies ist die dritte Ebene.
>
> Gleichzeitig denken Sie an ein freudiges Ereignis, das Sie sehr weit und offen gemacht hat. Die vierte Ebene.
>
> Der letzte Streit mit Ihrem Chef hat Sie verärgert, eng gemacht. Sie schauen nur auf diese Erinnerung, ohne sich von ihr vereinnahmen zu lassen. Gleichzeitig schwingen und singen Sie noch, denken an das freudige Ereignis: die fünfte Ebene.
>
> Sie ruhen sich einen Moment aus und spüren in Ihrem Körper die Resonanz dieser fünf Ebenen.
>
> Jetzt schwingen Sie Ihre Arme vor und zurück.
> Denken an Sahnetorten und Ihr Lieblingsessen.
> *Drei Ebenen gleichzeitig.*
> Sie aktivieren Ihre Atmung.
> *Vierte Ebene.*
> Sie hören innerlich ein altes Musikstück.
> *Fünfte Ebene.*
> Die Aktienkurse der Wallstreet wechseln mit dem Bild eines Urlaubsphotos.
> *Sechste Ebene.*
> Sie beginnen, einen angenehmen Ton aus Ihrem leicht geöffneten Mund strömen zu lassen.
> *Siebte Ebene.*
> Beginnen Sie leicht zu hüpfen, schnippen mit den Fingern und lassen Ihre Handgelenke kreisen.
> *Achte bis x-te Ebene.*
>
> In der Pause jetzt spüren Sie der inneren Resonanz nach. Welche Ebene ist wo in meinem Körper erinnerbar, spürbar?

> Wenn Sie erneut beginnen, probieren Sie Gehen, Drehen oder Sitzen aus. Denken Sie diesmal an eine Wendeltreppe, die DNS, sehen Sie innerlich Synapsen und Transmittersubstanzen, Ihren Blutkreislauf und das zunehmende Vernetzen Ihrer Nervenverbindungen in einem großen System der Gleichzeitigkeit. Dieses Bild hilft den Prozessen auf den Weg. Atmen Sie tief und gleichmäßig und wertschätzen Sie die Lernverbesserungen, die jetzt schon registrierbar sind.
>
> Und gehen Sie nun einen Schritt weiter. Schließen Sie die Augen und zentrieren Sie sich völlig in Ihrer Körpermitte. Behalten Sie alle Bewegungen bei, aber denken das jeweilige Gegenteil dazu (Sie gehen vorwärts – denken aber rückwärts).
>
> Machen Sie das so lange, wie es Spaß macht und leicht ist. Dann lassen Sie die Bewegungen kleiner werden und stellen sich die Bewegungen zuletzt nur noch innerlich vor. Alle Raumdimensionen, alle Bilder und Gedanken sind nach innen genommen und werden gleichzeitig gespürt.

Ich habe noch keinen Menschen getroffen, der diese Phase (wenn die Übung gekonnt angeleitet wurde) nicht als angenehm, erhellend und das Komplexitätserleben auf eine fast erotische Weise stimulierend erlebt hätte. Was zu Beginn unmöglich schien, fängt an, leicht und spielerisch zu werden.

Ihrer Kreativität ist bei dieser Übung keine Grenze gesetzt. Sie ist ein Wachmacher für Sie allein, in der Gruppe, mit Ihrer Liebsten und mit Ihren Kindern. Sie führt direkt zu dem, was mich zu diesem Buch motiviert hat: **der Genuß der Komplexität**.

Wir sind frei, zwischen verschiedenen Ebenen hin und her zu wandern, zwei, drei – ja wie viele? – gleichzeitig wahrzunehmen. Ich übe Gleichzeitigkeitswahrnehmung z.B. dadurch, daß ich im Raum herumgehe und verschiedene kleine Arbeitsgruppen parallel betreue. Wenn ich bei jeder Kleingruppe einige Minuten verweile, einen Input gebe und dann weitergehe, kann ich (und können Sie bald auch) den gesamten Prozeßverlauf im Auge haben.

Mein Vater pflegte sonntags für eine halbe Stunde an den Zeichenbrettern der Ingenieure vorbeizugehen und spontan „mit seinem Daumen" die wesentlichen Probleme bei den Entwürfen zu erkennen, eine kurze Notiz ans Brett zu heften und zum nächsten Brett zu gehen.

Bei einem Schachmeister, der gegen 40 Spieler simultan spielt, haben wir keine Schwierigkeiten, seine Leistung zu beobachten und als empirische Wirklichkeit anzuerkennen. Nur wir selbst trauen uns diese Komplexitätsbewältigung oft nicht zu.

In der Ausbildung von Beratern, Führungskräften oder Coaches setzen wir vor allem Interventionsmethoden und psychologische Modelle an verschiedene Plätze zuerst im Außenraum und dann im Innenraum. Schon nach wenigen Tagen sind die Teilnehmer in der Lage, z.B. folgende Ebenen gleichzeitig in ihrem Körperbewußtsein präsent zu haben:
➤ das Drama-Dreieck,
➤ dysfunktionale Ich-Zustände,
➤ Ersatzgefühle und unterdrückte Gefühle,
➤ O.K.-Positionen,
➤ Überkreuztransaktionen,
➤ Körperhaltung und Atem,
➤ systemische Betrachtung mit Perspektivenwechsel und Wahrnehmung des Gegenteils.

Wenn diese Gleichzeitigkeitserfahrung mehrmals geübt worden ist, entsteht ein besseres Selbstbewußtsein, eine vertiefte Fähigkeit, Widersprüche und Paradoxien auszuhalten und zu lösen, Probleme auf eine neue Weise zu sehen. Es entsteht Zentriertheit, Gelassenheit und Beweglichkeit der Gedanken, Motivationen und Gefühle. **Und Flexibilität ist nun mal der Kreativitäts- und Erfolgsfaktor Nr.1.**

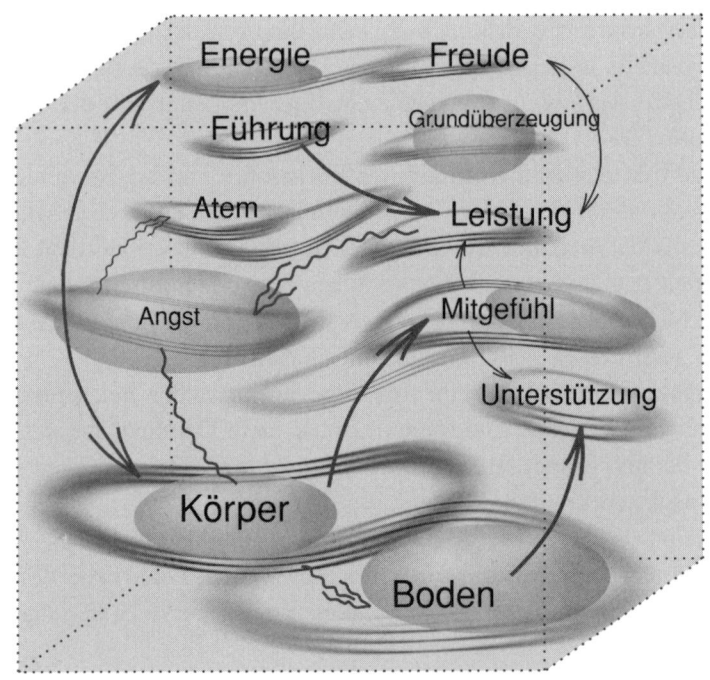

12.4 Zeithorizonte und Komplexität

Neben der Raumerfahrung ist auch die sinnlich-körperliche Zeiterfahrung eine weitere Grundlage für Komplexitätsbewältigung. „Geregelt ungeregelte, nichtlineare Rhythmen durchziehen, tragen und gestalten unser Leben ... Ohne sie gäbe es kein Leben" (Hausmann, Neddermeyer 1996, 111). Wenn wir den Prozeß des Bilderlebens, der Raumbewußtheit und die Terrains der Zeit ausloten lernen, dann haben wir eine gute Basis geschaffen für schöpferische Prozesse.

Zeit ist eines unserer größten und unberührten Potentiale. Wir kennen und erforschen nur Bruchteile dieser Welt, weil wir gefangen sind von der Tyrannei der Uhrzeit, die – mit ihren im Kreis laufenden Uhrzeigern – mehr euklidischer Raum als Zeit ist. Dabei gibt es viele Arten von Zeit. Zeit ist mehr als ein nicht-räumliches Kontinuum. Wenn wir die technizistische Linearität unseres alltäglichen Zeitverständnisses hinter uns lassen, eröffnen wir uns ungeahnte Bereiche des Bewußtseins. Unter bestimmten Bedingungen können wir in Bereiche vordringen, die für das alltägliche Denken Tage und Wochen bedeuten, objektiv jedoch nur Sekunden oder Minuten gedauert haben. Wir kennen auch jene Träume, die scheinbar Stunden dauerten, real aber nur wenige Minuten beanspruchten. Wir werden auf diese Erfahrungen im Kapitel 13 näher eingehen.

Schon jedes einfache Innehalten und Hinspüren auf die Zeit ermöglicht einen neuen Zugang zu unserem Zeiterleben.

Folgende Übung kann im stillen Sitzen oder auch in Bewegung durchgeführt werden:

> Ich schließe meine Augen und werde still.
> Für diesen Moment muß ich nichts tun.
> Ich habe jetzt keine Aufgabe, ich habe Zeit.
> Wie erlebe ich die Zeit?
> Welche Qualitäten hat sie?
> Wie gliedere ich sie, welche Pulsationen spüre ich?
> Fließt die Zeit kontinuierlich, welche Bilder und Empfindungen treten hinzu?
> Wie verändert sich meine Atmung,
> ➤ wenn die innerliche Zeit ruhiger wird?
> ➤ wenn ich Angst habe?
> ➤ wenn Freude aufkommt?
> ➤ wenn ich Streß spüre?

> Welches Bewegungstempo, welches Atemtempo ist mir angenehm?
> Wo befinde ich mich auf meiner Lebenszeitlinie?
> Wieviel Zeit habe ich?
> Wer oder was hetzt mich?
> Wie verändert – dehnt oder verengt – sich meine innere Zeit, wenn ich ruhig und still werde?
> Welche Rhythmen, welche Musikatmosphären machen mich froh, ruhig, traurig?
> Bei welchen Rhythmen kann ich klarer oder kreativer denken?

Zeit ist – ebenso wie der empfundene Raum – keine objektive Größe. **Zeit dehnt sich um so mehr aus, je langsamer wir werden.** Dieses Paradox ist eine wichtige Stütze zur Komplexitätsbewältigung. Da verlangsamte Zeit das innere Raumempfinden vergrößert, ist mehr Raum und auch Strecke da, um Ebenen und Schichten der Wahrnehmung dort anzusiedeln.

Unsere Seele scheint ein Raum-Zeitwesen zu sein. Sie braucht Zeit, um Wesentliches zu erfahren. Dies widerspricht nicht der Erfahrung, daß intuitive Eingebungen blitzartig und plötzlich kommen. Sie geschehen meist erst **nach** einer **Inkubationszeit**, in der scheinbar nichts passiert. Da wir diese Inkubationszeit nicht

wahrnehmen, können wir zur irrigen Meinung gelangen, Intuition geschehe schnell.

Letztlich führt uns dieses Langsam-Schnell-Paradox zu der Notwendigkeit, verschiedene Tempi zu leben: In der Geschwindigkeit werden uns andere Informationen gegeben als in der Langsamkeit. Also werden wir einseitig, wenn wir nur eine dieser Qualitäten leben.

Am organischsten ist ein harmonischer Wechsel zwischen Tempo und Langsamkeit, Inkubation und Volldampf im Handeln.

Um das für jeden einzelnen persönlich stimmige und ausgewogene Verhältnis von Tempo und Langsamkeit zu erspüren und um ein gutes Vertrauen in uns (als Basis von Komplexitätsfähigkeit) zu entwickeln, ist die häufige bewußte Wahrnehmung des eigenen Atemrhythmus, des Herzschlags und der Bewegungsrhythmen von besonderer Wirksamkeit.

Mit Fortgeschrittenen üben wir das Raum- und Zeitbewußtsein auch mit Hilfe von Musikwahrnehmung. Durch bewußtes innenräumliches Anordnen der verschiedenen Musikstimmen (Baß, Sologitarre, Saxophon, Trommeln) und deren zeitlichen Verlauf kann die Raum-Zeitwahrnehmung auf besonders genußvolle Weise geübt werden. Je nach Seminarthema kann den einzelnen Musikebenen ein Name oder eine symbolische Zuordnung gegeben werden. Ebenso können Gruppenkonflikte oder thematische Auseinandersetzungen mit Hilfe verschiedener Instrumente bewußt gemacht und verdeutlicht werden.

In fortgeschrittenen Gruppen oder in den Ausbildungsgruppen werden des weiteren folgende Modelle schrittweise vermittelt und langsam immer komplexer miteinander verbunden:
- die sechs Tiefungsebenen in der Arbeit mit Einzelnen, Gruppen und Organisationen (CoreDynamik),
- die vier Formen der Kontaktunterbrechung und ihre Stellung im Kontaktzyklus (Gestalttherapie):
  - Projektion: eigene Prozesse bei anderen sehen,
  - Introjektion: sich anpassen, Anforderungen anderer zu seinen eigenen erklären,
  - Retroflektion: sich selbst etwas antun, was man anderen antun möchte,
  - Konfluenz: Grenzen verschwimmen. Wer macht hier eigentlich was?
- die vier wesentlichen Archetypen des In-der-Welt-Seins und Erlebens (C.G. Jung): Mädchen, Weib, Mutter und Weise – Jüngling, Mann, Vater und Weiser,
- diagnostische Modelle, z.B. die neun Grundüberzeugungen zum Leben und zur Arbeit (CoreDynamik),
- acht Säulen der Identität (CoreDynamik)
- Modelle der Transaktionsanalyse
  - fünf Ich-Zustände
  - vier O.K.-Positionen
  - Dreiecksdrama

Wie ist es möglich, daß derartig komplexe sozialpsychologische Methodenstrukturen ohne negativen Streß gelernt werden können?

Durch die beschriebenen Bewegungsübungen im Raum, d.h. durch Richtungsorientierungen, wird ein Raumbewußtsein des Außen- und Innenraums erarbeitet, das es ermöglicht, einen sicheren und entspannten Zugang zu unterschiedlichen Interventionsbereichen und Modellen zu erlernen. Dies geschieht dadurch, daß Methoden und Modelle zunächst im äußeren Raum einen Platz bekommen. Die Teilnehmer bewegen sich in ihrem Tempo von Platz zu Platz und vergewissern sich dort in ihrem Körperempfinden des jeweiligen Konzepts, lokalisieren und inkorporieren es schließlich. Im nächsten Schritt wird dieses äußere Raumbewußtsein immer stärker internalisiert und gespürt: **Wo in meinem inneren Raum liegt dieser Erkenntnis- oder Erlebnisbereich? Wie kann ich ihn dort abrufen?**

Dieses Vorgehen erlaubt eine sichere und schnelle Orientierung des Gedächtnisses. Zuerst wird also ein langsames Vorgehen praktiziert, einfache Modelle und überschaubare Settings helfen in den Erstkontakt. Danach werden Schritt für Schritt neue Komplexitätsstufen hinzugefügt und diese über Übungspraxis und Körpererfahrung geankert. Neben den Richtungsankern im Raum werden auch positive Sätze und Erlaubnisse (sogenannte Sonden) geübt. Diese dienen der Selbststabilisierung.

Die TeilnehmerInnen berichten, daß sich ihr Körperbewußtsein durch diese Übungen verändert hat. Sie nennen entweder räumliches Bewußtsein im Kopf- oder im Bauchbereich oder ganzkörperliche Wahrnehmungen dieser methodologischen Strukturen.

Medien, wie z.B. ein Stock als Stütze und Richtungsgeber, das Seil als Grenz- und Kontaktfunktion, sind weitere Hilfen zur Versinnbildlichung wesentlicher Kontaktstrukturen. So wächst die Verbindung zwischen den Bildern, Gefühlen und Körperwahrnehmungen mit jedem neuen Interventionsschritt.

12.5 Methodischer Handwerkskasten für Prozeßbegleiter

Der folgende Abschnitt ist eine kurze Zusammenfassung einiger der bisher erarbeiteten Methoden. Er erhebt keinen Anspruch auf Vollständigkeit und ist in dieser Kürze ohne die vorhergehenden Kapitel nicht nachvollziehbar.

Das wesentliche Übungshandwerk ist der Mut, irgendeine Situation des Einzel- oder Gruppengeschehens symbolisch oder real in eine Bewegung, in ein Bild oder in ein sonstiges Ausdrucksgeschehen umzusetzen. Ein Gruppenleiter kann üben, spontan dem ersten Eindruck zu folgen und ein Experiment anzubieten.

Es geht nicht darum, schematisch eine Übung nur um der Übung willen durchzuführen, sondern entscheidend ist, zu schauen, was sagt mir der Prozeß. Es ist nicht schlimm, wenn ein Experiment keine großen Ergebnisse erzielt. Es ist eben ein Experiment. Es ist ein Hineingehen ins Unbekannte, ganz bewußt ohne zu wissen, was dabei herauskommt. Ich sollte nur ungefähr wissen, auf welcher Tiefungsebene ich den Prozeß begleiten will. Der Rest ist Begleiten dessen, was ist.

Leitfragen sind und bleiben immer:
- Möchtest du mal ausprobieren ...?
- Wechsle die Perspektive ...
- Wechsle die Rolle ...
- Ändere deine Körperhaltung.
- Sag es leiser, lauter, singe es, flüstere es (jede neue Ausdrucksqualität eröffnet einen neuen Wahrnehmungshorizont).
- Spiele mit den Zeithorizonten.
- Komme ins Jetzt!

- Gehe bewußt in die Zukunft oder Vergangenheit.
- Spiele mit Zeitmaschinen, Beschleunigern.
- Spiele mit den Raumdimensionen.
- Gehe in die Mitte.
- Gehe am Rand.
- oben, unten, diagonal ...
- Spiele mit den Tempoqualitäten (schneller, langsamer).
- abgehackt, harmonisch, fließend, rhythmisch ...
- Achte auf die kleinen Körperbewegungen.
- Lasse die Hand, den Fuß, die Schulter sprechen.
- Laß die Körperregionen miteinander in Dialog treten.
- Fühle Spannungen oder Bedürfnisse in den Körperregionen der Gruppenmitglieder.
- Höre auf innere Stimmen.
- Personalisiere die inneren Stimmen (Wer spricht?).
- Lasse verschiedene Qualitäten miteinander ins Gespräch kommen.
- Achte auf das UND.
- Höre versteckte Stimmen.
- Bringe die anderen GruppenteilnehmerInnen mit ins Spiel und zapfe die Weisheit der Gruppe an.
- Wem möchtest du das sagen?
- Wen möchtest du etwas fragen?
- Von wem möchtest du Unterstützung?
- Wer bedeutet dir hier ...?
- Mache unerwartete Vorschläge!
- Laß dich selbst und dein Gegenüber überraschen von deinen Einfällen.
- Riskiere scheinbar unzusammenhängende Interventionen.
- Halte innerlich einen roten Faden und lasse ihn wieder los und halte ihn wieder.
- Höre auf innerliche, warnende Stimmen.
- Folge deiner Bewegungs- und Experimentierlust.
- Nimm Bilder aus Anatomieatlanten oder andere Körperbilder, Landschaftsbilder oder Farben zur Hilfe, um innere Raumwahrnehmungen zu unterstützen.
- Setze Musikkonserven ein, um Atmosphären, Wahrnehmungs-Räume, Ankerreize und Erlaubnisräume zu gestalten.
- Lerne die Wirkung der verschiedensten Musiken bei unterschiedlichen Klienten kennen und lege die Musiken für alle Fälle bereit.

Gegenübertragung, Abgrenzung, Konfluenz und Empathie:
- Achte immer darauf, ob du dich im Gegenüber verlierst oder ob du noch Abstand hast, um sehen und spüren zu können.
- Wie ist ihr / sein Atemmuster?
- Wie ist die Körperhaltung?
- Welche Bilder kommen mir? (Sind das meine Bilder und/oder hat das etwas mit meinem Gegenüber zu tun?)
- Welche Gefühle kommen in mir hoch?
- Wie nah bin ich gerade?
- Worauf will ich hinaus?

Ruhe dich immer wieder aus zwischendurch und achte auf deinen eigenen Körper, Atem und dein Wohlbefinden:
- Bin ich noch authentisch?
- Tue ich mir was an?
- Für wen arbeite ich hier?
- Will ich gut gefunden werden (von Mami und Papi)?
- Bin ich genügend abgegrenzt?

Übe immer wieder Übungsanleitungen, von denen du vorher nicht weißt, worauf sie hinauslaufen und nimm die erste Idee, die in dir aufsteigt:
- Steh auf!
- Geh los!
- Atme!
- Dreh dich!
- Mach es anders als sonst!
- Geh rückwärts!
- Erlaube dir, nichts zu wissen.
- Nimm die zweite und jetzt die dritte Idee.
- Neues Land läßt sich nur durch das Aushalten von Unsicherheit entdecken.
- Halte Mehrdeutigkeiten aus.
- Halte Unbestimmtheiten aus.
- Gehe, ohne zu wissen, wohin.
- Lebe auf verschiedenen Existenzebenen gleichzeitig.

Meditiere während der Arbeit, indem du den Kontakt zum Geschehen deinem Unbewußten überläßt und die Kontrolle über das Geschehen aufgibst, d.h. auch, erlaube dir, zeitweise nicht ganz genau auf die Worte deines Gegenübers zu hören, sondern dich von der Gesamtqualität einer Situation beeindrucken, berühren, inspirieren zu lassen. Dafür ist es hilfreich, deinen Unterkiefer und deine Augen immer wieder zu entspannen.

Definiere jedes Kontaktgeschehen als deinen eigenen Lern- und Wachstumsprozeß, als Abenteuer, in dem du zusammen mit dem Gegenüber etwas Neues über das Leben herausfinden willst.

- Sei liebevoll und unverschämt,
- neugierig und erfahren,
- lustvoll und ernstnehmend,
- gründlich und entspannt,
- riskant und Sicherheit gebend,
- provozierend und gewährend,
- verständnisvoll und Grenzen setzend.

Begleiten im Wachstumsprozeß ist ein schöpferischer Prozeß von etwas Neuem. Zumindest eine oder einer muß dabei den Mut haben, die sicheren Küsten und Häfen zu verlassen und sich auf die Ungewißheit des Lebens einzulassen.

Der Begleitungsprozeß ist eine Bewußtmachung des Ein- und Ausdrucksprozesses. Hierbei werden die wesentlichen Kontaktfunktionen zwischen Eltern und Kind und später zwischen Gleichberechtigten nachsozialisiert und neu eingeübt. Dieser Prozeß betrifft die **Grundfunktionen**:

1. Was ist jetzt?

2. Feedback
> *Kleingruppen* oder Partnerübungen:
> Ich finde gut an dir ...
> Wenn ich dich so sehe, dann entstehen folgende Bilder in mir ...
> Eine Person lehnt sich an eine andere an, die übrigen Kleingruppenmitglieder sagen, was sie an ihr mögen oder schön finden.

Alle Arten von Feedback-Übungen sind wesentlich. Der Lebens- und Wachstumsprozeß vollzieht sich in diesem Vorgang der sozialen Rückmeldung.

3. Sharing
Meine persönliche Reaktion auf das erhaltene Feedback, mein Gefühl bezüglich eines Themas, eines gemalten Bildes, einer erlebten Bewegung will und soll in den Ausdruck gebracht werden, weil sie nur so verarbeitet werden kann.

4. Zeithorizont
Alle Wechsel der Zeithorizonte können hilfreich sein, da sie die Wahrnehmungsflexibilität erhöhen. Unsere gegenwärtige Situation muß als Feld schöpferischer Möglichkeiten betrachtet werden.

5. Experiment
Lasse dir zehn mögliche Experimente einfallen, die dir die Möglichkeit geben, deine jetzige Lebenssituation anders wahrzunehmen.

6. Vereinbarung/Erlaubnisse
- Welche Vereinbarungen oder Erlaubnisse mit dir oder mit anderen könnten deine Glücksmöglichkeiten in dieser Lebensphase erhöhen?
- Welche Erlaubnisse braucht dein Gegenüber jetzt?
- Lasse dir sieben Vereinbarungen/Erlaubnisse einfallen.

13. Im Auge des Taifuns – die Tiefendimensionen

13.1 Wege zu außergewöhnlichen Bewußtseinszuständen

In Erinnerung an die Tiefungsebenen, die zu Beginn des Prozesses erklärt wurden und auf die im Sinne von mitlaufendem Landkartenbewußtsein wiederholt hingewiesen wird, gebe ich nochmals folgendes Modell der Prozeßschritte:

1. Zuerst geht es um **Denken, Einordnen und Verstehen**. Wir sprechen, hören, informieren uns über Sachfragen und Zusammenhänge auf inhaltlicher und psycho-sozialer Ebene.

2. Im nächsten Schritt lassen wir **Bilder und Gefühle** zu, erfassen, erspüren deren Bedeutung und lassen uns von ihnen bewegen, anregen und entspannen. Wir erinnern uns an das reiche Spektrum der Gefühle (sich freuen, trauern, wütend sein, Mitgefühl empfinden etc.) und laden alle Gefühle als gute Freunde ein.

3. Wir werden uns unserer **biographischen Gewordenheit** bewußt, sehen uns in unserem Lebenskontext, lösen Bindungen an überkommene Gefühle und Bilder und kommen von dort wieder ins Jetzt zurück.

4. Wir laden die **Körperebene** ein. Wir erleben uns als empfindende Wesen, öffnen das Sehen, Hören, Riechen und Schmecken, aktivieren unsere Körperenergie durch Bewegung, Klang und Atem.

5. Wir öffnen unsere Wahrnehmung weiter, indem wir unser **Raum- und Zeitbewußtsein** erweitern, lassen intuitive Bilder, Ahnungen, **Gleichzeitigkeitserfahrungen** und wortloses Erkennen zu. Wir erfreuen uns am Meistern **komplexer** Erlebnisse.

6. Verbindungserfahrungen, Energieerlebnisse, **Erkennen und Erleben des Angekommenseins (Core-Erfahrung)** charakterisieren diesen schwer beschreibbaren Zustand, dem wir uns in diesem Kapitel nähern wollen.

Wie gelangen wir in diese Bewußtseinsbereiche? Welche verschiedenen Wege dorthin gibt es? Was bedeuten Trance und erweitertes Bewußtsein? Wenn Sie jetzt einmal tief ein- und ausatmen, haben Sie bereits eine trance- und intuitionsfördernde Technik angewandt,

- wenn Sie darüber hinaus noch Ihr Bewußtsein auf Ihr Trommelfell lenken und bewußt den Prozeß des Hörens in Ihrem Innenohr wahrnehmen, haben Sie den zweiten Schritt getan,
- wenn Sie dann noch den Boden spüren, den Sitz, der Sie trägt,
- und nun Ihre Schultern loslassen und den Unterkiefer entspannen, haben Sie vier wesentliche intuitionsfördernde Techniken angewandt und sind auf dem Weg in eine leichte Trance.

Über rhythmische Bewegung als fünfte Technik und rhythmische Klangerzeugung mit der eigenen Stimme oder mit Hilfe von Instrumenten als sechster Technik schreibe ich weiter unten.

Sie werden auf den nächsten Seiten als reale Erfahrung erleben können, daß Sie eine leichte Trance halten und dennoch voll bewußt in Ihrem Raum sein sowie gleichzeitig mit kritischem Bewußtsein dem Text folgen können.

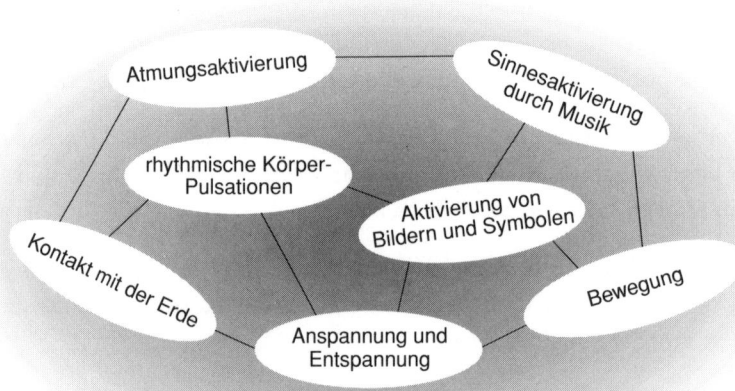

Methodologie der Bewußtseinserweiterung

Was ist Trance? Es ist ein seit Jahrtausenden auf der ganzen Welt verbreiteter Weg, mit einer anderen Informationsmenge und -art, einer anderen Welt, wenn Sie es so nennen wollen, in Kontakt zu kommen. Schon in leichter Trance werden bestimmte Kontrollfunktionen des Verstandes ausgeschaltet, deren Zweck darin besteht, das Bewußtsein in dieser sichtbaren, gewohnten und begreifbaren Welt zu halten.

Trance ist eine psychische Technik des Kontakts mit der nichtalltäglichen Wirklichkeit (NAW), charakterisiert durch den bewußten Übergang des Ausführenden in einen anderen Bewußtseinszustand und die Rückkehr daraus in den normalen Bewußtseinszustand, verbunden mit einem bestimmten Zweck im Dienste bestimmter Ziele. Wir haben in unseren Trainings die Erfahrung gemacht, daß die meisten Menschen die Fähigkeit besitzen, in Trance-Zustände zu gehen. Es ist eine uralte menschliche Fähigkeit.

Immer ist dabei der Körper der Kanal, der als Antenne für außersinnliche Wahrnehmungen (ASW) dient. Dies scheint ein Paradox zu sein: ASW durch den Körper. Dieses Paradox löst sich auf, wenn wir akzeptieren, daß sich feinere Antennen als Augen und Ohren in unserem Körper befinden, beispielsweise die endokrinen Drüsen oder bestimmte Energiefelder im Körper, die subliminale Frequenzen wahrnehmen können. Diese Antennen ruhen und müssen aktiviert werden. Die Methoden dafür können wir lernen.

Mit dem Aufkommen der humanistischen Psychologie entwickelte sich weltweit ein wissenschaftliches Interesse an der Erforschung dieser Phänomene. Man wollte ihre Existenz prüfen und nachweisen, sie ggf. handhabbar machen und neue geistige Landkarten zeichnen, eine neue Kartographie des Bewußtseins erstellen.

Die Wirkung von Trance auf Körper- und Bewußtseinsprozesse wurde nun zum ersten Mal beschrieben, überprüft und für immer größere Kreise erfahrbar gemacht. Was bisher nur wenigen zugänglich war, wurde publiziert, diskutiert und vor allem immer wieder erprobt.

Je breiter die neuen Verfahren erprobt wurden, desto deutlicher konnte gezeigt werden, daß es sich hierbei um übertragbare, wiederholbare und prüfbare Erfahrungen von Wirklichkeit handelt. In jüngster Zeit (seit Anfang der neunziger Jahre) werden Trance und Körperarbeit nicht nur im Bereich der Psychotherapie und privater Selbsterfahrungsworkshops genutzt, sondern auch im Zusammenhang von Unternehmensentwicklung. Diese Vorgehensweisen sind jedoch nicht isoliert wirksam, sondern entfalten ihre Wirksamkeit erst in einem lernbestandsorientierten didaktischen Gesamtkonzept, das ich CoreDynamik genannt habe.

Aus einer inzwischen sehr umfangreichen Anzahl an Ansätzen und Wegen in erweiterte Bewußtseinszustände greife ich in diesem Buch nur einige heraus, und zwar nur solche, aus denen ich ganz konkrete, praktische und nützliche Erfahrungen für meine Arbeit mit Organisationen, Gruppen, Paaren und Einzelnen ableiten konnte und die ich so häufig durchgeführt habe, daß wir von *überprüftem Vorgehen* sprechen können.

13.2 Atemtrance

Als Einstieg in den Prozeß der Atemtrance bieten wir die Aufmerksamkeitsübung „Bewußtseinsstrom" an:

> Die Teilnehmer sitzen sich zu zweit gegenüber. Einer fragt regelmäßig und mit aufmerksamer Wachheit:
> ➤ Was ist jetzt?
> ➤ Was empfindest du jetzt?
> ➤ Was fühlst du jetzt?

Der Fragende spürt, durch welche gezielten und zeitlich abgestimmten Fragen er seinen Partner ins Hier-und-Jetzt holen kann. Abschweifungen werden freundlich zur Kenntnis genommen und dann wird bestimmt in das Erleben der Gegenwart hier, heute und jetzt zurückgeführt.

Nach dieser Übung, für die zehn Minuten ausreichen können, fühlen sich die Teilnehmer oft entspannt, wach und sind motiviert, noch mehr zu erfahren, was sie in ihrem Körper wahrnehmen können.

In sieben Schritten geht die Erforschungsreise dann weiter:

> 1. Nennen Sie zwei bis vier Themen aus Ihrem beruflichen oder privaten Alltag, die Ihnen wichtig sind, und die Sie gern verändern möchten und besprechen Sie diese ausführlich mit Ihrem Partner.
> Nachdem dies von einem der Partner getan wurde, folgt die Aufforderung:
> 2. Lassen Sie die Themen los, denken Sie nicht mehr direkt darüber nach, vertrauen Sie, daß Ihr Partner sich nachher noch an Ihre Fragestellungen erinnern wird.
> 3. Es folgt jetzt eine Phase intensivierter Körperwahrnehmung durch ca. 20% verstärktes Atmen.

Die Trainer zeigen diese Atemtechnik und klären aufkommende Fragen. Insbesondere erfahren die Teilnehmer, daß durch verstärktes Atmen ein Kribbeln im Körper auftreten kann, daß der Mund vielleicht für einige Momente eng wird und die Hände etwas steif werden können. Dies sind jedoch höchst normale und selbstverständliche Begleiterscheinungen dieser höheren Energieform und unter fachkundiger Leitung gefahrlos.

Bei dieser Arbeit werden körpereigene Endorphine und Dopamine ausgeschüttet. Diese sind u.a. für größere Vernetzungsintensität im Körper und den Trancezustand verantwortlich. Insbesondere die verstärkte Ausschüttung der Transmittersubstanz Acetylcholin zwischen den Nervensynapsen unterstützt die Aufnahmefähigkeit des Organismus für innere und von außen kommende Informationen.

Wenn wir über längere Zeit tiefer und schneller atmen, bewirkt dies eine biochemische Veränderung in der Zusammensetzung des Blutes. Dies ist eine der physiologischen Grundlagen für die Entstehung weiterer Bewußtseinshorizonte. Wir können diese Zustände jedoch nicht kausal allein dadurch erklären, denn auch ohne starkes Atmen können diese Zustände erreicht werden. Wer diese Information dennoch braucht: Die Erhöhung der alkalischen Werte im Blut und die herabgesetzte Ionisierung von Kalzium erleichtern das Umschalten von einer Erfahrungsebene zur anderen (von Roden). Dies ist auch beim Besteigen hoher Berge zu beobachten.

Allgemein gehen wir jedoch davon aus, daß es sich bei dieser Arbeit im Wesentlichen um eine Energetisierung und Perturbation (Reduzierung der Kontrolle mittels Durcheinanderwirbeln) der bestehenden konservativen emotional-mentalen Systeme handelt, die eine Öffnung in diese neuen und weiteren Räume ermöglichen.

Erschütterung des Systems wie bei Schock, Monotonie, Rhythmus, Streß, Reizintensivierung oder Reizentzug in Verbindung mit der zusätzlichen Energetisierung des Systems durch Veränderung des Sauerstoff- und Stickstoffgehaltes im Blut, Unterstützung durch Musik sowie wache Präsenz einer Begleitperson und ihrer Körperinterventionen – alles kommt zusammen als Unterstützung für das Öffnen der Türen, Kanäle und Antennen.

Es ist erfahrungsgemäß so, daß durch die Angabe „20% Intensivierung" die Teilnehmer einen guten Eindruck von der richtigen Art zu atmen bekommen. Vorbedingung ist, daß alle Teilnehmer die wesentlichen der bisher beschriebenen Vorerfahrungen durchlaufen haben. Sonst würde die nachfolgende Übung ihrer Erlebensqualität beraubt. Sie beginnen, ihre Atmung um ca. 20 % zu intensivieren und werden dabei von einem Partner begleitet, der einfach da ist, Sicherheit und, wenn nötig, Unterstützung gibt.

Es wird in der Regel unterstützende Musik gespielt, der Trainer begleitet und trägt den Prozeß mit erlaubnisgebenden Worten, bietet offene Symbole und Bilder an, erinnert ans Atmen, gibt einfach Präsenz und bildet ein Zentrum für den zuerst etwas chaotischen Prozeß. Er repräsentiert in gewisser Weise das stille und beruhigende Auge des Taifuns. Wenn die Gefühle heftig werden, kann er aufgrund seiner Erfahrungen glaubwürdig vermitteln, daß alles in Ordnung ist und nachher wieder Ruhe und Zufriedenheit einkehren werden.

Anfangs nehmen die Teilnehmer häufig ihre Verspannungen und Blockierungen deutlicher wahr. Spannungen werden meist in den Armen, Händen, Beinen und Füßen spürbar. Einige spüren sie richtiggehend als Panzerungsringe um Kopf, Hals, Brust, Becken und den übrigen Körper.

Verspannung kann auch als Verkrampfung der Atemmuskulatur empfunden werden. Chronische körperliche und emotionale Fehlhaltungen werden bewußt, z.B.:

„Ich halte fest.
Ich tue mir nicht gut in meinem Leben.
Ich bin gefesselt.
Ich spüre mein Becken nicht.
Ich unterwerfe mich zu sehr.
Meine Würde ist eingeklemmt.
Ich bin von meiner Empfindung abgeschnitten."

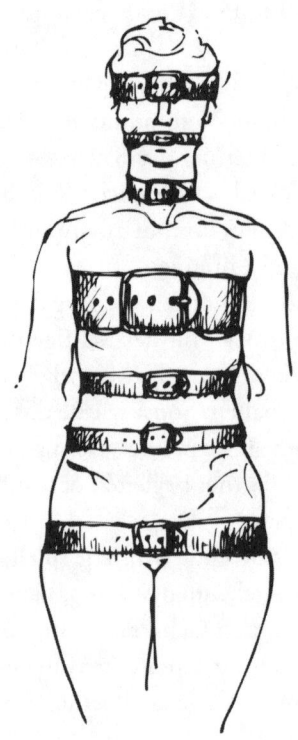

Diese anfangs ungewohnten Körperreaktionen lösen sich nach einiger Zeit entweder von allein, durch begleitendes Vibrieren und Zittern oder durch laute Töne. Werden in dieser Phase die Gefühle und Körperbewegungen nicht unterbrochen, sondern zugelassen und können sie ihre volle Erregungskurve durchlaufen, lösen sich die damit verbundenen Konflikte. Die Atmung wird in aller Regel frei und leicht. Die körperliche Entspannung wird sehr angenehm, Wärmegefühle und „Strömungsempfindungen" stellen sich ein, eine Vitalisierung des ganzen Körpers ist spürbar.

Mit einiger Erfahrung werden schwierige, beängstigende (Enge=Angst) Körperempfindungen seltener und Blockierungen lösen sich schneller. Berichte über positive Gefühle nehmen zu (vgl. Kap. 15), insbesondere Freude, Dankbarkeit, Glück und Geborgenheit. Gefühle, Erkenntnisse und inneres Wissen werden in einer noch nie erlebten Intensität erfahren. Sie werden als positive seelische Erschütterung erlebt und setzen für viele den Impuls für eine Neuorientierung in ihrem Leben.

---

4. In der vierten Phase geht es darum, die Wellen im Körper nachschwingen zu lassen, es geht um genußvolles Musikhören, um Sich-Entspannen.

5. Es folgt eine Phase der Ruhe und Stille, in der für einige Personen zum ersten Mal in ihrem Leben die in der Stille liegende Kraft erfahren wird. Sie erleben ein inneres Schweigen, das wir als ein wesentliches Tor zum intuitiven Wissen ansehen. **Unmittelbares Gewahrsein** kann erlebt werden, verschiedene Wirklichkeitsbereiche und Seinsebenen können parallel erfahren und in ihren Zusammenhängen erfaßt werden. Das Nach-innen-gerichtetsein fördert in diesem halbmeditativen Zustand das symbolische und paralogische Denken. Intuitives Denken und ein ungehemmter Fluß von Assoziationen können zum Tragen kommen.

Dabei werden folgende Botenstoffe mobilisiert: Serotonin, Dopamin, Melatonin, Endovalium und Endorphine. Manchmal wird auch vermehrt Noradrenalin ausgeschüttet (Zehentbauer 1994, 186).

Wir können diese intuitive Öffnung als Zugang zur Intelligenz des Organismus (Perls) bezeichnen. Die bisher versteckten, verklebten oder nur eingezogenen Antennen werden ausgefahren oder geöffnet, so daß man sich an einen großen Informationspool anschließen kann.

> 6. Die Erlebnisse werden mit dem begleitenden Partner ausgetauscht.
> Die Teilnehmer berichten von größerer innerer Klarheit, Neuorientierung ihrer Werte, Kontakt mit ihrer inneren Kraft und intuitivem Wissen – auf privatem Gebiet aber auch bezüglich beruflicher Themen wie Investitionsentscheidungen, Abteilungszusammensetzungen, Führungsstil und Mitarbeiterverständnis. Sie sehen ihre Abteilungen in einem neuen Licht, die Perspektive hat sich erweitert und vorher scheinbar unlösbare Probleme finden eine einleuchtende Lösung.
>
> Negative Gefühle gegenüber Mitarbeitern können sich aufgelöst haben, Verständnis für einen langandauernden Konflikt ist gewachsen, die Motivation, den Beruf wieder mit Sinn zu füllen, ist aufgekommen und das Gefühl, unfähig oder überfordert zu sein, hat sich in eine realistische Selbsteinschätzung gewandelt.
>
> 7. Nach einer Pause werden die Ergebnisse im gesamten Team zusammengetragen. In dieser offenen Atmosphäre sind kurze, schnelle Beziehungsklärungen möglich, versteht man plötzlich die Eigenheiten der Kollegen, entwickelt man echtes Mitgefühl mit Problemen anderer und die Bereitschaft, sich für das Wohl der gesamten Abteilung und Organisation einzusetzen.

Die Teilnehmer erkennen Möglichkeiten, wie sie Filtersysteme entwickeln, um Müll als Müll zu identifizieren und auszusondern, und wie sie innere Energieräuber vermeiden können.

Die Funktion des Teams im Gesamtbetrieb (oder der Konflikte in einer Liebesbeziehung) wird auf einleuchtende, systemische Weise erkannt, Zukunftsvisionen für die Organisationen werden entworfen und Realistisches wird von Illusorischem getrennt.

Die Auswertung vermittelt Eindrücke wie:
- „Ich bin fasziniert von der Weite meines Bewußtseins."
- „Ich sehe die Themen aus einem neuen Blickwinkel."
- „Ich erlebe die Kollegen völlig neu."
- „Ich bin dankbar für diese Erfahrung."
- „Ich sehe unsere Aufgabenkomplexität in neuem Licht."

13.3 Intuitionsstorming

Vor dem Hintergrund dieser Erfahrungen wird die von mir entwickelte Methode des Intuitionsstormings angewandt. Es mag zunächst merkwürdig erscheinen, wenn erwachsene Menschen sich wie Kinder oder Derwische im Kreise drehen. Es handelt sich dabei jedoch um eine uralte Methode der Menschen, um die verklebte Gedankenkontrolle zu lockern und die eigene Wirbelenergie zu aktivieren. Bei dieser Übung werden stärker noch als beim traditionellen Brainstorming die Botenstoffe Noradrenalin, Dopamin, Acetylcholin und Schilddrüsenhormone stimuliert.

Bei der Tranceinduktion ist der Körper das wichtigste Instrument. Alle Vorbereitungen, die zu muskulärer Entspannung und zum inneren Loslassen verhelfen, sind gut. In dieser Trance spricht die betreffende Person fortwährend über Lösungsansätze zu ihren Themen, sammelt strategische Wege und Planungen zu diesen Themen. Wichtig ist, ohne jede Selbstzensur jede spontan auftretende Idee, jedes Bild, jede Metapher etc. zu äußern.

Durch die Methode der Körperdrehung bei aufgerichteter Körperachse (Wirbelsäule) wird das Empfinden aktiviert, daß wir im Zentrum eines Wirbels, eines Taifuns oder einer Spirale ruhen. Der Blick ist konzentriert auf die linke Hand oder auf den Zeigefinger gerichtet. So wird mit einiger Sicherheit dem Schwindeligwerden entgegengewirkt. Ich empfehle die Drehung nach links, da diese Richtung die Herzöffnung unterstützt. Wer aber deutlich spürt, daß für ihn die Drehung nach rechts stimmiger ist, kann es in diese Richtung probieren.

Die Drehung beginnt langsam und wird so beschleunigt, daß immer noch guter Bodenkontakt, Zentrierung in der Mitte und Wohlgefühl bestehen bleiben.

Tausend Facetten der Wirklichkeit rauschen an uns vorbei. Wir bleiben ruhig in unserer Mitte und schauen einfach zu, lassen die inneren Antennen ausfahren und sich öffnen und schalten auf Empfang. So wird jeder Form von Erstarrung entgegengewirkt. Durch das Öffnen der Arme kann noch mehr Empfangsbereitschaft ermöglicht werden. Durch das Drehen kann ein Gefühl von Freude und von Loslassen entstehen, eine gefühlsgetragene Bereitschaft, sich den wirbelnden Kräften anzuvertrauen.

Die Umgebung wird wie ein Feld wahrgenommen, in dem alle wesentlichen Faktoren unseres privaten und beruflichen Lebens an bestimmten Plätzen angeordnet sind. Die Erfahrung zeigt, daß durch Schnelligkeit der Reaktionen Streß nicht zunimmt, sondern abnimmt: Wenn wir schnell und wach sind, werden wir eins mit dem vorherrschenden Tempo, und wir als Kollegen, Führungskräfte oder Partner können uns besser entspannen.

Innerlich zentriert und die eigene Würde genießend, können wir ganz frei und leicht die Prozesse und Entwicklungen und Dynamiken der Umwelt in uns aufnehmen, wahrnehmen und sofort aussprechen. Die Erfahrung zeigt, daß auf diesem Weg ein Quantensprung in der Kreativität ermöglicht wird. Der Verstand bemüht sich zwar, sofort zu zensieren, aber die innere Stimme ist zuerst da. Es ist nur Schnelligkeit, die aus diesem Konflikt rettet.

Äußerlich können die Teammitglieder dabei sehr ruhig sein. Wir können üben, die inneren Informationen sofort auszusprechen, die Zensur hintanzustellen. Wenn die Übenden dabei gleichzeitig ihre Atmung aktivieren, können sie ihre persönliche Schwingung so erhöhen, daß sie intensiver wahrnehmen und Zusammenhänge besser erkennen. Und: Begeisterung bei dieser Übung ist erlaubt. Jede Form von Begeisterung erhöht die Wachsamkeit, die Offenheit und vor allem die Motivation, anschließend in die Umsetzungsphase zu gehen.

> 1. Es bilden sich Kleingruppen.
>
> 2. Eine Person nennt aus dem jetzigen Blickwinkel ihre beruflichen oder privaten Themen, die noch nicht klar erkannt oder gelöst sind.
> Es ist wichtig, in dieser Phase Zeit darauf zu verwenden, die wichtigen und richtigen Fragen zu stellen. Fragen stellen zentriert das Bewußtsein und das Unterbewußte. Unwichtige Fragen werden aussortiert. Es werden einige Zusammenhänge zwischen den Themen hergestellt.

3. Die Person geht wieder in eine leichte Trance, die sie entweder selbst durch Atmung, eine monotone Bewegung, durch Körperschütteln oder durch Körperdrehung (vorzugsweise links herum) hervorruft oder die durch Induktion durch den Trainer stimuliert wird.

4. Die übrigen Kleingruppenmitglieder schreiben stichpunktartig alles mit.

5. Die „Schreiber" stellen nun ihrerseits der Person in Trance Fragen zu ihren eigenen Themen und schreiben auch diese Antworten mit.

6. Alle kommen an die Reihe.

7. Zuerst wird in der Kleingruppe das Rohmaterial geordnet und einer kritischen Realitätsprüfung unterzogen.

Meist sind die Teilnehmer zu diesem Zeitpunkt schon zufrieden. Sie haben eine große Menge an guten Ideen zu beruflichen und privaten Themen gesammelt. Einige Themen sind jetzt schon gelöst, verdeutlicht oder sonstwie klarer geworden. Viele wundern sich, daß auch bisher angstbesetzte oder geheimgehaltene Themen auf gute Resonanz bei den anderen gestoßen sind und offen besprochen werden können.

8. Die Kleingruppenergebnisse werden im Plenum auf Flip-Charts präsentiert. Alle haben Gelegenheit zum Nachfragen, Ergänzen und Weiterdenken. Eine Umsetzungsstrategie wird entworfen.

9. Es werden jeweils zu zweit Vertragsverhandlungen (vgl. Kap. 6.3) über die Effektivierung der weiteren Zusammenarbeit, der Ideenproduktion durchgeführt.

10. Die Vertragsverhandlungen werden im Plenum – wenn gewünscht – öffentlich bekannt gemacht, um durch die Anwesenheit von Zeugen und durch offene Information den Verträgen ein größeres Gewicht beizumessen.

Unser Gedächtnis speichert Daten vorwiegend kontextgebunden, wir speichern, vernetzen Ergebnisse mit den Umständen, unter denen wir sie erfahren haben. Einer dieser Umstände hier war z.B. die begleitende Musik. Wir fertigen in unseren Seminaren eine Liste der Musikstücke an, die wir gespielt haben, damit die Teilnehmer diese Musik zu Hause als Ankerreiz wieder und wieder hören können, um so leichter in den Erinnerungskontakt mit diesen Erlebnissen zu kommen. Wir haben damit beeindruckende Erfahrungen gemacht. Der Qualitätsunterschied zwischen abstrakter Erinnerung und einer Erinnerung im Kontext mit Musik, den gegebenen Symbolen und Erlaubnissen, ist deutlich.

Es geht bei dieser Arbeit nicht nur um Dampfablassen, auch nicht nur um eine einmalige schöne Erinnerung, unser Ziel ist vielmehr, ein für Komplexitätsmanagement wesentliches Kompetenzmuster zu vermitteln: die **Vernetzungskompetenz**.

Die Fragen, was hierzu zu tun ist und warum das wichtig ist, beantworten sich bei dieser Arbeit oftmals sehr klar. Es wird deutlich: Vernetzung kostet Energie und bringt das zehnfache an Energie ein.

Die obige Übung des Intuitionsstormings kann man auch als eine einfache Technik der **Selbsthypnose** bezeichnen, in der der effektivitätshemmende Zensor ausgeschaltet wird. Es werden Denkblockaden gelöst.

Denkblockaden kommen durch Streß, Angst, Schreck und Hetze zustande. Durch diese Faktoren wird die normale Funktion der Synapsen im Gehirn und im Gesamtorganismus gestört. Die bei negativem Streß ausgeschütteten Hormone Adrenalin und Noradrenalin sind Gegenspieler der Neurotransmitter, die das Funktionieren der Nervenverbindungen unterstützen, ja erst ermöglichen.

Es gibt im gesamten Gehirn und Organismus keine festen Informationsverbindungen. Verbindungen müssen wieder und wieder hergestellt werden. Noradrenalin ist zwar ein Transmitter, aber einer für hemmende Synapsen. Sobald also der Gehalt von Adrenalin und Noradrenalin im Gehirn ansteigt, werden viele Impulse nicht weitergeleitet.

Dann fällt uns die richtige Lösung einfach nicht ein. Wir erleben Gedächtnislücken, und wichtige Informationen werden an die zentrale Schaltstelle in uns nicht weitergeleitet, egal wie intelligent wir sind.

13.4 Rhythmische Tranceinduktion

In unserer psychischen Entwicklung bekommen wir von früh an Informationen darüber, wer und wie wir sind: Welche Rollen wir einnehmen sollen, daß wir bestimmte Eigenschaften haben und daß wir ein abgegrenztes Individuum sind. Durch die Kraft der Wiederholung dieser Informationen werden im Gehirn und auch im übrigen Nervensystem Strukturen gebildet, die uns eine besondere Ich-Wahrnehmung ermöglichen, die letztlich zu der Illusion führt, daß die „normalerweise" mit unseren Sinnen wahrnehmbare Welt die einzige Welt ist und daß es mich als abgegrenztes, isoliertes Ich-Wesen gibt. Unsere durchaus im Alltag taugliche Verstandeskontrolle hält uns in dieser wahrnehmbaren 8%-Welt, definiert, was Wirklichkeit ist und was nicht und gibt uns Sicherheit und Beschränkung zugleich.

Das Geheimnis jeglicher Art von bewußtseinserweiternder Arbeit besteht darin, daß in dem Moment, in dem die einengende Verstandeskontrolle ausgeschaltet wird, die schon immer vorhandenen Tore oder Durchgangspforten in andere Bewußtseinszustände sich öffnen und sich ein wie selbstverständlicher Zugang zu diesen Erkenntnis- und Erfahrungsbereichen auftut. Daß dieser Durchgang in neue Bewußtseinssphären auch – gerade zu Anfang – mit Angst verbunden sein kann, ändert nichts an der grundsätzlichen Möglichkeit und oft auch Leichtigkeit des Zugangs zu diesen Bewußtseinszuständen.

Wenn wir die einschränkenden Kontrollfunktionen des Alltags-, Normal- oder Routineverstandes reduzieren wollen, hilft uns der Zustand bewußter Trance. Ein Weg dahin ist die Arbeit mit Rhythmus.

Generell ist fast jede Art von gleichmäßigem Rhythmus tranceinduzierend. Je nach Rhythmus werden andere Ebenen der Entspannung geöffnet, andere Kontrollen außer Kraft gesetzt und so verschiedene Zugänge in die andere Bewußtseinswelt geöffnet.

Durch die Pulsation des Rhythmus werden bestimmte Gehirnfrequenzen aktiviert, die Trance-Zustände erleichtern. Bewußtes Hören von übereinandergelagerten Rhythmen ermöglicht zudem ein komplexes Gleichzeitigkeitserleben, das die Raumwahrnehmung öffnet und den Organismus sowohl entspannt als auch überfordert. Wenn das Alltagsbewußtsein durch ein komplexes Reizangebot überfordert wird, kommt es in eine dosierte chaotische Situation, hört für eine Weile auf, sein Routineprogramm zu aktivieren und läßt los.

Irgendeine Ebene der komplexen Wahrnehmung kann das Alltagsbewußtsein nicht mehr kontrollieren, irgendwo muß es loslassen, und so gleiten Sie als Forscher in Sachen Intuition in einen tieferen Raum der Wahrnehmung.

Eine wichtige Rolle spielen bei Tranceinduktionen Wiederholung und Zeitdauer. Die Psyche scheint ein Raumwesen zu sein, sie braucht Zeit, um in tiefere Räume zu gelangen. Je ausgefeilter und trainierter die Kontrollroutine unseres Alltagsverstandes ist, desto länger müssen die Rhythmusphasen sein, bevor der Kontrollverstand nachgibt, das Bewußtsein durchlässig wird. Menschen mit hoher Angst, d.h. Selbstkontrolle, müssen mit viel Geduld und Fachkompetenz in diesen Lösungsprozeß hineinbegleitet werden.

Weiterhin ist wichtig: Einerseits brauchen wir eine tragende Sicherheitserfahrung (mir kann hier nichts passieren), andererseits Perturbation, d.h. das Durcheinanderwirbeln des Systems durch hohe Energiezustände.

Durch herausfordernde Impulse auf verschiedenen Ebenen gleichzeitig wird das psychische System durcheinandergebracht, es kann nicht mehr mit den alten Mustern von Kontrolle und klarem Überblick reagieren und läßt los, um sich aus vorübergehendem Chaos auf ein höheres Reaktionsniveau – in eine neue Ordnung

– einschwingen zu können. Noch einmal: Die Voraussetzung ist eine gute Vorbereitung, wie wir sie in den vorangegangenen Kapiteln beschrieben haben.

Neben der Tranceinduktion durch aktive rhythmische Handlungen gibt es auch die Möglichkeit, passiv eine entsprechende Musik zu hören und dadurch in Trance zu geraten. Wenn wir uns beim Hören auf zwei musikalische Linien gleichzeitig konzentrieren, wird die Innenwahrnehmung räumiger und jede Form von Raumwahrnehmung (im Gegensatz zu Formwahrnehmung) ist tranceinduzierend.

Sie können das ausprobieren:

> Halten Sie beide Zeigefinger 30 cm vor Ihre Augen und führen Sie sie langsam auseinander, bis Sie sie gerade noch an den äußeren Grenzen Ihres Wahrnehmungsfeldes sehen können. Während Ihre Finger langsam auseinandergehen entspannt sich Ihr Unterkiefer, Ihre Atmung wird etwas tiefer, der Focus wird weicher.

Wenn Sie wirklich auf beide Finger schauen, wird das Wahrnehmungsfeld breiter, die Wahrnehmung ist auf „Unendlich" eingestellt. Die Raumwahrnehmung dabei läßt das begriffliche Denken in den Hintergrund treten. (Ich habe auf unserer CD **Vision** eine Übung dazu angeleitet.)

Neben der rhythmischen Pulsation durch Trommeln oder Hören sind tranceinduzierende Stimulationen des zentralen Nervensystems durch Tanz oder andere fließende Bewegungen (z.B. Drehung) möglich. Jede Bewegung, wenn sie in bewußter Weise ausgeführt wird, kann Tore aus der Alltagsnormalität in andere Welten öffnen. Auch ein Wiener Walzer oder ein Langstreckenlauf aktiviert die Ausschüttung von Neurotransmittern in den Zellsynapsen. Auch durch solche Übungen können wir die Schleusen unserer Bewußtseinskanäle öffnen.

So ist z.B. für Fortgeschrittene oft nur eine kleine Bewegung notwendig, um in einen Trancezustand zu kommen. Diese Tatsache wird auch in Techniken wie dem NLP genutzt.

13.5 Die Intensivatmung

Wir kommen jetzt zu einem Hauptweg der modernen psychologischen Technik zur Bewußtseinserweiterung: zur Intensivatmung.

Ich habe diese Methode oben schon beschrieben. Hier nun wird Atmung auf einer nächsten Stufe der Komplexitätsentwicklung intensiviert. Wir kommen in tiefere Räume, wenn wir die Atmung um mindestens 20% steigern. Je nach Gruppenentwicklung und Thema erhöhen wir die Atemintensität um 40, 70, 100% oder mehr.

Die Verbindung von Atmung, Sinnesaktivierung durch Musik, Kontakt mit der Erde über gezielte Körperarbeit, Verbindung von Anspannung und Entspannung durch rhythmisches Öffnen und Schließen des Körpers, durch Bewegung und Betonung des Körpers als Kanal sowie die Aktivierung von Bildern durch thematische Angebote, je nach Gruppenaufgabe, fügen sich zu einer komplexen Methodologie, für die es einer langjährigen Ausbildung und Erfahrung auf Trainerseite bedarf.

Manche Trainer starten diesen Prozeß der Atemintensivierung ohne die notwendige Vorarbeit sehr schnell und beginnen mit hohen Intensitätsstufen. Ich warne eindringlich davor. Die Intensivatmung ist eine sehr wirksame und tiefgreifende Methode, die, wenn sie nicht lernprozeßorientiert eingesetzt wird, zu viel aufwühlen kann, wodurch eine positive Methode negative Effekte erzielt. Es bedarf unbedingt gründlicher Integrationsarbeit in einem längerfristigen Prozeß. Die Teilnehmer müssen Gelegenheit haben, ihre Erfahrungen intensiv zu verarbeiten, indem sie diese mitteilen, verstehen, gestalten und in den Alltag umsetzen. Das ist nur möglich, wenn Intensivatmen kombiniert wird mit anderen Trainingsmethoden, die wir in diesem Buch beschrieben haben.

Die Notwendigkeit sorgfältiger Vor- und Nachbereitung gilt für alle tranceinduzierenden Wege: Sie sollten Bestandteil eines ganzheitlichen Weges sein, in dem Körper, Geist, soziales und gesellschaftliches Umfeld gleichermaßen Focus der Aufmerksamkeit sind.

In der CoreDynamik folgen wir einem didaktischen Prinzip, beginnen wir vorsichtig und lernprozeßorientiert, bauen wir langsam und schrittweise auf. Die Teilnehmer brauchen den Boden der Sicherheit, mit diesen Verfahren möglichst angstfrei umgehen zu können, nach dem Erlebensprozeß sicher zu landen und so gute Erfahrungen gemacht zu haben.

Was erleben Sie als atmende Forscher in Sachen Komplexitätsbewußtsein?

Zuerst geht die Reise durch die Gefühle. Die psychische Entwicklung steht im Vordergrund, biographisches Material wird bearbeitet. Sie können mit vergessenen seelischen oder körperlichen Erfahrungen aus dem eigenen Leben wieder in Kontakt kommen, die unmittelbar mit dem Begleiter oder später bearbeitet werden können. Gefühlserfahrung allein bringt noch kein Wachstum, kann jedoch zu deutlicher Entspannung und Lockerung führen. Zentrale Lebensthemen wie die Auseinandersetzung mit Mutter und Vater oder anderen Autoritätspersonen können in den Vordergrund treten, Versöhnung und Befreiung von alten Mustern ist möglich.

Dann treten übergreifende Lebensthemen in den Vordergrund: Geburt, Tod, Wachstum, Sinn, Liebe und Entwicklungen auf individueller und kollektiver Ebene werden in einem neuen Licht und mit größerer Komplexität gesehen.

Schließlich werden **CoreErfahrungen** möglich, d.h. Erlebnisse von Einssein, Verschmelzung mit dem Licht, Sich-Auflösen im großen Ganzen, Erfüllung und Angekommensein bei sich und im Zentrum verbunden mit Liebe zu den Menschen, zur Erde und zum Universum.

Bei der Auswertung der Atemerfahrungen sollte der geschulte Trainer keiner Verwechslung von regressiv (präpersonal) und progressiv (transpersonal) unterliegen. Diesen Unterschied hat Wilber ausführlich diskutiert (1996, 259ff).

Werden die während der Intensivatmung erlebten **Seinserfahrungen** in einem anschließenden Verstehensprozeß dialogisch **integriert**, wirken sie sich tiefgreifend auf die Persönlichkeitsentwicklung aus. Von größerer Stabilität, Intelligenz, höherem Komplexitätsbewußtsein und einfacherer Alltagsbewältigung im privaten und beruflichen Bereich wird wieder und wieder berichtet (s.u.).

Ich fasse zusammen:

1. An der Basis menschlichen Bewußtseins existiert ein schier unerschöpfliches und komplexes Potential von Intuition und Kreativität.

2. Menschliches Bewußtsein ist fähig, diese Informationsquellen zu erfahren und anzuzapfen.

3. Die Wege zur Erkundung außergewöhnlicher Bewußtseinszustände sind beschreibbar, lassen sich als Trancezustände charakterisieren und werden von vielen Menschen in ähnlicher Weise erlebt.

4. Es gibt didaktisch fundierte, sichere und erprobte Wege dahin.

5. Der Zugang zu diesen Erfahrungen größeren Bewußtseins wird bei einiger Übung leichter, die Erfahrungen werden als ganz normal und befreiend erlebt, machen Freude, vitalisieren den Organismus und fördern die Beziehungsfähigkeit.

6. Derartige Erweiterungen persönlicher Komplexität sind für die meisten Menschen erlernbar und bleiben unvergessen.

7. Zustände erweiterten Bewußtseins geben dem Leben Erfüllung, Erfolg, Sinn, Heilung und Ganzheit und entfalten kreative, intelligente und ethische Potentiale.

8. Wir erfahren, daß alle Welten eine Welt sind. In uns wächst eine humane, ökologische Weltauffassung. Werte ändern sich in eine soziale Richtung, Verantwortungsbewußtsein für alles und alle wächst.

14. Integrales Denken

Nach diesen ganzheitlichen Erfahrungen steigen wir herab in die Niederungen des Denkens, diesmal aber sind wir zu einem Denken anderer Art fähig, dem integralen Denken:
Es gibt (mindestens) zwei Arten von Denken:

a) **Das Denken vor den Gefühlen:** Es ist flach, schwach, bezieht sich auf Vorhandenes. Es ist funktional, praktisch, operational und nur beschränkt kreativ. Metaphorisch wird es der linken Hirnhälfte zugeordnet.

b) **Das Denken mit und nach den Gefühlen:** Wenn wir unsere Gefühle wirklich zulassen und ausloten, bekommt unser Denken eine tiefere Kraft. Es wird integrativ, komplex und vital. Es gibt den Gefühlen Struktur und Richtung und hat eine außerordentliche **Umsetzungskraft**. Es kann ganzhirning und auch ganzkörperlich genannt werden.

Gefühle allein bilden eine sehr schlichte Orientierungsfunktion. Gefühle wollen entweder **hin oder weg**. Eine Orientierung an Gefühlen reicht nicht für die Bewältigung komplexer Situationen, die gekennzeichnet sind durch Ambivalenzen, Paradoxien, Mehrdeutigkeiten, fraktale Strukturen und Chaosverläufe mit verschiedenen Attraktoren, Bifurkationen und Exponentialitäten (vgl. Mandelbrot).

Ohne integrales Denken und die damit verbundene **Exzentrizität**, d.h. die Fähigkeit, sich außerhalb des eigenen Wahrnehmungspunktes zu stellen, ist die Lösung komplexer Problemstellungen nicht möglich. Um integrales Denken und Exzentrizität zu üben, ist unsere Raum- und Zeitarbeit eine wesentliche Grundlage, von der der Bewußtseinsprozeß dann weitergehen kann zu einem integralen Denken. Raum und Körper bleiben die Erdung, mit der diese komplexen Zusammenhänge noch körperlich-sinnlich ausgehalten, getragen und integriert werden können. Wir gehen ins Meträumliche und spüren dennoch die neuen Gleichnisse, Visionen, Parabeln und Analogien im hochenergetisierten Körperdenken.

Der Körper als Kanal verschachtelt die Reihe der neuen Metaphern und erinnert uns: Das Unbekannte zu riskieren ist die einzige Chance, wenn wir wachsende Komplexität bewältigen wollen. Das Nichtwissen ist die einzig wahre Ehrlichkeit und Handlungsorientierung.

Wenn wir ein erfülltes Leben und das heißt Management-by-integralem-Denken anstreben, reichen Denkstrategien, die lediglich unsere Merk- oder Logikfähigkeit verbessern wollen, nicht aus. Weder mit dem analytischen noch mit dem „ganzheitlichen Denken" können wir die Realität als Ganzes erfassen. Eine Wissenschaft ohne eine Bewußtheit von der Einheit der Dinge kann uns nur eine Natur in Stücken geben.

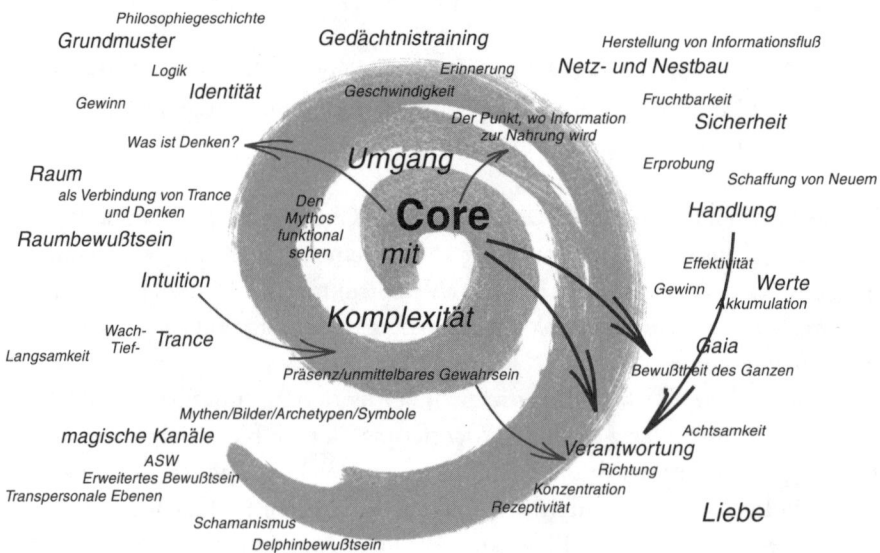

Integrales Denken bewegt sich innerhalb der verschiedenen Dimensionen, die in diesem Schaubild skizziert sind. Es ist eine Hin- und Herbewegung der zunehmenden Bewußtheit der Zusammenhänge, eine Bewegung zwischen Alltagshandwerk, Vision, Handlung, Intuition, Gewinn und Raumbewußtsein.

Durch die beschriebene Körperarbeit erweitert sich zunehmend das Denknetz, in das neue Inhalte fallen können und die dort aufgehoben werden. Dieses ständig expandierende Denk- und Reaktionsnetz ist unter alle neuen Erfahrungen gespannt und läßt dennoch genügend Raum, um sich ständig zu erweitern. Es ist inzwischen belegt, daß die „denkenden Substanzen" im Großhirn sich mit seiner Benutzung vermehren und daß vernetzte Lern- und Arbeitsstrukturen die Vernetzung des Gehirns fördern. Wenn wir vernetzt handeln und denken, vermehren sich die Synapsen, und die Kapillaren erweitern sich. Durch die größere Zahl der Synapsen und die immer zahlreicheren Verknüpfungen der Nervenbahnen wird die Netzstruktur der Informationen immer dichter geknüpft. Denken fördert also Denken. Komplexes Handeln fördert die Komplexitätsfähigkeit. Energetisiertes Denken auf ganzheitlich-körperlicher Ebene nach den oben beschriebenen Methoden fördert integrales Denken.

Es genügt nicht, Gipfelerlebnisse zu genießen. Sie sind wunderbar und angenehm und erlauben einen Zugang zu außergewöhnlichen Bewußtseinszuständen. Aber unser Denken muß mitgezogen werden, muß sich mit dem neuen Erleben anfreunden und verbünden können. Dann führt es uns zu neuen **Einsichten**. Einsichten sind abhängig von dem intersubjektiven, sozialen Raum, in dem diese Erfahrungen stattfinden.

Schließlich sollten die Einsichten sich zu neuen stabilen emotionalen und mentalen **Strukturen** entwickeln, die eine soziale Bedeutsamkeit erlangen können. Diese neuen Strukturen, eine neue Topographie des Bewußtseins und das **Verstehen**, werden im wesentlichen durch intersubjektive Kommunikation, durch Dialoge erarbeitet.

Gipfelerlebnisse allein eröffnen uns nicht den Zugang zu neuem **Handeln** (und darauf kommt es uns an). Deswegen bestehen wir in unserer Konzeption auf einem langsamen und systematischen Aufbau des Prozesses, denn die Qualität der Erfahrungen in diesen Erlebnissen baut auf dem vorherigen Lernbestand auf und ist abhängig von ihm.

Gedanken sind – noch stärker als die Gefühle – das Instrument, mit dem wir unsere Aufmerksamkeit lenken. Um dauerhaft und produktiv kreativ zu sein, müssen wir unsere Gedankenkraft **bündeln und ausrichten** lernen. Wir haben damit in der Raumarbeit schon gearbeitet und es erfordert tägliche Übung, unsere Aufmerksamkeit zu schulen.

Aufmerksamkeit ist die höchste Form der Energie. Jeden Morgen, in jeder Minute können wir uns entscheiden, worauf wir heute oder jetzt unsere Aufmerksamkeit richten wollen. Üben läßt sich das am besten zuerst in der stillen Sitzmeditation, dann später in der Gehmeditation und schließlich während des Alltags. Die Meisterung des Alltäglichen braucht Aufmerksamkeit oder auch Achtsamkeit. Sie entwickelt sich nicht vor den Gefühlen, sondern jenseits von ihnen. Damit dies möglich ist, müssen Gefühle jedoch genügend Lebensraum haben, um sich voll entfalten zu können. Dann wird integrales Denken möglich, ein ganzkörperlicher Vorgang, in dem die Aufmerksamkeit zu ihrer Blüte kommt: Aufmerksamkeit nimmt wahr, ohne zu beurteilen und gibt uns die Informationen, die wir für kreative Prozesse benötigen.

Für die Stabilisierung der Lernprozesse auf diesem Weg braucht es eine fundierte Begleitung. Bei allen Bewußtseinserfahrungen muß beachtet werden, daß der einzelne diese Erfahrungen durch intersubjektive und dialogische Prozesse gestalten, verarbeiten und sozial-emotional in seinen realen Bezügen erproben, vermitteln und verankern kann. Reine Einsichten können solange nicht in die Tat umgesetzt werden, wie es keinen intersubjektiven Raum gibt, in dem dies möglich wird. Folglich muß Organisationsentwicklung auch die formalen Strukturen, in denen gedacht, gefühlt, intuiert und entwickelt wird, verändern.

Ferner: Die Lösung von alten Mustern, von vergangenen Strukturen ist etwas anderes, als zukünftige Strukturen zu entwickeln, die sich zum ersten Mal im manifesten Bewußtsein herausbilden, d.h. die in einigen Trainingstagen eröffneten Horizonte des Denkens und Fühlens, der sozialen Sensibilität und Kontaktfähigkeit müssen sich einerseits im Individuum, andererseits auch in der Kultur der Organisation verfestigen, damit diese neuen Ansätze wachsen und überdauern können. Organisationen lernen genau in dem Rahmen, den sie glauben gestalten zu können. Der Glaube an die positive Vision einer Lernenden Organisation kann sich wie eine self-fulfilling prophecy auswirken.

Schließlich sind handfeste Maßnahmen anzusetzen, die wir im Abschlußtraining und an den Nachbesprechungstagen anregen:

- Am wirksamsten sind sichtbare „Kunstwerke" am Arbeitsplatz oder im Privatbereich. Die **manifeste Umgestaltung von Lebensraum** und Arbeitsraum (was ja das gleiche ist) hat deutlichen Vorrang. Plazieren von Pflanzen, Kunstwerken und anderen Elementen, die Atmosphären gestalten, ist im Kontext eines so tiefen Prozesses wie oben beschrieben eben nicht nur Makulatur, Systemstabilisierung und Ablenkung, sondern ein konkreter manifester Erinnerungshinweis auf das Gelernte. Mit solchen „Erinnerungsankern" ist es leichter, die alten Muster zu überwinden.

- Regelmäßige Treffen der Teams (oder auch regelmäßige Gesprächstreffen von Paaren und Gruppen) sind eine handfeste Umsetzung des Bedürfnisses nach Innovation und neuer Interaktion und erfordern **klare Rituale** der Offenheit (siehe Feedback). Wegweisende Rituale (z.B. Körperübungen zur Denkbeweglichkeit) sind zuverlässige Initiatoren von Neuerungen.

- Die Sinnverfestigung kann durch die Entwicklung einer gemeinsamen **Unternehmenssprache**, gemeinsamer Verstehenssignale und regelmäßiger Unterbrechung von Erstarrtem (STOP-Signale) geschehen. „Der Fortschritt macht das Leben für unsere Muskeln leichter, aber nicht für unser Gehirn."

- **Teamkonsens** ist wichtig, darf aber nicht überbewertet werden. Konsensprozesse können manchmal nicht in der Geschwindigkeit entstehen, in der eine Entscheidung getroffen werden muß. Gruppen, die nicht ihre Gefühle und Beziehungen offengelegt und durchgearbeitet haben, können sehr dysfunktional sein. Fortschrittliche Organisationsentwicklung braucht Hierarchie. Hierarchie mit transparenten und flexiblen Machtstrukturen ist nur eine Form von Arbeitsteilung.

- **Die Gegenwart der** gemeinsam entwickelten **Vision** muß stets erneuert und aktualisert werden.

- Die feste Einrichtung von **Creativity Centers**, in denen Ideensammeln, Herumspinnen und die Entwicklung neuer Paradigmen an der Tagesordnung sind, schiebt den Prozeß einer Lernenden Organisation immer wieder erneut an.

- Auch auf der individuellen Ebene wird der Prozeß weitergehen: Eine Führungskraft, ein Ehe- oder Lebenspartner, der regelmäßig an seiner Komplexitätsentwicklung weiterübt, wird sich dies von einem bestimmten Punkt an zu einer unabdingbaren Gewohnheit machen, die er oder sie einfach aus Lust- und Wachstumsgründen nicht mehr aufzugeben bereit ist. Dies kann in manchen Fällen zu Konflikten führen. Solche Entwicklungen bleiben aber auch kreativ, wenn es zu Trennungen im beruflichen oder privaten Bereich kommen sollte. **Funktionslust ist selbsterneuernd.**

- Die Erfahrung zeigt: Ein **starker Reiz** (und das ist ein solcher Lernprozeß) kann nicht unbeachtet in Vergessenheit geraten. Manche Follow-up-Untersuchungen haben wir Jahre nach der Maßnahme durchgeführt und es wurde immer noch von bleibenden Veränderungen gesprochen.

- Erneuerungen können auf die Kraft neuer Sinndimensionen bauen. Der Entwurf erfüllten Lebens und Arbeitens ist ein **stärkerer Attraktor** als die Behinderungen der Vergangenheit.

Ein wichtiger Schritt zur Umsetzung in neue, beweglichere **Strukturen** ist die bewußte Entscheidung zu permanenten emotionalen und mentalen **Vernetzungsprozessen** durch neue Formen der Kommunikation und zu einem neuen Denken. Wir wissen: Probleme können nicht auf der gleichen Ebene gelöst werden, auf der sie entstanden sind. In einem integrierten Komplexitätsmanagement unterstützen sich die verschiedenen Weisen des Denkens als komplementäre Modelle der Erkenntnisgewinnung wechselseitig. Deshalb arbeiten wir in der CoreDynamik nach der Methode des **Sowohl-Als-Auch** anstelle eines **Entweder-Oder**.

Wir brauchen ein Denken, das die fraktale Struktur des Lebens, seine Unbestimmbarkeit, seine spiralischen Entwicklungsgesetzmäßigkeiten, seine symbolische Vermitteltheit durch nicht-lineare Begrifflichkeit jenseits der Operationalität abbilden kann. Ein brauchbares Prozeßmodell hat eine sich selbst ständig erweiternde Struktur, die sich spiralförmig fortentwickelt.

15. Auswertung der Erfahrungen

15.1 Praxisbeispiel eines Cultural Change-Projekts: Change Management

Ich beschreibe abschließend ein Beispiel aus unserer Projektpraxis. Es erfüllt nicht alle Aspekte der hier entwickelten Konzeption, kann jedoch Teile eines komplexen Change Management-Prozesses veranschaulichen.

Der Personalchef und der Geschäftsführer eines süddeutschen Konzerns machten uns in einem Gespräch über Situation und Perspektiven ihres Unternehmens deutlich:

- daß sich der Personalabbau so auf die Stimmung in der Produktion ausgewirkt hat, daß ein Verlust an Beziehungs- und Produktions-Know-how entstanden ist,
- daß es in ihrem Konzept eines „cultural change" um eine neue und grundlegende Identifikation ihrer Mitarbeiter mit der Firma gehen soll,
- daß vor allem auf den mittleren und unteren Ebenen der Meister, Vorarbeiter und Arbeiter ein effektiverer und reibungsloserer Kommunikationsfluß (es gab Störungen bei der Schichtübergabe und auch bei der Weitergabe von Vorprodukten) erreicht werden soll,
- daß sich die Meister, die bisher der Personalführung aus dem Weg gehen, mehr für die Entwicklung ihrer Leute einsetzen sollen,
- daß die bisherigen Strukturen zwar eine gute Stabilität, aber auch eine dysfunktionale Starrheit aufweisen,
- daß die Brems- und Verhinderungsfunktionen im Informationsfluß erkannt und aufgelöst werden müssen,
- daß eine stärkere Integration der jüngeren Mitarbeiter dringend erforderlich ist,
- daß die Kommunikation zwischen den Abteilungen, wie z.B.
  - ➤ Forschung und Entwicklung,
  - ➤ Finanzen und Controlling,
  - ➤ Engineering und Dienstleistung,

  verbessert werden soll,

- daß Qualitätssicherung ein ernstzunehmendes Thema darstellt,
- daß das Sicherheitsthema zwar technisch ausgereizt ist, aber auf der menschlichen Seite dringend etwas für größere Sicherheit (es kam zu zu vielen Unfällen) getan werden muß,
- daß sie diesen Prozeß des **cultural change** auch mit den oberen Führungsebenen abstimmen und vermitteln wollen und folglich mit den Führungskräften ein kontinuierlicher Coachingprozeß stattfinden soll.

Insbesondere ging es den Führungskräften um Werkzeuge, mit denen man einen solchen Prozeß anstoßen kann, mit denen sie später allein weiterarbeiten können, so daß wir als Berater nur noch in größeren Abständen den Prozeß zu begleiten brauchen.

Wir waren uns einig, daß diese Anforderungen/Wünsche nicht mit vorgefertigten Seminarreihen verwirklicht werden können, sondern daß ein flexibler Ansatz mit Workshops gewählt werden muß, in denen im wesentlichen folgende Fragen zu klären sind:

➤ Was sind die Bedürfnisse der Beteiligten?
➤ Was konkret bewirkt die Blockierungen?
➤ Wo liegen neue Möglichkeiten der Zusammenarbeit?
➤ Wie kann der Informationsfluß verbessert und wie können die Beziehungen gestärkt werden?

Unsere Funktion sollte sowohl die von Feld- und Handlungsforschern als auch die von Moderatoren für Kommunikationsprozesse sein. Die Maßnahmen sollten als Möglichkeit für kreative Zusammenarbeit angeboten werden.

Wir mußten von anfänglichen Vorbehalten und Mißtrauen ausgehen, da schon Trainingsmaßnahmen mit großem Aufwand durchgeführt wurden, die jedoch abgebrochen wurden (z.B. TQM).

Es schien uns sinnvoll, zuerst mit einer Pilotgruppe zu arbeiten, die aus Mitarbeitern verschiedener Abteilungen und Ebenen zusammengesetzt war. Mit diesen wurde ein offenes Teamentwicklungskonzept durchgeführt. Die Teilnehmer sollten zu **Vernetzungsexperten** und Multiplikatoren ausgebildet werden, die durch eigenes Vorbild weitere Mitarbeiter für die Weiterbildung motivieren können.

Wir waren uns einig, möglichst früh den Betriebsrat in die Maßnahme einzubeziehen und alle Schritte mit ihm abzustimmen.

Ebenso waren wir gemeinsam der Meinung, daß die Berater/Trainer zuerst vor allem **vor Ort** mit den Beteiligten Gespräche führen sollten, die Arbeitsabläufe und Informationsflüsse mit eigenen Augen kennenlernen sollten, dies als vertrauensbildende Maßnahme und zur realitätsgerechten Beurteilung der Produktionssituation. Diese Vor-Ort-Gespräche sollten im Wechsel mit Workshops durchgeführt werden.

Phasenkonzept
Für Planung, Durchführung und Stabilisierung der Effektivitätssteigerungen (u.a. Einführung von Teamarbeit) in diesem Konzern schlugen wir ein Phasenkonzept von Entwicklungsmaßnahmen für den Zeitraum von ca. 12 Monaten vor.

1. Einführungsphase
Wir begannen mit Situationsanalyse, Gesprächen und Kurz-Workshops mit allen Ebenen, Erstmotivierung und Grundlagentraining der Betroffenen in Pilotgruppen.

Die Trainer studierten und analysierten vor Ort die Arbeitsabläufe. Sondierende Gespräche und Beobachtungen auf allen Ebenen bildeten die Grundlage für eine optimale und realistische Situationsanalyse.

Danach wurde in Abstimmung mit Personal- und Geschäftsleitung sowie mit Betriebsrat und Mitarbeitern ein Trainingskonzept entwickelt, das nicht aus einem schematischen Schubladensystem bestand, sondern in einem verschiedene Ebenen erfassenden Prozeß offene und bewegliche Team- und Kommunikationsstrukturen ermöglichte.

So war im Sinne der Handlungsforschung (action research) eine ständige Korrektur und Optimierung des Konzepts und der vertrauensbildenden Maßnahmen sichergestellt.

2. Hauptphase
Intensivtrainings und Coachingsitzungen wurden mit Multiplikatoren, Schlüsselfunktionsträgern, Meinungsträgern und Realteams durchgeführt.

3. Stabilisierungsphase
Prozeßorientierte Coaching- und Reflexionstage fanden 4, 6, 8 und 12 Monate nach Abschluß der Hauptphase statt.

Unsere Workshops und Trainings sind generell durch folgende Qualitätsvorgaben zu charakterisieren:

A. Die Methodik eines ganzheitlichen Lernansatzes: Lernen ist nach unserem Verständnis ein ganzheitlicher Vorgang, bei dem Verstand, Gefühl, Körper, Einstellungen (Beliefs) und Unbewußtes beteiligt sind. Deshalb arbeiten wir mit Methoden, die Wissen vermitteln, den emotionalen Bereich ansprechen, eigene Erfahrungen ermöglichen und das unbewußte Kreativitätspotential nutzen.

B. Zielgruppenorientierung: Wir arbeiten mit den konkreten Fragen der Mitarbeiter. Um die erlernten Einstellungs- und Verhaltensänderungen auch in der alltäglichen Kommunikationspraxis langfristig zu sichern, werden in die Workshops Transferübungen integriert.

C. Prozeßorientierung: Die Mitarbeiter erfahren sich mit ihren Stärken und Schwächen im Team. Wir bieten fortlaufend die Möglichkeit für Lernschleifen anhand von Feedbackprozessen (Hier- und Jetzt-Prinzip).

Schlüsselfaktoren erfolgreicher Entwicklung waren dabei:
➤ Vernetzung der Kommunikation durch Kurzmeetings, Wandzeitungen, „Herumgehgespräche",
➤ Denken in Prozessen, nicht in Problemen,
➤ Energie wecken und Vertrauen schaffen,
➤ Möglichkeiten zum Umgang mit rasant wachsender Komplexität vermitteln,
➤ die Wirkkraft von produktiven Zielen erfahren,
➤ Sozialkompetenz durch Übung real erhöhen.

Im ersten Sondierungsgespräch mit Mitarbeitern wurden deren Fragen gesammelt. Sie wollten wissen:
▶ Wie entsteht effektive Kommunikation und wie kann ich die verschiedenen Entwicklungsphasen dieses Prozesses beeinflussen?
▶ Wie fördere ich als Führungskraft Kommunikation, Teambildung und Wachstum eines Teams?
▶ Wie setze ich Prozeßreflektion optimal ein?
▶ Welche Kommunikationsmuster bestimmen mein Führungsverhalten und das Verhalten meiner Mitarbeiter?
▶ Wie kann ich mit Konflikten erfolgreich umgehen?
▶ Wie kann ich Widerstandsenergien in Kooperations- und Lernenergie umwandeln?
▶ Wie wandle ich Konflikte und schwierige Situationen in Chancen?

Umgang mit Widerstand ist eine Kunst. Wenn Widerstand in einem Innovationsprozeß entsteht, sind meist einige menschliche Grundbedürfnisse mißachtet worden oder zumindest in Gefahr. Doppler und Lauterburg (1995, 298) fassen die Themen, die beachtet werden müssen, wie folgt zusammen:

▶ **Lohn/Gehalt:** Werden finanzielle Nachteile erwartet?
▶ **Sicherheit:** Angst vor Wechsel oder Verlust des Arbeitsplatzes?
▶ **Kontakt:** Drohen persönliche Beziehungen verlorenzugehen?

- **Anerkennung:** Angst vor Überforderung und damit fehlender Erfolg bei der Arbeit?
- **Selbständigkeit:** Wird der Verlust von Entscheidungsbefugnissen oder die Einschränkung von Handlungsspielraum befürchtet?
- **Entwicklung:** Werden Lernbedürfnisse oder Karrierewünsche eingeschränkt?

Aus dem obigen Projekt gewannen wir als Trainerteam folgende Erkenntnisse:

1. Nur wenn wir vor Ort herumgehen, wenn wir die Mitarbeiter am Arbeitsplatz besuchen, schaffen wir das notwendige Vertrauen und erlangen realistische Kenntnis der wirklichen Arbeitsbedingungen.

2. Jeder persönlich bedeutsame Lernprozeß verläuft in einer eigentümlichen Kurve: Die Trainingsteilnehmer beginnen hochmotiviert, lernen am Anfang viel. Häufig sind sie nach der zweiten Einheit enttäuscht, weil die Umsetzung der Workshop-Erfahrungen doch schwieriger als erwartet ist und vielleicht sogar Rückschläge erfolgen: „Wir kommunizieren jetzt schlechter als vor der Trainingsmaßnahme." Diese Auffassung kann u.a. auch mit der geschärften Wahrnehmungsfähigkeit zu tun haben.

3. Nach dieser Frustration und dem Knick in der Motivation wächst eine realistische Zielperspektive. Die Notwendigkeit von kleineren Schritten und alltäglichem Üben wird erkannt. Selbstverantwortung wächst.

4. Nachbarabteilungen werden neugierig bis neidisch. Die Maßnahme kommt ins positive Gerede. Teilnehmer übernehmen einige Anregungen aus den Trainings und verbessern damit ihr Verhalten.

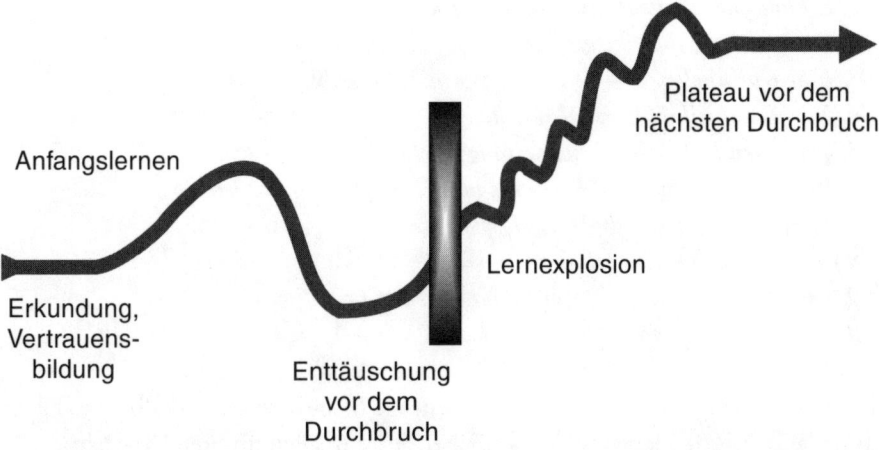

5. Vertrauen in die Unternehmensleitung wächst. Angst vor Vereinnahmung und Überforderung durch die Maßnahme nimmt ab. Trainer werden nicht mehr als die Handlanger der Leitungsebene, sondern als Unterstützer auch für eigene Entwicklungswünsche gesehen. Offenheit der Mitteilungen wächst.

6. Jetzt erst werden die wirklichen Konflikte und Gefühle angesprochen, die Bereitschaft entsteht, auch unangenehme Erfahrungen mitzuteilen.

7. Vernetzung der Konflikte wird erkannt. Mitarbeiter werden fähig, die Konflikte in ihrer gegenseitigen Abhängigkeit zu erkennen. Einseitige Positionen werden zugunsten einer mehrperspektivischen Betrachtung aufgegeben.

8. Geheimnisse werden gelüftet. („Ich habe vor vier Jahren innerlich gekündigt und nichts mehr wirklich geleistet. Jetzt unterschreibe ich innerlich einen neuen Arbeitsvertrag und bin wieder dabei.") Boykottverhalten wird aufgegeben.

9. Bereitschaft zu innovativem, auch außergewöhnlichem Verhalten entsteht. Von nun an können die in diesem Buch beschriebenen Intuitions- und Kreativitätsübungen durchgeführt werden.

10. Die Bereitschaft zum Sprung ist da. Die Probleme sind zwar nicht beseitigt, aber durch erhöhtes Komplexitätsbewußtsein ist aus Widerstand Synergie geworden. Die Mitarbeiter sind „mit Leib und Seele" dabei. Sie haben ihr ganzheitliches Energiepotential aktiviert.

Nach Abschluß der Maßnahme war folgende Kurzfassung der zehn Schritte für alle Beteiligten eine hilfreiche Auswertungs-Landkarte, um zu erfahren, wo sie sich in ihrem jeweiligen Lernprozeß in den einzelnen Stadien befanden:

1. Erkundung schafft Realität und Vertrauen.
2. Enttäuschung und Rückschläge folgen auf Anfangserfolge.
3. Eine realistische Zeit- und Zielperspektive entsteht.
4. Nachbarabteilungen werden neugierig.
5. Vertrauen in Unternehmensleitung wächst.
6. Wirkliche Konflikte und Gefühle werden jetzt angesprochen.
7. Vernetzung der Konflikte wird erkannt.
8. Geheimnisse werden gelüftet.
9. Bereitschaft zu innovativem Verhalten entsteht.
10. Die Bereitschaft zum Sprung ist da.

Diese zehn Schritte, die in diesem Konzern die Mitarbeiter innerhalb eines Jahres durchlaufen sind, erleben wir in ähnlicher Form in allen unseren Langzeitprojekten. Die Stufenabfolge wird von uns in unterschiedlichen Formen beobachtet.

Manchmal läßt sich auch eine dreitägige Kriseninterventionsmaßnahme in einer Firma in diesen zehn Stufen beschreiben, allerdings dann mit geringerer Breiten- und Tiefenwirkung.

Die Aufgabe für uns als Trainer ist, die **Spannung auszuhalten**, wenn eine Lösung nicht sofort greift, wenn Probleme nicht mit dem Konzept „mehr von demselben" beseitigt werden können, wenn die Probleme durch deren Bewußtmachung erst einmal größer zu werden scheinen und wenn Gefühle, insbesondere Ängste, Neid, Konkurrenzgefühle und zurückgehaltener Ärger hochkommen. Auch wenn zuerst die Trainer Zielscheibe für emotionale Entladungen sind, gilt es, dieses auszuhalten, wohl wissend, daß der Ausdruck dieser Gefühle eine wichtige Phase im Wachstumsprozeß von Einzelnen, Gruppen oder Lernenden Organisationen ist.

Die Stadien 9 und 10 zeigten sich in diesem Projekt deutlich. Die Motivation der Beteiligten war spürbar gestiegen, die Arbeitszufriedenheit war gewachsen und die Kampfesstimmung zwischen Betriebsrat und Firmenführung einerseits und zwischen verschiedenen Leitungsebenen andererseits war aufgelöst. Die Kooperation war verbessert.

Einige wörtliche Zitate aus der Abschlußuntersuchung sollen erwähnt werden:

Ein *Gruppenleiter* berichtet: „Ich kann jetzt mehr aus dem Innersten schöpfen. Ich gelange in die Zwischenräume zwischen Bilder, Gefühle und Gedanken und bin dort enorm kreativ. Gleichzeitigkeit kann ich leicht herstellen: Ich schwinge auf ein Problem zu, lasse es gleichzeitig los und greife mit der linken Hand nach verschiedenen Lösungsmöglichkeiten. Die Differenzierung von brauchbar und nicht sinnvoll gelingt mir immer schneller."

Ein *Abteilungsleiter*: „Daß ich jetzt oft meine Kontrolle voll loslassen und dennoch klar beobachten kann, was gerade in der gesamten Situation passiert, ist wunderbar. Ich kann meine Augen auf rundum stellen und habe Abteilung, Thema und meine Gefühle voll in entspanntem Blick."

Der *Betriebsrat*: „Vor allem die Arbeitsschutzbestimmungen werden jetzt besser eingehalten. Der Krankenstand ist reduziert. Wir haben weniger Beschwerden über schlechte Stimmung und Konkurrenz."

Ein *Vorstandsmitglied*: „Ich bin beeindruckt, daß wesentliche kulturelle Werte in unserer Firma geklärt und verbessert werden konnten. Das Engagement auf allen Ebenen ist deutlich gewachsen, wir haben weniger Reibungsverluste."

15.2 Berichte von Kunden, Firmen und Personalleitern

Wir können keine Probleme lösen, wir können nur unser Komplexitätsbewußtsein erhöhen. Ich bin überzeugt, daß vielen Seminarteilnehmern dies gelungen ist. Wir werden häufig gefragt: Gibt es Erfahrungsberichte über die Wirksamkeit dieser Arbeit?

Die folgenden Auswertungsberichte geben einen Eindruck von der inneren Dynamik dieses komplexeren Wahrnehmens, Fühlens und Denkens.

Nach dem Training befragen wir die Teilnehmer zu ihrer Berufspraxis und beobachten sie bei der praktischen Arbeit (z.B. gegenseitiges Coaching) im Seminar. Unsere Beobachtungen zeigen eine bemerkenswerte Flexibilität in der Anwendung der im Seminar erworbenen Einsichten, Verhaltensmöglichkeiten und Interventionstechniken als Führungskraft, Teammitglied oder Ehepartner.

Die TeilnehmerInnen teilten durchweg mit, daß sie in ihrer Arbeit oder im Privatleben gleichzeitig verschiedene Möglichkeiten im Blick gehabt hätten und so Hypothesen oder Konzepte schnell hätten loslassen können, wenn sie sich als nicht mehr sinnvoll erwiesen hätten.

Bei kürzeren Trainings werten wir die Erfahrungen durch ein einige Monate später geführtes Telefonat aus. Wir befragen Vorgesetzte, Personalleiter und auch die Mitarbeiter über Effekte unserer Trainings. Bei längeren Trainingsmaßnahmen nehmen wir uns die Zeit, einige Monate nach Trainingsabschluß einen halben Tag lang mehrere Beteiligte über Nachwirkungen und Ergebnisse zu befragen. Dies ist nicht nur Kundenservice, sondern gibt uns auch die Möglichkeit, fehlerhafte Trainingsaspekte zu modifizieren und dort dranzubleiben, wo wir meinen, auf dem richtigen Weg zu sein.

Bei einem großen deutschen Autozulieferer, bei dem wir ein achtmonatiges Trainingsprojekt durchgeführt hatten, berichtete man uns in der Auswertung, daß nach wie vor die Komplexität ihrer Arbeitsabläufe wachse. Jeden Tag kommen neue Anforderungen hinzu und die Mitarbeiter auf den verschiedenen Ebenen, die am Training teilgenommen hatten, würden nicht mehr mit so viel Streß auf diese wachsenden Anforderungen reagieren. Die Strukturen der Arbeitsabläufe seien mit normaler Anstrengung gar nicht mehr zu bewältigen. Mit dem alten Denken würden nur Streß und Spannung erzeugt. Da es nicht gehe, die Schraube zurückzudrehen, könnten sie nur mit den im Training gelernten Möglichkeiten weiterkommen.

Wesentliche Lernschritte dabei seien: Manche Kollegen lassen sich nicht mehr so leicht fremdsteuern wie vorher. Sie fragen bei den einzelnen Aufgaben: Um was geht es hier wirklich? Was sind die notwendigen Schritte? Bei der Kommunikation darüber würde man sich im Team jetzt besser verstehen und vor allem schneller kommunizieren. Die verstärkte Reflexion über die anstehenden Schritte sei befriedigender, und bei einigen Mitarbeitern hätte sich ein deutlich erlebbares feines Gespür für die Sachlage und die Zwischentöne entwickelt. Einige Vorgesetzte könnten inzwischen ganz anders in Gespräche hineingehen und seien sogar in der Lage, zweigleisig zu denken. Dadurch seien Denkhierarchien aufgebrochen und einige seien fähig, „den Wahnsinn zu strukturieren."

Bei einer Computerfirma sagte der Gebietsleiter sechs Monate nach Abschluß des Trainings, daß das Prozeßbewußtsein und die Fähigkeit, Prozesse zu überblicken, bei vielen Teilnehmern des Trainings deutlich gewachsen seien. Er selbst freue sich „tierisch", daß er mit den Themen jonglieren kann. Er mache sich von Unnötigem frei und arbeite nur noch an den wesentlichen Kernthemen. Viele Mitarbeiter seien souveräner geworden, und das sei für die Effektivität der Arbeit von großem Nutzen.

Auf die Frage an einen Bankfilialleiter, mit dessen Team wir ein neunmonatiges Training absolviert hatten, was denn die wesentlichen Aspekte des Trainings gewesen seien, antwortete er: „Da waren drei wesentliche Elemente. Einmal die sozialen Übungen wie Soziogramm, Rollenspiel, Zuhören und Feedback-Geben. Wesentlich war zweitens auch das klare Feedback der Trainer. Die Feedback-Frage: »Ist dir eigentlich klar, was du da machst?« war zwar im ersten Moment unangenehm und verblüffend, hat aber dennoch deutliche Lernprozesse angestoßen. Durch die Feedbacks wurden Entwicklungen gefördert, Hemmungen abgebaut, Ventile geöffnet und Selbstvertrauen gegeben."

Diese beiden zuerst genannten Aspekte seien die Voraussetzung gewesen für den dritten und wesentlichen Schritt, nämlich den Übungen zum Loslassen wie die Atem- und Körperarbeit. Erst das sei der eigentliche Kick gewesen, der nun ein faires und offenes Umgehen der Mitarbeiter untereinander ermöglicht habe.

Die Teilnehmer hätten dabei gelernt, Ballast abzuwerfen und eine größere Perspektive einnehmen zu können. Die Werte hätten sich deutlich im positiven Sinne verändert. Mehrere Mitarbeiter hätten gelernt, klarer Stellung zu beziehen. Somit sei die Kommunikation schneller und direkter. Insgesamt sei eine größere Fähigkeit zu beobachten, mit der wachsenden Komplexität umzugehen.

Manche Kollegen erinnern sich regelmäßig an diese Erfahrungen, indem sie bestimmte Worte und Sätze aus dem Training am Telefon sagen. Er selbst, der Abteilungsleiter, gehe abends zwischen 18 und 19 Uhr durch die Büros und schicke die Kollegen nach Hause, da eine gescheiterte Ehe teurer für die Firma sei als der Gewinn durch Überstunden nach 19 Uhr. Er habe gelernt, Ballast abzuwerfen, Ordnung zu schaffen und Prioritäten zu setzen.

Eine Pharmafirma, ein bundesweites Softwareentwicklungshaus und ein Softwareberatungsbüro berichteten sechs Monate nach den Trainings von höherer Motivation der Mitarbeiter, geringerem Streß- und Aggressionsverhalten und inzwischen deutlich schwarzen Zahlen. Die drei letztgenannten Häuser schickten dann auch Mitarbeiter in die von uns angebotene dreijährige Intensivausbildung.

Ein Chefarzt, der im Rahmen einer Teamentwicklung in einer Klinik „sein Charisma fand": „Ich weiß jetzt, daß Charisma nicht unerreichbar ist, daß ich es hier in meinem Bauch habe. Sich selbst so zu sehen und von den anderen gesehen zu werden, ist wie eine zweite Geburt. Diese Klarheit in der Energiewahrnehmung ist etwas anderes als Gefühle und Bilder oder Gedanken. Es ist einfach die Wahrnehmung von **Ich bin**. Das kommt meiner Ehe und meinen Patienten zugute."

15.3 Berichte von TeilnehmerInnen der CoreDynamik-Ausbildung

Von den über 1000 TrainingsteilnehmerInnen, mit denen ich in den letzten 25 Jahren gearbeitet habe, haben ca. 250 den hier beschriebenen vollständigen intensiven Zyklus durchlaufen. Ich bat sie um ausführliche schriftliche Dokumentation ihres Lernprozesses. Aus dieser umfangreichen Dokumentation wähle ich einige Berichte aus, die die Ausbildungsteilnehmer mir nach Ablauf ihres Prozesses über ihre private und berufliche Situation schriftlich eingereicht haben. Diese Berichte sind repräsentative Auszüge aus insgesamt 46 ausführlichen schriftlichen Dokumenten. Auch die übrigen über 200 Teilnehmer, von denen mündliche Berichte vorliegen, haben vergleichbare Erfahrungen genannt.

Ein *Wasserbauingenieur*: „Ich habe erlebt und begriffen, daß ich selber für meinen Prozeß kompetent bin und verantwortlich dafür sein kann. Ich habe zunehmend Vertrauen in meine seelischen Prozesse, daß sie in ihrer indirekten und versteckten Art schon ihren Weg finden und immer das Wesentliche treffen. Ich habe (in immer neuen Stufen) erfahren, was Loslassen heißt. Und die Erwartungen, Ansprüche, die Kontrolle immer weiter wahrnehmen, gehenlassen und loslassen. Mir blieb selbst bei den tiefsten Erfahrungen immer ein beruhigender Rest von beobachtendem Bewußtsein.

Ich habe erfahren, daß ich alles zu meinem Glück in mir habe. Ich begreife jetzt besser, was meine Projektionen sind, was Erwartungen und Anspruch von außen und was meine inneren Wertungen sind. Mit der intensiven Atem- und Trancearbeit begannen meine entscheidenden Schritte der Umsetzung dieser Lernerfahrungen in meinen Lebensalltag. Früher zielten meine Gedanken sehr auf Defizite und Probleme. Seit dieser Arbeit bin ich mehr mit Lösungen und Wachstum beschäftigt. Insgesamt hat sich mein alltägliches Gespür für das, was ich brauche, verbessert und dafür, wo Loslassen angesagt ist. Auch habe ich als Mann viel mehr Selbstvertrauen gefunden. Meine Sexualität ist viel angstfreier, kraftvoller und einfacher geworden.

Wichtig war mir auch jeweils die Umsetzung in kreative Medien. Das Malen der Bilder setzt schon eine Lösung in Gang, auch wenn ich sie noch nicht verstehe. Die Aussagen der systemischen Erkenntnistheorie, daß meine Welt zunächst in mir existiert und ihre Erkenntnis durch meine Struktur determiniert wird, ist mir erlebbarer geworden. Und ich habe auch erfahren, daß es eine Verbundenheit zu anderen Bewußtseinsebenen gibt. Und da ich erfahren habe, daß ich alles zu meinem Glück in mir trage, werde ich unabhängiger davon, äußeren Zielen, Wünschen und dem Glück durch andere hinterherzulaufen."

Eine *Schulleiterin* beschrieb ihre Erfahrungen so: „Die Erfahrung mit dieser Arbeit hat mir viel an innerer Enge genommen. Mein Körpergefäß wuchs. Es hat mir gezeigt, daß alles da ist, in allem, in mir, wir sind reich, ich bin ein Kosmos von Möglichkeiten, unerschöpflich. Ich habe die Hingabe kennengelernt und dabei meine Weiblichkeit gefunden. Dieses Gefühl von Lassen, ganz positiv, nicht schwach, nicht fremdbestimmt, sondern ganz tief in mir drin sein und spüren. Meine Herzseite konnte sich endlich ohne Angst ausbreiten. Dort war es ganz sinnlich, warm, wohlig, weich, rot, gut riechend. Es floß. Ich war voller Energie. Ich habe einen Ruhepol in mir gefunden, zu dem ich schnell wieder zurückfinde. Meine Rückwärtsgewandtheit ist zum Stillstand gekommen. Das Jetzt ist präsent. Ich plane nur noch in kurzen Abschnitten. Meine innere Stimme sagt viel häufiger, he da, aufgewacht, du hast nichts zu verlieren, nur zu gewinnen. Ich kann jetzt einfach sein und fließen lassen. Früher waren immer meine Spannungen, mein innerer Druck das Thema, was sehr viel mit Unterdrückung von Gefühlen zu tun hat. Hinter diesen Spannungen fand ich in dieser Arbeit mein Ganzes, meinen Kern, die Verbindung mit dem Ganzen und den Kontakt zu anderen Menschen."

Der *Geschäftsführer einer Druckerei* berichtet von seinen Erfahrungen: „Vor dieser Ausbildung glaubte ich, meine Wirbelsäule sei unwiederbringlich verschlissen (nach einem Autounfall) und meine Lunge hoffnungslos verklebt (Nikotin).

Während dieser Arbeit öffnete sich immer mehr meine Kraft, ich habe zu meinem Körper wieder gefunden. Ich habe über ein Jahr lang keine Rückenschmerzen mehr gehabt. Ich fühle mich heute kräftig und fit und war noch nie in meinem Leben so zufrieden mit meinem Körper. Aber ganz ohne Schmerzen kann kein fauler Zahn gezogen werden. Dabei habe ich gelernt, mich diesem Schmerz zu stellen und durch ihn hindurchzugehen. Die ersten Schritte waren Kennenlernen, Begreifen, Üben, Einschleifen und Verfestigen, immer in relativ kleinen Portionen als stetig fortlaufender Prozeß. Bei dieser Arbeit ist es wie beim Erlernen eines Musikinstrumentes, auch hier muß man »dranbleiben«. Auch hier entwickelt man sich langsam und in kleinen Schritten, aber dann gibt es auch plötzlich einen Ruck. Lange relativ erfolglos geübte Sachen oder auch völlig neue beherrscht man mit einem Male, als würde es einem geschenkt oder als würde man für seine Ausdauer belohnt werden. Außerdem hat mir die Gruppe sehr geholfen. Nicht nur wie üblich durch Verständnis und Kritik, sondern durch ihre bloße Anwesenheit, ihre positive Ausstrahlung, ihre Energie."

Eine *Trainerin für Software und innerbetriebliche Kommunikation* beschreibt ihren Prozeß mit diesen Worten: „Ich habe gelernt, Zielorientierung und absichtsloses Loslassen miteinander in Einklang zu bringen. Absichtslosigkeit ist wie ein großes Seidentuch, es legt sich sanft über die Dinge, zeichnet deren Konturen nach, ohne sie in eine Form zu zwingen und wird so eins mit ihnen. Verbunden und auch autonom, es selbst. Ich habe Kraft und Energie. Diese Erkenntnis war für mich sehr überraschend und ich genieße es, daß ich mir meiner eigenen Einschätzungen absolut sicher bin.

Insgesamt hat diese Arbeit mein Weltbild stark verändert insofern, als daß ich zu vielen Dingen, die mir vorher auch nicht unbekannt waren, nun stehen kann. So z.B.: Wir sind alle miteinander verbunden, wir sind Energiewesen, die auch auf anderen Ebenen als der sogenannten Realität kommunizieren und wechselwirken. Ich habe auch bleibende Einsichten wie: Ich darf glücklich sein, ausgelassen, auch mal albern, unkontrolliert, traurig und wütend, einfach ich selbst und nicht nur die Person, wie sie sich die anderen wünschen. Und ich habe wirklich sinnlich erfahren, daß es zwischen Himmel und Erde viel mehr gibt, als ich bisher zu glauben bereit war und daß ich mich davor nicht fürchten muß, sondern daß diese Erkenntnis mein Leben bereichert."

Eine *Lehrerin in der Erwachsenenbildung* faßte ihre Erfahrungen so zusammen: „Wesentlich war für mich das Gefühl des Einsseins, Einssein mit Raum und Zeit. Das Gefühl der Auflösung der Körpergrenzen und das Wiedererlangen der Körpergrenzen. Das Bewußtsein dabei war sehr groß. Ich habe meine Grundenergie gespürt. Sehr deutlich war das Spüren der positiven Lebensenergie."

Eine *Körpertherapeutin* berichtet: „Die Erkenntnisse dieser Arbeit erfüllen mich mit ruhiger Gelassenheit. Ich muß nichts mehr machen, ich darf sein. Meine Intuition verbindet mich innen und außen mit dem Ganzen. Ich erfahre mich als eine Vernetzte, fühle mich aufgehoben und kann das Ganze bewußt wahrnehmen. Ich bin ein kleiner staunender Spiegel, bin ganz im Hier und Jetzt und gleichzeitig auf einer ganz anderen Ebene mit mir verbunden, kann Räume betreten, die gleichzeitig da sind. Ich verstehe, daß nichts verlorengeht. Diese Gleichzeitigkeit ist für mich verblüffend und heilend. Auf verschiedenen Ebenen ganz klar zu sein, die damit verbundene Erfahrung, daß diese Räume da und betretbar sind, daß es Türen gibt, hinter denen sich mein unverletztes Wesen befindet.

In diesen tiefen Entspannungszuständen nehme ich meine körperlichen Beschränkungen nicht mehr wahr. Ich spüre eine kraftvolle Hingabe meines Körpers an das Leben. Bestimmte Haltungen meines Körpers tragen Bilder in mein Bewußtsein. Diese Körperhaltungen bringen etwas in mir in Fluß und schließen mich an eine große Information an.

Dazu kommt, daß alles, was ich mit meinen Sinnen aufnehme – Farben, Gerüche, Geräusche, Gesichter, Körper, Bewegungen – kraftvoller und klarer geschieht. Dieser Unterschied in der Intensität des Wahrnehmens macht mich traurig und froh. Froh, daß ich es erleben darf und traurig, daß ich es in dieser Stärke auch nicht ständig aushalten kann."

Eine *Psychologin*, die einen sehr schwierigen familiären Hintergrund hatte und viele Jahre darunter litt, berichtet: „Jetzt, nach diesen tiefen Erlebnissen, bin ich einverstanden mit mir. Ich fühle mich nicht mehr einsam und auf einer Insel. Ich kann mich einfach mehr auf mich selbst verlassen und zu mir stehen, kann auf die Menschen zugehen und leichter ihre Herzlichkeit und Wärme annehmen. Ich kann stillhalten, wenn es der Augenblick erfordert, fühle mich nicht mehr gehetzt und gejagt. Ganz neu für mich ist: Ich gehe in die Welt, dann kommt die Welt zu mir. Ich kann jetzt endlich die Augenblicke leben und muß nicht fortlaufen. Die Zeit ist immer neu, in jedem Augenblick, alles ist immer Anfang. Vielleicht ist das die entscheidende Erkenntnis, die ich aus diesen Jahren geschöpft habe."

Ein *Ingenieur*, der als Firmenberater tätig ist, schreibt über seine Erfahrungen: „Ich kann Nähe jetzt besser ertragen, sie annehmen. Ich kann auch meine Vergangenheit annehmen, sie gehört zu mir, sie ist auch meine Kraft, meine Quelle, aus der ich schöpfen kann. Ich bin nicht mehr auf der Jagd, das Leben zu suchen. Ich kann anderen ihren Platz lassen. Auch bin ich neugieriger geworden, wacher und viel klarer. Besonders freut mich, daß ich viel mehr Raum für Phantasien und Echtes habe."

Eine *Lehrerin* berichtet: „Diese neu entstandene Fähigkeit zum Perspektivwechsel, das macht mir Freude. Meine Bewegungen machen den Kopf frei und öffnen die Kanäle. Ich kann Genuß viel mehr spüren. Ich beobachte mich beim Festhalten und Loslassen. Ich kann damit spielen."

Eine *Lehrerin*: „Ich habe großen Frieden und innere Ruhe gewonnen, meine vielen Abers verloren, alles ist rund. Es macht viel Spaß, zu geben und zu nehmen. Ich hatte früher so eine große Angst, meine Möglichkeiten zu nehmen und in das Leben hineinzubeißen, jetzt habe ich meinen Platz gefunden. Ich spüre mein inneres Schloß, diesen Königinnenpalast in mir. Ich bin dankbar, daß ich meine Kraft wahrnehmen und zulassen kann."

Ein *Informatiker*: „Ich spüre jetzt meine Lebensfreude, pur, satt und geil. Ich feiere mich selbst und die Liebe zu meiner Frau und den anderen Menschen. Diese tiefe Dankbarkeit in mir für diese Möglichkeiten, die ich im Leben habe, berührt mich sehr.

    Das Denken hatte mir die Sicht versperrt auf die wunderbaren Momente von Sein, durch diesen tiefen Ton in mir kann ich immer wieder Kontakt damit bekommen."

Eine *Juristin*: „Diese Gelassenheit, die ich gelernt habe, dieses Angekommensein mit Wärme und Dankbarkeit. Ich habe viele Abschiede genommen, viel gekämpft – jetzt ist da ein tiefes Einverstandensein. Hingabe ohne Angst in Würde. Die Wurzel zu allem ist die Großzügigkeit. Das habe ich jetzt hier gespürt."

Literatur

Ahlemeyer, Heinrich W. & Königswieser, Roswitha: *Komplexität managen. Strategien, Konzepte und Fallbeispiele.* Frankfurt 1998

Almaas, A. H.: *Essenz. Der diamantene Weg zur inneren Verwirklichung.* Oldenburg 1994

Almaas, A. H.: *Die Leere. Eine psychodynamische Untersuchung der Beziehung zwischen Geist und Raum.* Oldenburg 1992

Bachmann, Claus Henning: *Kritik der Gruppendynamik. Grenzen und Möglichkeiten sozialen Lernens.* Frankfurt 1981

Bachmann, Winfried & Fiona: *Im Team zum Ziel. Die Entwicklung von Teamfähigkeiten unter dem Blickwinkel von NLP und Lernender Organisation.* Paderborn 1997

Betov, Itzhak: *Auf der Spur des wilden Pendels.* Abenteuer im Bewußtsein. Reinbek 1985

Berth, Rolf: *Visionäres Management. Die Philosophie der Innovation.* Düsseldorf 1990

Bertherat, Therese & Bernstein, Carol: *Der entspannte Körper.* Frankfurt 1992

Beyer, Maria: *Brainland. Mind Mapping in Aktion.* Paderborn ³1997

Bialy, Jeanette von & Volk-von Bialy, Helmut: *Siebenmal Perls auf einen Streich. Die klassische Gestalttherapie im Überblick.* Paderborn 1998

Bollnow, Otto Friedrich: *Vom Geist des Übens.* Stäfa 1991

Brand, Rolf: *Aikido, Lehren und Techniken des harmonischen Weges.* Niedernhausen 1980

Briggs, John & Peat, David: *Die Entdeckung des Chaos.* Wien 1990

Bryner, Andy & Markova, Dawna: *Die lernende Intelligenz. Denken mit dem Körper.* Paderborn 1998

Day, Laura: *Praktische Intuition.* München 1998

de Bono, Edward: *Taktiken und Strategien erfolgreicher Menschen.* Landsberg 1995

de Bono, Edward: *Die positive Revolution. Konstruktiv denken und effektiv handeln.* Düsseldorf 1994

Doppler, Klaus & Lauterburg, Christoph: *Change Management. Den Unternehmenswandel gestalten.* Frankfurt 1995

Epstein, Seymour: *Sie sind viel klüger, als Sie denken.* München 1994

Geissler, Jürgen: *Psychologie der Karriere. Neurosen im Beruf und ihre Überwindung.* Reinbek 1979

Gerken, Gerd: *Management by Love.* Düsseldorf 1993

Glasl, F. & Lievegoed, B.: *Dynamische Unternehmensentwicklung. Wie Pionierbetriebe und Bürokratien zu schlanken Unternehmen werden.* Stuttgart 1996

Göbel, Dieter: *Das Abenteuer des Denkens. Abendländische Geistesgeschichte von Thales bis Heidegger.* Düsseldorf 1982

Goldberg, Michael: *Die Persönlichkeitszahl im Beruf.* München 1998

Goldberg, Philip: *Der zündende Funke – die Kraft der Intuition.* Düsseldorf 1993

Goleman, Daniel: *Emotionale Intelligenz.* München 1997
Goleman, Daniel: *Kreativität entdecken.* München 1997
Gordon, Thomas: *Managerkonferenz. Effektives Führungstraining.* München 1989
Hausmann, Bettina & Neddermeyer, Renate: *Bewegt sein.* Paderborn 1996
Heckler, Richard: *Von der Weisheit des Körpers lernen.* Interlaken 1987
Hertlein, M.: *Mind Mapping.* Reinbek 1997
Houston, Jean: *Der mögliche Mensch.* Reinbek 1987
Howald, Wolfgang & Gottwald, Franz-Theo: *Bewußtseinsmanagement. Zeit-, Gesundheits- und Lifestyle-Management.* Landsberg 1996
James, Muriel & Jongeward Dorothy: *Spontan leben. Übungen zur Selbstverwirklichung.* Reinbek 1995
Johnson, Spencer: *Ja oder Nein. Der Weg zur besten Entscheidung.* Reinbek 1995
Kasper, Helmut & Mayrhofer, Wolfgang: *Organisation.* Wien 1993
Kelder, Peter: *Die Fünf Tibeter.* Wessobrunn 1989
Kirst, Werner & Diekmeyer, Ulrich: *Kreativitätstraining.* Stuttgart 1971
König, Eckard & Volmer, Gerda: *Praxis der Systemischen Organisationsberatung.* Weinheim 1997
Kornfield, Jack: *Frag den Buddha und geh den Weg des Herzens.* München 1995
Laszlo, Ervin: *Evolutionäres Management. Globale Handlungskonzepte.* Fulda 1992
Lay, Rupert: *Meditationstechniken für Manager.* Frankfurt 1989
Leonard, George: *Der längere Atem. Die Meisterung des Alltäglichen.* Wessobrunn 1994
Leonard, George & Murphy, Michael: *The Live We Are Given. A Long Term Programm for Realizing the Potential of Body. Mind, Heart and Soul.* New York 1995
Lobscheid, Hans Gerd: *Mitarbeiter einvernehmlich führen.* München 1998
Looss, Wolfgang: *Coaching für Manager. Problembewältigung unter 4 Augen.* Landsberg 1993
Lynch, Dudley: *Delphindenken. Gewinn mit Gehirn.* Freiburg 1996
Lynch, Dudley & Kordis, Paul: *Delphinstrategien. Managementstrategien in chaotischen Systemen.* Fulda 1992
Mack, Bernhard: *Handlungsforschung in der Lehrausbildung.* Weinheim 1976
Mack, Bernhard: *Entwicklung geschieht langsam und in Sprüngen. Erfolg durch Systemische Körperarbeit in Lernenden Organisationen.* NLP-Multi Mind 3/98 Paderborn
Mack, Bernhard: *Über traditionelle Managementtrainings und Personalentwicklung hinaus zu wirklichen Innovationen, in :* Rudolf Mann (Hrsg.): *Netzwerk zum Erfolg.* Mannheim 1996
Mack, Bernhard: *Der Liebe einen Sinn geben.* Berlin 1996
Mack, Bernhard: *Rituale alltäglichen Glücks.* Paderborn 1997
Mandelbrot, Benoit: *Die fraktale Geometrie der Natur.* Basel 1987
Mann, Rudolf: *Das visionäre Unternehmen. Der Weg zur Vision in 12 Stufen.* Wiesbaden 1990
Mann, Rudolf: *Das ganzheitliche Unternehmen.* Stuttgart 1995
Marthaler, Daniel, Stern, Elisabeth & Brenner, Martin: *Grünes Geld für unsere Zukunft.* Muri 1997
Martin, Hans-Peter & Schumann, Harald: *Die Globalisierungsfalle. Der Angriff auf Demokratie und Wohlstand.* Reinbek 1996
McLuhan, Marshall: *The Global Village. Der Weg der Mediengesellschaft in das 21. Jahrhundert.* Paderborn 1995
McLuhan, Marshall: *Die magischen Kanäle. Understanding Media.* Basel 1995
Mellody, Pia: *Facing Love Addiction.* New York 1992

Metzinger, Thomas: *Bewußtsein.* Paderborn 1996

Miketta, Gaby: *Netzwerk Mensch. Den Verbindungen von Körper und Seele auf der Spur.* Reinbek 1994

Mindell, Arnold: *Traumkörper in Beziehungen. Prozeßorientierte Psychologie in Praxis und Theorie.* Basel 1994

Murphy, Michael: *Der Quantenmensch.* Wessobrunn 1994

Nidiaye, Safi, Gottwald, Franz-Theo, Hormann, John & Besser-Anthony, Antje: *Führung durch Intuition. Die entscheidende Wende im Management.* Kreuzlingen 1997

Oerter, Rolf: *Moderne Entwicklungspsychologie.* Donauwörth 1969

Petzold, Hilarion & Frühmann, Renate: *Modelle der Gruppe in Psychotherapie und sozialer Arbeit.* Bd. I & Bd. II. Paderborn 1986

Pierrakos, John: *Core Energetik. Zentrum Deiner Lebenskraft.* Essen 1987

Quitmann, R: *Humanistische Psychologie.* Hamburg 1994

Reither, Franz: *Komplexitätsmanagement.* München 1997

Riemann, Fritz: *Grundformen der Angst.* München 1982

Roden, Rüdiger von: *Das Erleben erweiterten Bewußtseins.* Paderborn 1997

Rosenkranz, Hans: *Von der Familie zur Gruppe zum Team.* Paderborn 1994

Rowntree, Derek: *Handbuch Checklisten. Schnelle Analysen und präzise Aktionsprogramme für Führungskräfte auf allen Ebenen.* München 1990

Rückle, Horst, Mutafoff, Alexander & Riekehof, Ralf: *Personalentwicklung.* Düsseldorf, 1994

Schellenbaum, Peter: *Die Wunde der Ungeliebten.* München 1989

Schirm, Rolf W.: *Die Biostruktur-Analyse.* Baar 1994

Schmincke, Don: *Samurai-Prinzipien für den Manager des 21. Jahrhunderts.* München 1997

Schüller, Achim & Schlange, Lutz E.: *Komplexität und Managementpraxis. Reale Visionen zum Komplexitätsmanagement.* Stuttgart 1994

Senge, Peter M.: *Die fünfte Disziplin. Kunst und Praxis der lernenden Organisation.* Stuttgart 1996

Sheldrake, Rupert: *Das Gedächtnis der Natur.* Bern 1991

Sheldrake, Rupert, Mc Kenna, Terence & Abraham, Ralph: *Denken am Rande des Undenkbaren. Über Ordnung, Chaos, Physik und Metaphysik, Ego und Weltseele.* München 1997

Sprenger, Reinhard K.: *Mythos Motivation. Wege aus einer Sackgasse.* Frankfurt 1998a

Sprenger, Reinhard K.: *Das Prinzip Selbstverantwortung. Wege zur Motivation.* Frankfurt 1998b

Stemmann, Peter & Wenzel, Manfred: *Trainingsmethoden. Ein Überblick für Führungskräfte.* Landsberg 1992

Stewart, Ian: *Transaktionsanalyse in der Beratung. Grundlagen und Praxis transaktionsanalytischer Beratungsarbeit.* Paderborn 1993

Teegen, Frauke: *Die Begegnung mit dem Schatten.* Reinbek 1995

Tepperwein, Kurt: *Superintuition.* Landsberg 1998

Tohei, Koichi: *Ki im täglichen Leben.* Berlin 1980

Vester, Frederic: *Denken, Lernen, Vergessen.* Stuttgart 1978

Volk-von Bialy, Helmut: *Kommunikationspädagogik.* Unveröff. Manuskript 1998

Volkamer/Streicher/Walton: *Intuition, Kreativität und ganzheitliches Denken. Neue Wege zum bewußten Handeln.* Heidelberg 1991

Watzlawick, Paul: *Wie wirklich ist die Wirklichkeit.* Bern 1978

Weiß, Josef: *Selbstcoaching.* Paderborn 1992

Waldrop, Mitchell: *Inseln im Chaos. Die Erforschung komplexer Systeme.* Reinbek 1993

Wilber, Ken: *Eros Logos Kosmos.* Frankfurt 1996

Wilber, Ken, Engler, Jack & Brown, Daniel P.: *Psychologie der Befreiung. Perspektiven einer neuen Entwicklungspsychologie – die östliche und die westliche Sicht des menschlichen Reifungsprozesses.* Bern 1988

Wunderer, Rolf & Kuhn, Thomas: *Innovatives Personalmanagement. Theorie und Praxis unternehmerischer Personalarbeit.* Neuwied 1995

Yalom, Irving: *Existentielle Psychotherapie.* Köln 1989

Zehentbauer, Josef: *Körpereigene Drogen. Die ungenutzten Fähigkeiten unseres Gehirns.* München 1994

Ausbildungsprogramm des CoreDynamik-Instituts

Das CoreDynamik-Institut bietet eine dreijährige berufsbegleitende Aus- und Weiterbildung zum/zur CoreDynamik-TrainerIn für einzelne, Paare, Gruppen und Organisationen an. Ziel ist die Befähigung zu professioneller Arbeit als Coach und BeraterIn für Privatpersonen sowie als TrainerIn im Managementbereich und für Organisationsentwicklung.

Im *ersten Jahr* werden vermittelt:
- Methoden des Einzelcoaching
- Methoden der biographischen Aufarbeitung von Verhaltens- und Persönlichkeitsmustern
- Diagnostische Modelle
- Verfahren zur Lösung von Gefühls- und Körperblockaden
- Wege zum Spürbewußtsein
- Arbeit mit kreativen Medien wie Bild, Ton und Stimme
- Übungen zur Vertiefung des sexuellen Erlebens
- Intensivierung der Ausdruckskraft

Im *zweiten Jahr* steht im Vordergrund:
- Paardiagnostik und Arbeit mit Paardynamiken
- Arbeit mit Klein- und Großgruppenprozessen
- Energie- und Ritualarbeit
- Methoden der Atemarbeit und Meditation ermöglichen Öffnung der Intuition und Förderung der Kreativität

Im *dritten Jahr* wird die eigenständige coredynamische Arbeit in den Praxisfeldern der TeilnehmerInnen der Ausbildungsgruppe angeregt und unterstützt:
- Vertiefung der Erfahrung und Supervision der Praxis in Gruppen und Organisationen steht im Vordergrund
- Theorie und Praxis der Organisationsentwicklung
- Supervidierte Kleingruppenleitung durch die Teilnehmer
- Experten aus verschiedenen Praxisbereichen begleiten die Supervisionsprozesse aus ihrer Praxiserfahrung.

Die Ausbildung wird geleitet von Bernhard Mack und den Dozenten des Instituts sowie dem Team der Assistenten. Eine detaillierte Beschreibung der Ausbildung und die Anschriften der Regionalinstitute finden Sie in der Aus- und Weiterbildungsbroschüre. Sie können Sie mit weiteren aktuellen Seminarangeboten anfordern im:

CoreDynamik-Institut
Leimbachweg 12
79238 Bollschweil bei Freiburg

Tel.: 07633/982 707
Fax.: 07633/982 708
e-mail: info@coredynamic.de
http./www.coredynamic.de

Passen wir eigentlich zusammen, und wie könne

Rituale alltäglicher

228 Seiten, kart.
DM 36,-
ISBN 3-87387-352-4

Leidenschaftlich und sachlich zugleich beschreibt der Autor erprobte Wege zu erfüllenden Liebesbeziehungen. Aus der Erfahrung von 25 Jahren Einzel-, Paar und Gruppenarbeit mit mehr als tausend Menschen werden 41 Übungen und Partnerspiele sowie ein Partner-Beziehungstest angeboten, mit deren Hilfe junge und langjährige Paare ihre Glücksfähigkeit überprüfen und ausdehnen können.

Können wir Glücksfähigkeit erlernen? Diese Frage bejaht diese Buch und entfaltet schrittweise sich vertiefende Rituale des alltäglichen Glücks. Es werden Möglichkeiten gezeigt, die alten Dramen loszulassen, die Kraft der Intuition hervorzubringen und über ein unmittelbares Gewahrsein den Sinn einer Lebenspartnerschaft und deren Kernenergie aufzuspüren.

Ein Standardwerk zur Bewußtseinsentfaltung, Körperwahrnehmung, lebensprägenden Gefühlsmustern, Sexualität und Wesenserfahrung.

Ein Übungsbuch zum täglichen Glück

ir eine erfüllende Liebesbeziehung gestalten?"

Glücks

Die CDs zum Buch

Wer ist gut für mich?
Wie wünsche ich mir meine Gefährtin oder meinen Gefährten?
Eine meditative Forschungsreise in Ihr eigenes Inneres.

Sie können diese musikalische Reise allein oder gemeinsam mit Ihrer Partnerin oder Ihrem Partner erleben. Die Musiker Karin und Volkmar Dittmer haben sie mit Dr. Bernhard Mack speziell für diese Themenstellung entwickelt. In der Erforschung des Inneren werden Sie sich langsam von den Randschichten Ihrer Persönlichkeit über die Intuition in den Kernbereich der Liebe, zum Zentrum Ihres Wesens vortasten.

Zu beziehen über den
Junfermann Verlag
Postfach 1840,
D-33048 Paderborn
Tel.: 05251 - 34034
Fax: 05252 - 36371

CD 1: geführte Trance-Reise
      mit Musik und Sprache
CD 2: Musik

Oder über das
CoreDynamik-Institut
Leimbachweg 12
D-79283 Bollschweil
Tel.: 07633 / 982707
Fax: 07633 / 982708

2 CDs zusammen DM 39.80

TranceZenDance
eMotion
Wege zur Selbstheilung

Reise durch die Gefühle:
Ein Weg zu Selbstaktivierung,
Selbstausdruck und zum
inneren Kraftzentrums (Core).

Als Ergänzung zum vorliegenden Buch haben die Musiker Karin und Volkmar Dittmer zusammen mit dem Autor eine Doppel-CD produziert.

Auf der 1. CD werden die Hörer mit Musik und Sprache durch das Terrain der Gefühle begleitet, auf der 2. CD ist die gleiche Musik ohne Text zu hören.

2 CDs zusammen DM 39.80

Zu beziehen über den
Junfermann Verlag
Postfach 1840,
D-33048 Paderborn
Tel.: 05251 – 34034
Fax: 05252 – 36371

Oder über das
CoreDynamik-Institut
Leimbachweg 12
D-79283 Bollschweil
Tel.: 07633 / 982707
Fax: 07633 / 982708

Im Herbst '99 erscheint die CD:
TranceZenDance - Live:
„Atemreise in Räume des Inneren"

CARE INVEST
SOCIALLY RESPONSIVE EQUITY TRUST

INVESTIEREN SIE MIT UNS IN DIE BESTEN ARBEITGEBER

«Der Mensch hat das Netz des Lebens nicht gewoben, er ist nur ein Strang dieses Netzes. Was immer er dem Netz antut, tut er sich selber an.»

Indian Chief, Seattle

Die Wirtschaft ist in den letzten 150 Jahren zu der machtvollsten Institution auf unserem Planeten geworden. In jeder Gesellschaft muss die jeweils dominierende Institution Verantwortung für das Ganze übernehmen. Ein ungehemmtes Eigeninteresse der Wirtschaft führt zur Destruktion des Lebenserhaltungssystems und der sozialen Netze. Daher muss die Wirtschaft eine Rolle einnehmen, die sie bislang von sich gewiesen hat:

Eine ganzheitliche Verantwortung für die Zukunft der Menschheit übernehmen.

Care Invest AG ist eine fondähnliche Beteiligungsgesellschaft mit der Sie bewusst in solche Unternehmen investieren können, die einerseits gewinnbringend wirtschaften, andrerseits beispielhafte soziale Modelle aufweisen und verantwortungvoll gegenüber Mitarbeitern und Umwelt handeln.

Care Invest AG, Rifflispielstrasse 5, CH-6052 Hergiswil
Telefon 0041 41 211 20 40, Telefax 0041 41 211 20 41
Internet www.careinvest.ch, E-mail info@careinvest.ch

Spielen heißt: ... sich die Welt entwerfen

220 Seiten, kart.
DM 34,80
ISBN 3-87387-346-X

Der Leser findet in diesem Praxishandbuch eine modifizierte Auswahl bestehender sowie neu entwickelter Interaktionsübungen, deren kommunikative und interaktionistische Sichtweise über ein hohes Maß an kreativen Anteilen verfügt. Die Auseinandersetzung mit Konflikten, Rollen, Leistungsstilen usw. soll zu einer Aktivierung der Selbst- und Fremdwahrnehmung eines jeden Gruppenteilnehmers mit dem Ziel des Transfers führen.

Der Benutzer des Buches findet zwei Grobkategorien vor: „Vorstellungs- und Kennenlernphase" und „Kommunikation und Gruppenbildung". Für beide Kategorien sind die Übungen so dargestellt, daß im weiteren Verlauf eine Steigerung bzw.

Helmar Dießner

Gruppendynamische Übungen & Spiele

Ein Praxishandbuch für Aus- und Weiterbildung sowie Supervision

zunehmende Komplexität im Sinne von Akzeptanz, Toleranz, Empathie, Offenheit bzw. Vertrautheit entstehen kann. Es geht dabei um den Abbau von Angst, die Provokation von Gefühlen und eine gesteuerte Entwicklung von dynamischen Prozessen. Das Buch wendet sich an Mitarbeiter, die im psychosozialen Bereich tätig sind.

Helmar Hans-Dieter Dießner, geb. 1952 in Zittau. Studium der Sozialpädagogik in Düsseldorf-Kaiserswerth, Studium der Erziehungswissenschaften an der Universität Duisburg, seit 1982 in der Erziehungsberatung tätig. Leiter einer Heilpädagogischen Einrichtung, 1993 Promotion zum Dr. phil. an der Universität Duisburg. Gruppentherapeut, Gruppentrainer, Fortbildner.

**JUNFERMANN VERLAG • Postfach 1840
33048 Paderborn • Telefon 0 52 51/3 40 34**

Freude im Team

300 Seiten, kart.
DM 49,80
ISBN 3-87387-038-X

Der Mensch im Beziehungsgeflecht seiner beruflichen Existenz sowie die daraus resultierenden Konflikte im alltäglichen Organisationsgeschehen stehen im Mittelpunkt dieses Buches. Es fragt, wie sich die individuelle Ausprägung von Persönlichkeiten als hilfreich oder einschränkend bei der Bewältigung alltäglicher Sach-, Führungs- und Kommunikationsprobleme erweist, bzw. zu welchen spezifischen Konflikten mit Kollegen man/frau möglicherweise „einlädt", ohne sich dessen bewußt zu sein.

Insgesamt fügen sich die einzelnen Aspekte des Buches zu einem Gesamtbild, in dem deutlich wird, daß persönliche Werthaltungen, Verständnis für sich selbst, den anderen und die Situation ebenso wie bestimmte Formen von Kommunikation dazu notwendig sind, betriebliches Geschehen als Chance zum Wachstum aller Beteiligten zu begreifen und in diesem Sinne konstruktiv zu handhaben.

Ute Hagehülsmann, geb. 1946, Diplom-Psychologin, Psychotherapeutin und Supervisorin (BDP). Therapieausbildungen in Verhaltenstherapie und Gesprächspsychotherapie. Danach Ausbildung und eigene Therapie in Transaktionsanalyse.

Heinrich Hagehülsmann, Jahrgang 1941, Dr. phil., Diplom-Psychologe, Psychotherapeut und Supervisor (BDP). Studium der Psychologie, Philosophie und Psychopathologie. Abgeschlossene therapeutische Ausbildungen in Gesprächspsychotherapie, Verhaltenstherapie und Transaktionsanalyse.

**JUNFERMANN VERLAG • Postfach 1840
33048 Paderborn • Telefon 0 52 51/3 40 34**

Ich tue mir Gutes

160 Seiten, kart.
DM 29,80
ISBN 3-87387-359-1

Wir beginnen unser Leben voller wunderbarer Hoffnungen, die es uns bietet. Wir lieben uns, wir lieben die Welt, wir lieben alles und jeden. Am Anfang sind wir voller Selbstachtung und unseres eigenen Wertes sicher.

Wenn wir uns selbst achten, sind wir mit uns selbst im Einklang. Wir bestimmen unser Leben selbst und sind anpassungsfähig und im Kontakt zu unseren Kraftquellen. Wir genießen die Herausforderungen, die das Leben bereithält, und stellen uns den Anforderungen. Wir fühlen unsere Kraft und unsere Einsatzfreude und wissen um unsere Möglichkeiten, Ziele zu erreichen.

Mit dem Schwinden der Kindheit und zunehmender Lebenserfahrung lernen wir die Selbstzweifel kennen und werden defensiv, um uns zu „beschützen". Im gleichen Maße, wie unser Selbstvertrauen und das Vertrauen in die Welt und in unsere Mitmenschen sinkt, sinkt auch unser Selbstwertgefühl.

Ist der Grund unserer persönlichen Probleme eine zu geringe Selbstachtung, dann können wir die Qualität unseres Lebens verändern, indem wir direkt daran arbeiten, unsere Selbstachtung zu stärken. Das Ziel aller therapeutischen Prozesse – und damit dieses Buches – ist ein gutes Selbstwertgefühl!

Lynda Field hat Soziologie und Sozialpsychologie studiert. Sie arbeitet als Beraterin und Psychotherapeutin in Cornwall, Großbritannien.

**JUNFERMANN VERLAG • Postfach 1840
33048 Paderborn • Telefon 0 52 51/3 40 34**

Lösungen für ein neues Jahrtausend

Evelyne Maaß & Karsten Ritschl

Das Spiel der Intelligenzen

Das Übungs-Spectrum für Kreativität, Flexibilität und spielerisches Lernen

356 Seiten, kart.
DM 44,–
ISBN 3-87387-388-5

Für kreative Lösungsansätze müssen wir neue Wege des Lernens eröffnen und Ressourcen optimal einsetzen.

Mentale und Emotionale Kompetenz in Balance mit Körper-Weisheit ist die Grundlage für die Entfaltung des menschlichen Potentials.

Dieses Buch lädt mit seinem Spectrum an Übungen, Spielen und Phantasiereisen dazu ein, in jedem Lebensalter die Entwicklung unserer Kompetenzen zu fördern.

Das Training der neun Intelligenzen kann die Schnelligkeit des Denkens, die Lernfähigkeit, die Aufmerksamkeit und die Motivation gezielt verbessern.

Mit der Entfaltung der unterschiedlichen Intelligenzen werden die Qualitäten bereitgestellt für das Abenteuer „Lernen und Leben im nächsten Jahrtausend". Lustvolles Lernen und lebendiges Handeln sind der erste Schritt auf diesem Weg ...

Evelyne Maaß, Diplom-Soziologin, NLP-Lehrtrainerin, Hypno-Therapeutin. Fortbildung u.a. in Yoga, Provokativer Therapie, Tanztherapie, Meditation, Familientherapie. Mitautorin mehrerer Bücher.

Karsten Ritschl, Diplom-Psychologe, NLP-Lehrtrainer, Fortbildung in Gestalt-, Musik- und Atemtherapie. Begeisterter Harfenspieler. Trainer, Berater, Coach im Wirtschafts- und Sozialbereich. Autor bzw. Mitautor mehrerer Bücher.

**JUNFERMANN VERLAG • Postfach 1840
33048 Paderborn • Telefon 0 52 51/13 44 0**

Jede Medaille hat drei Seiten

312 Seiten, kart.
DM 39,80
ISBN 3-87387-379-6

„Ich bin nicht kreativ" ist eine oft geäußerte Behauptung. Dabei ist Kreativität eine Fähigkeit, über die jeder Mensch bereits von Geburt an verfügt und: die heutige und zukünftige Kernkompetenz in vielen Lebensbereichen. Sie ist eine neugierig forschende Geisteshaltung, die alltägliche Denkblockaden erfolgreich auflösen kann.

Wie läßt sich dieses Potential entwickeln? Die entscheidenden Fragen, um vorhandene Ressourcen zu aktivieren, lauten: „Wo bin ich bereits kreativ?" und: „Wo wäre ich es gerne?" Kreatives Denken und Eigenmotivation – die Lust, neue Wege als Chance zu begreifen – sind das Erfolgsgeheimnis innovativer Persönlichkeiten.

In drei Schritten bietet das Buch einen roten Faden, um die eigene Kreativität zu entdecken und die persönliche Flexibilität in Berufsalltag und Privatleben zu erhöhen.

Eine einzigartige Mischung aus Kreativitätstechniken, Spielen und Denksportaufgaben lädt dazu ein, das persönliche Repertoire an professionellem Handwerkszeug zu bereichern.

Michael Luther, Kommunikationstrainer, NLP-Lehrtrainer, ist als Trainer und Coach in den Bereichen Kreativität, Werbung, Teamentwicklung, NLP, Gesundheitsmanagement tätig.

Jutta Gründonner, Diplom-Sozialpädagogin, NLP-Lehrtrainerin. Sie arbeitet in den Bereichen Coaching, NLP-Trainings und -Ausbildungen und leitet Selbsterfahrungsseminare.

**JUNFERMANN VERLAG • Postfach 1840
33048 Paderborn • Telefon 0 52 51/13 44 0**